지식경영

Knowledge Management

Original work copyright © 1987, 1991, 1993, 1996, 1997, 1998
President and Fellows of Harvard College
Published by arrangement with Harvard Business School Press through KCC, Seoul

All right reserved. No part of this book may be reproduced, stored in a retrieval system, or transmitted, in any form or by any means, electronic, mechanical, photocopying, recording, otherwise without the prior written permission of the copyright holder

Korean translation copyright © 21st Century Books

지식경영

피터 드러커 외
현대경제연구원 옮김

21세기북스

추천의 글

　21세기를 앞두고 지식이 최대의 화두가 되고 있습니다. 지식은 이미 고전적인 생산요소인 자본이나 노동보다 더 중요한 기업가치 창출의 요소로 자리잡고 있습니다. 이러한 지식을 활용하여 기업의 가치를 높이는 것을 지식경영이라 하며, 지식경영을 수행하는 기업을 곧 지식기업이라 부릅니다. 21세기 우량기업의 자리는 바로 이러한 지식기업들이 차지하게 될 것입니다.

　지식경영이란 새로운 지식을 획득하거나 기존의 지식을 체계화하고, 이를 이전하고 공유함으로써 기업의 경쟁력을 높여 기업의 가치를 창출하는 새로운 기업활동을 일컫습니다.

　최근 21세기북스는 하버드경영대학원에서 「Harvard Business Review」에 발표된 논문 중에서 지식경영의 도입 및 정착에 필요한 논문들만 모아 펴낸 단행본을 국내에 소개하고 있습니다. 모호하고 이해하기 힘든 지식경영의 개념을 쉽게 설명하였으며, 지식경영을 위하여 기업의 경영자들이 준비해야 할 과제들을 자세하게 제시해 주고 있습니다.

　이번의 '지식경영'은 시리즈의 두번째 책자로 첫번째의 '성과측정'과 함께 최근 선진기업 경영의 최고의 핫 이슈들입니다. 이 책을 통하여 독자들이 새로운 지식을 얻고, 이를 바탕으로 자기 변화를 촉진하며 자신이 몸담은 조직을 변화시켜, 지식경영의 실현에 기여할 수 있기를 기대해 봅니다.

현대경제연구원
원장 김 중 웅

옮긴이의 글

오늘날 지식은 경제계에서 커다란 관심을 불러일으키고 있다. 지식이 인간의 생활을 윤택하게 하는 데 필수요소라는 사실은 어제 오늘의 이야기가 아니지만, 21세기를 코앞에 둔 현재, 지식이 종래의 자본과 노동을 물리치고 가장 중요한 경제 요소로 부상한 것이다. 정보통신 기술의 발달로 지식이 시공의 제약을 넘어 급속히 확산되고, 이를 기반으로 하여 지식의 창조와 활용이 더욱 활성화되고 있다. 따라서 거의 모든 인간 활동의 토대이자 촉진 요인인 지식의 시공간적(時空間的)인 변화의 한계를 이제 가늠하기가 어렵게 되었다. 나아가 모든 인간 활동의 변화도 예상할 수 없을 정도로 증폭되고, 그 결과로 나타나는 개인이나 조직의 생활 환경도 불확실성을 더해 가고 있다.

■ 새로운 경영 패러다임 – 지식경영을 향하여

얼마 전까지만 해도 기업은 나름대로 경영 환경의 변화를 예측하고 그에 대처함으로써 생존을 영위할 수 있었다. 그러나 이제는 환경 변화의 불확실성이 유례없이 커짐에 따라 눈앞의 변화에도 대응하기 급급해졌다. 번영은 커녕 생존조차 어렵게 된 것이다.

기업은 이러한 환경 변화를 예측해서 대응하는 것이 아니라 자연스럽게 적응해 나갈 역량을 갖추어야만 한다. 이를 위해서 기업은 새로운 경영 패러다임을 구축해야 한다. 그것이 바로 지식경영이다. 지식경영은 기업을 부분적으로 혁신하는 또 다른 새로운 수단이 아니다. 그것은 기업의 모든 것, 즉 조직형태, 업무방식, 학습방법, 연구개발, 인적자원 활용 및 관리방법, 성과측정 방식 등을 지식을 수집하고, 공유·창조·활용하는 데 초점을 맞추어 새롭게 변화시키는 기업경영의 혁명이다. 다시 말해서 지식경영은 기업 그 자체를 재설계하는 경영인 것이다.

과거 변화의 속도가 느렸던 시대에 우리 기업들은 선진국의 기술이나 경영방식을 모방하고 부분적으로 개선함으로써 선진 기업과의 경쟁력 격차를 좁힐 수 있었다. 그러나 경영환경 변화의 속도가 증가하고 또 그 변화의 내용을 종잡기 어려운 오늘날에는 모방과 부분적인 개선만으로는 뒤쫓아가기도 힘들다. 그만큼 우리 기업과 선진 기업간에 경영의 핵심 요소인 지식의 격차는 더욱 확대되고 그 결과 경쟁력 격차는 더욱 커질 것이다. 우리 기업은 이러한 명약관화한 결과가 도래하도록 방치할 수는 없다. 그것은 바로 우리 기업의 생존과 직결되는 문제이기 때문이다. 따라서 우리 기업은 이제 선진 기업들에 뒤지지 않는 지식경영 체제를 도입, 정착시키기 위한 자신과의 운명의 일전을 벌일 태세를 확고히 해야 한다.

이 시리즈는 이러한 국내 기업의 당면 과제를 해결하는 데 조금이나마 도움이 되고자 하버드 경영대학원이 「Harvard Business Review」에 발표되었던 글들을 모아 발간한 단행본이다. 이 글들은 최근 선진국을 중심으로 논의되고 있는 새로운 조직형태, 학습방법, 기업 두뇌의 활용 및 관리방법, 기업 재창조 방안 등에 관하여 여러 저명한 학자들의 의견을 싣고 있다.

■ 본서의 구성

본 책자는 총 8개의 장으로 구성되어 있다.

우선 제1장 '미래의 조직'에서 피터 드러커는 정보통신 기술의 발전으로 변모될 대기업 조직 형태의 모습을 조명해 주고 있다. 대기업의 미래 조직은 병원이나 교향악단과 같은 지식기반 형태를 띨 것이며, 이러한 조직에서는 대부분의 업무가 전문가 또는 지식근로자로 구성된 태스크포스팀에서 수행될 것임을 강조하고 있다.

다음의 제2장 '지식창조 기업'에서 노나카 이쿠지로는 확실한 것은 오직 불확실성이 경영의 일상적 조건이 될 것이라는 사실뿐인 오늘날의 경제체제하에서 지식만이 경쟁 우위를 지속시키는 확실한 원천이라고 역설하면서 지식창조 기업의 본질을 밝히고 있다. 노나카는 지식창조 기업이란 조직 구성원 각자의 암묵적이고 주관적인 통찰력, 직관, 아이디어를 유도함으로써 새로운 지식을 창조할 수 있는 조직임을 심도 있게 보여주고 있다.

한편, 제3장 '지식경영과 학습조직'에서 가빈은 기업의 발전이 개선 프로그램만을 도입한다고 해서 이루어지는 것이 아니라 기업과 종업원들이 그에 앞서 먼저 학습해야 한다고 주장하고 있다. 필자는 학습조직을 성공적으로 구축하려면 종업원의 태도와 기업에 대한 몰입 자세가 신중하게 계발되고 또 꾸준히 관리되어야 한다는 점을 제시하고 있다.

뒤이어 아지리스는 제4장 '전문가를 학습시키는 방법'에서 기업이 학습조직을 구축하기 어려운 것은 구성원 대부분이 학습하는 방법을 잘 모르기 때문이라고 역설한다. 필자는 사람들로 하여금 새롭고 효과적인 방식으로 자신의 행동에 대해 생각하도록 가르치는 것이 효과적인 학습방법이라고 피력하고 있다.

레오나르도와 스트라우스는 제5장 '창조적 마찰이 혁신의 동인'에서 자질을 갖춘 관리자를 혁신을 추진하는 데 활용할 것을 제언하고 있다. 이러한 관리자는 종업원들의 사고방식이 다양하다는 사실을 이해하고,

이들간의 논쟁을 통한 창조적 마찰을 조직에 유리하게 만들어야 한다고 주장한다.

제6장 '경험을 통한 학습의 도구 : 학습용 역사서'에서 클라이너와 로스는 개인의 삶에서처럼 기업 경영에서도 경험이 최고의 스승이 될 수 있다고 역설하면서, 이를 구현할 구체적 방법으로서 '학습용 역사서'를 통한 학습이라는 새로운 도구를 제시하고 있다. 필자들은 학습용 역사서가 관리자들이 조직의 경험을 포착하고 거기에서 얻은 경험을 보급하고 또 그 교훈을 효과적인 행동으로 전환시키는 데 유용한 도구라는 것을 강조하고 있다.

이어서 브라운은 제7장 '지식을 창조하는 연구개발'에서 급격한 변화와 경영환경의 불확실성에 대응하려면 연구개발 부서가 단순한 혁신제품 개발을 넘어 혁신을 재창조해야 한다고 주장한다. 혁신적 재창조란 기업 그 자체를 지속적으로 혁신할 수 있도록 새로운 기술과 조직구조를 고안해야 한다는 것이다.

마지막으로 제8장 '가치를 창조하는 전문적 지능'에서 퀸, 앤더슨과 핑클스타인은 오늘날 기업의 성패는 지적 능력과 시스템의 능력, 즉 전문적 지능에 좌우되는데도 기업들이 놀랍게도 그 점에 별 주의를 기울이지 않았다고 주장한다. 필자들은 전문적 지능을 개발하기 위해서 최상의 인력 채용, 개발력 강화와 도전력 증대, 평가 및 장애물 제거 등을 가장 좋은 방안으로 제시하고 있다.

지식사회에 적합한 경영, 즉 지식경영을 실행하려면 기업들은 기업 자체를 재설계하고 다양한 경영 방법을 고안하여 적용해야 한다. 이러한 면에서 이 책은 이미 그 필요성을 인식하고 새로운 경영 방법의 개발에 고심해 왔던 실무자와 학자들 모두에게 길잡이 역할을 할 수 있는 유용한 책이라고 생각한다. 또한 새롭게 지식경영에 대해 공부하고자 하는 사람들에게도 그 방향을 제시해 줄 수 있을 것이다.

개인이든 조직이든 혁신하지 않으면 낙오하고 말 것이다. 지식이란 나눠 사용함으로써 소멸되는 것이 아니라, 자기 증식함으로써 수확체증하는 속성이 있다. 이 책을 읽는 모든 독자들이 새로운 지식을 얻고 더 나아가 지식사회에 맞도록 자기개발을 촉진하고 자신이 몸담고 있는 조직의 번영을 이룩할 지식경영 실현에 크게 기여할 수 있기를 바란다.

마지막으로 이처럼 유용한 책의 편집을 맡아서 한 권의 책으로 출간할 수 있도록 많은 노력을 기울여주신 21세기북스에 감사드린다.

1999년 3월

옮긴이 일동

차 례

추천의 글
옮긴이의 글

1
미래의 조직 ·· 15
(피터 드러커)

정보기술이 조직을 바꾼다 / 18
중간관리층이 없는 조직 / 22
정보기반 조직의 운영 원리 / 29
미래의 도전 과제 / 34

2
지식창조 기업 ·· 39
(노나카 이쿠지로)

지식창조의 본질 / 42
나선형 지식창조의 과정 / 46
지식창조의 새로운 방법 : 은유, 유추, 모델 / 53
지식창조를 위한 의도적 낭비 : 여유 원리 / 59
지식창조 기업에서 경영자와 중간 관리자의 역할 / 62

3
지식경영과 학습조직 71
(데이비드 가빈)

학습없이 개선없다 / 74
학습조직의 3M : 의미, 관리, 측정 / 75
학습조직에 대한 새로운 정의 / 77
학습조직 구축의 5가지 과제 / 80
학습의 성과측정 방법 / 102
학습조직의 구축 / 107
부록 - 1. 조직학습에 대한 정의 / 110
　　　 2. 지식의 8가지 단계 / 111

4
전문가를 학습시키는 방법 113
(크리스 아지리스)

이중고리 학습 / 116
전문가가 학습을 회피하는 논리 / 119
방어적 사고와 파멸의 악순환 / 126
생산적인 사고방식을 학습하는 방법 / 136

5

창조적 마찰이 혁신의 동인 ·············· 147
(도로시 레너드, 수잔 스트라우스)

창조적 마찰을 존중하라 / 150
사람은 어떻게 사고하는가 / 152
개성을 살리는 전뇌적(全腦的) 팀 / 156
까다로운 창조적 마찰 관리 / 174
부록 - 1. 마이어즈-브리그스 유형지표 / 177
　　　 2. 허만 두뇌우성측정도구 / 181

6

경험을 통한 학습의 도구 : 학습용 역사서 ·········· 185
(아트 클라이너, 조지 로스)

경험을 살리지 못하는 조직학습 / 188
학습의 제도화를 위한 새로운 방법 : 학습용 역사서 / 190
학습용 역사서의 효과성 / 194
부록 - 학습용 역사서의 단계적 창출 과정 : 오토코사 / 198

7

지식을 창조하는 연구개발 209
(존 실리 브라운)

연구개발의 새로운 지평 / 212
정보기술, 보이는 것과 보이지 않는 것 / 217
팔로알토(PARC)의 연구개발 철학 / 222
공동으로 혁신을 창출하라 / 229
고객은 혁신의 궁극적 파트너 / 232
부록 - 1. PARC : 컴퓨터 혁명의 진원지 / 236
      2. PARC가 젊은 연구원들에게 보낸 편지 / 237
      3. 제록스사가 복사기를 재설계한 과정 / 240

8

가치를 창조하는 전문적 지능 245
(제임스 브라이언 퀸, 필립 앤더슨, 시드니 핑클스타인)

전문적 지능이란 무엇인가 / 248
전문적 지능을 통한 가치창조의 베스트프랙티스 / 252
전문적 지능 활용의 극대화 / 257
역피라미드 조직 / 266
지적 네트워크의 형성 / 272

1장
미래의 조직

피터 드러커(Peter F. Drucker)

미래 대기업 조직의 전형적인 모습은 관리층의 두께가 현재의 절반 정도이며 관리자 수는 3분의 1에 불과할 것으로 보인다. 미래의 조직은 경영 관련 실무자나 학자들이 아직 별로 주의를 기울이지 않고 있는 병원, 교향악단, 대학교의 조직과 흡사한 지식기반 조직이 될 것이다. 대부분의 작업은 여러 부서에서 차출한 전문가들로 구성된 태스크포스팀에 의해서 수행할 것이며, 태스크포스팀의 협력과 통제는 팀원들의 자발적인 참여에 의존하게 될 것이다.

이런 변화를 뒷받침하는 것은 정보통신 기술의 발전이다. 아직까지 대부분의 사람들은 그들이 수행해오던 기존의 작업, 즉 계산을 좀더 빠른 속도로 처리하는 수준에서 컴퓨터를 활용하고 있을 뿐이다. 그러나 컴퓨터가 기존의 자료 정리 수준을 벗어나 정보처리 차원에서 활용되기 시작하면, 기업의 의사결정 과정, 조직구조, 업무처리 방식 등에 변화가 발생하게 될 것이다. 이에 따라 정보기반 조직은 지휘-통제식의 조직에 비해서 훨씬 더 많은 수의 전문가가 필요하다. 더구나 전문가들은 기업의 본부 조직보다는 실무 조직에서 활동하게 되며, 조언이나 자문만 하는 본부 참모 조직은 급격히 줄어들게 될 것이다.

정보기반 조직이 되기 위하여 필요한 조건에 대한 해답은 지식기반 조직인 병원이나 교향악단에서 찾을 수 있을 것이다. 첫번째 해답은 행동으로 구현될 수 있도록 명확하게 정의된 일련의 목표, 즉 오케스트라의 악보이다. 정보기반 조직은 기업 전체, 각 부서, 그리고 개별 전문가들이 이루어야 하는 업무목표가 명확하게 설정되어야 하며, 조직 구성원들의 자기 통제가 가능하도록 업무목표치와 실적치를 비교하여 업적평가가 이루어져야 한다. 둘째는 모든 조직 구성원들이 정보 창출의 의무를 느낄 수 있게 만드는 조직구조이다. 즉 '누가 나로부터 어떤 정보를 받기를 원하고 있을까' 또는 '나는 누구에게 정보를 의존하고 있는가' 등의 질문을 할 수 있도록 만들어야 한다.

  정보기반 조직 형태가 정착되기 위해서는 아직 풀어야할 과제가 많다. 그것은 전문가에게 동기를 부여하고 보상하는 것, 명확한 비전을 제시하여 전문가들로 구성된 조직을 하나로 통합하는 것, 태스크포스 형태의 팀제가 정착될 수 있는 조직구조를 만드는 것, 그리고 최고경영진을 육성하는 것 등이다. 이런 문제들에 대한 해답을 찾는 것이 금세기 말까지 현재의 경영자들이 해결해야 할 과제이다.

정보기술이 조직을 바꾼다

지금부터 20년쯤 후가 되면 대기업 조직은 일반적으로 관리층의 두께가 지금보다 절반 정도로 줄고 관리자의 수는 3분의 1을 넘지 않을 것이다. 미래의 조직은 그 구조나 문제점, 그리고 관심사에 있어서 1950년대의 전형적이고 교과서적인 제조업체의 구조와는 사뭇 다를 것이다.

오히려 요즘의 경영 관련 실무자나 학자들이 아직 별로 주의를 기울이지 않고 있는 병원, 교향악단, 대학교의 조직과 흡사한 모습이 될 것이다. 즉, 미래의 조직은 일반적인 병원이나 교향악단, 그리고 대학처럼 지식기반 조직이 될 것이다. 또한 미래의 전형적인 대기업 조직은 동료, 고객, 그리고 본부에서 받는 각종의 피드백을 통하여 자신의 활동을 지도하고 통제하는 전문가들로 구성된 조직이 될 것이다. 이런 이유로 미래의 조직은 정보기반 조직의 형태가 된다.

기업 조직은 정보에 기반을 두는 형태로 변모해갈 수밖에 없으며, 특히 대기업의 경우에는 더욱 그렇다. 우선 인구통계적인 관점에서 볼 때 이런 변화는 불가피하다. 고용의 비중이 기술직과 사무직에서 지식근로자(knowledge worker)로 급속하게 이동하고 있는데, 이들 지식근로자는 기업이 100여년 전 군대에서 도입한 지시와 통제의 문화를 거부하는 사람들이다.

경제의 측면에서도 변화는 불가피하다. 요즘의 경제 환경하에서는 대기업도 지속적인 혁신과 기업가 정신 없이는 생존이 어렵게 되었다. 무엇보다 이런 변화의 필요성을 가장 잘 설명하는 것은 역시 정보기술의 발전이다.

정보기반 조직을 만드는 데 반드시 진보된 자료처리 기술이 필요한 것은 아니다. 뒷부분에서 설명하겠지만, 영국이 인도에서 정보기반 조직을 형성할 당시 정보기술은 새의 깃털로 만든 펜에 불과하였으며, 전기통신은 맨발의 하인이 담당하고 있었다. 그러나 진보된 기술이 대중화되면서 우리는 심도 있는 자료의 분석과 진단을 통하여 정보를 만들어낼 필요가 생겼다.

아직까지 대부분의 사람들은 그들이 수행해오던 기존의 작업, 즉 계산을 좀더 빠른 속도로 처리하는 수준에서 컴퓨터를 활용하고 있을 뿐이다. 그러나 컴퓨터가 기존의 자료정리 수준을 벗어나 정보처리 차원에서 활용되기 시작하면, 기업의 의사결정 과정, 조직구조, 업무처리 방식 등에 변화가 발생하게 될 것이다. 이런 변화는 이미 전세계 여러 기업에서 빠르게 확산되고 있다.

컴퓨터 기술이 자본투자 의사결정에 미친 영향을 고려해보면 이런 변화를 쉽게 살펴볼 수 있다. 자본투자안을 평가하는 것은 어느 한 가지 기법만으로는 수행할 수 없다. 자본투자안을 이해하기 위해서는 최소한 6가지의 평가분석을 해야 한다. 이는 기대수익률, 투자 회수기간, 투자의 예상수명, 투자의 현재가치, 그리고 투자안을 부결하거나 보류할 때 안게 되는 위험과 투자 실패 위험 및 비용, 그리고 마지막으로 기회비용이다.

자료처리 능력이 향상되기 이전에는 이런 분석이 몇 년에 걸쳐서 이루어졌다. 그러나 지금은 스프레드시트 프로그램으로 수시간 안에 작업을 마칠 수 있게 되었다.

정보가 활용 가능해짐에 따라 자본투자 분석의 수준이 단순한 의견 제시에서 진단 및 처방으로 한 차원 올라가게 되었는데, 이는 여러 가지 대안을 합리적으로 비교할 수 있게 되었음을 의미하는 것이다. 즉, 정보가 자본투자 의사결정 체제를 기존의 회계수치에 의존한 재무적 차원에서 전략적 대안들의 실현 가능성에 기초를 둔 사업 전략적 차원으로 변화시키고 있는 것이다. 따라서 이런 시스템하에서의 의사결정은 사업전략을 미리 설정하고, 설정된 사업전략과 근거 가정의 타당성을 검토하는 식으로 이루어진다. 예산 수립에서 끝나던 경영 행태가 전략분석으로 확대되는 것이다.

자료처리 능력을 정보의 생산을 위해서 활용할 때 영향을 받게 되는 또 다른 분야는 조직구조이다. 관리계층과 관리자의 수가 대폭적으로 줄어들게 된다. 그 이유는 현재의 관리계층이나 관리자들이 의사결정을 내리거나 유도하지 않기 때문이다. 그들의 주된 기능은 상하간의 의사를 중계하는 것일 뿐이다. 즉, 정보화 이전의 전통적인 조직 내에서 계층간 의사전달을 위한 기지국 역할을 담당하고 있을 뿐이다.

미국의 대형 방위산업체 중 한 회사는 최고경영진이 업무를 수행하기 위해서 필요한 정보가 무엇인지를 확인하고 규명하는 과정에서 기존 관리계층이 불필요함을 알게 되었다. 정보는 어디에서 만들어지고, 어떤 형태이며, 어떻게 유통되는가? 이 문제들에 대한 해답을 찾는 과정에서 14개의 관리계층 중에서 최소한 6개 계층이 정보의 창출 및 유통과 아무 관련이 없다는 것이 밝혀졌다. 이 회사는 많은 양의 자료를 가지고 있었다. 그러나 이런 자료는 정보창출을 위해서라기보다는 관리를 위해서만 사용되고 있었다.

정보는 관련성과 목적성을 가진 자료이다. 따라서 자료를 정보로 전환하려면 지식이 필요하다. 그리고 지식은 전문화를 요구한다(실제로, 진정으로 지식화된 사람들은 해당 분야에 지나치리만큼 전문화되는 경향을 보이는데 이는 그 분야에서 새로 습득해야 할 것이 항상 존재하기 때문이다).

정보기반 조직은 지휘·통제식의 조직에 비해서 훨씬 더 많은 수의 전문가가 필요하다. 더구나 전문가들은 기업의 본부 조직보다는 실무 조직에서 활동하게 된다. 실제로 영업 조직은 모든 분야의 전문가들로 구성된 조직으로 바뀌게 될 것이다.

정보기반 조직에서도 본부 기능을 수행하는 기능이 필요하며, 여기에는 법률 자문, 대외 홍보, 노사관계 등의 분야가 포함된다. 그러나 실무는 하지 않고 조언, 자문 조정만 하는 참모 조직의 역할은 급격하게 줄어들게 될 것이다. 정보기반 조직의 본부는 적은 수의 전문가로만 구성될 것이다.

대규모 정보기반 조직은 그 구조가 보다 수평적으로 되어 지금의 대기업보다는 1800년 대의 기업과 유사한 모습을 띠게 될 것이다.

과거에는 모든 지식을 최고경영층에서 독점하고 있었다. 나머지 인력은 그저 조수나 일손에 불과하였으며, 이들은 단순 반복적인 업무를 지시받은 대로 수행했을 뿐이다.

이와는 반대로 정보기반 조직에서 지식은 계층의 하층부, 즉 서로 다른 업무를 담당하며 독자적으로 행동하는 전문가 계층이 소유한다. 최고경영진과 실무 관리자들 사이에 존재하는 참모계층에 지식이 집중되는 오늘날의 전형적인 조직은 정보를 아래 계층으로부터 받는 것이 아니라 상층부로부터 하달받는 상태이다.

마지막으로 정보기반 조직에서는 업무의 처리 방식이 상당 부분 달라지게 될 것이다. 전통적인 개념의 부서는 실무 진행보다는 업무 기준의 설정이나 전문가 교육 및 배치와 같은 임무를 수행하게 된다. 업무 수행은 주로 태스크포스팀에서 담당하게 될 것이다.

중간관리층이 없는 조직

이와 같은 변화는 특히 업무 분장이 명확하게 구분되어 있는 연구 분야를 중심으로 나타나고 있다. 제약업, 정보통신업, 제지업에서는 연구, 개발, 생산, 마케팅의 순서로 진행되던 회사의 업무가 연구에서부터 마케팅까지를 통합한 태스크포스팀에서 동시에 수행하는 형태로 바뀌어가고 있다.

　새로운 사업기회를 포착하고 사업 진행상의 문제점을 해결해야 하는 태스크포스팀이 어떤 형태로 발전해 나갈지는 좀더 두고봐야 할 일이다. 태스크포스팀의 필요성, 과제, 구성, 그리고 지휘 감독의 문제는 사안별로 결정해야 할 것이다. 따라서 미래 조직의 형태는 매트릭스 조직보다도 더 발전된 형태가 될 것이며, 그 형태도 사뭇 다를 것이다. 한 가지 분명한 것은 조직원간의 원활한 관계 유지와 의사소통을 위하여 개개인의 책임과 자율적 행동이 무엇보다도 중요하다는 것이다.

　정보기술이 기업의 형태에 변화를 가져온다고 말하기는 쉽다. 하지만 이런 변화가 회사와 최고경영진에게 무엇을 요구하는지를 파악하기는 매우 어려운 일이다. 그러나 병원, 교향악단, 그리고 영국의 인도 정청과 같은 정보기반 조직들을 살펴보면 작은 실마리를 찾을 수 있다.

　먼저 400개의 병상을 가진 대규모의 병원을 생각해 보자. 수백 명에 달하는 의사와 1,200~1,500명의 준의료요원이 있으며 이들은 60여 개의 전문분야에 배치되어 있다. 각각의 전문분야에는 각각의 전문적인 지식, 훈련 방법 그리고 언어가 있다. 임상실험실이나 물리치료실과 같은 의료보조 분야는 그 분야의 전문가가 책임을 맡고 있으며, 전적으로 관리 업무만을 수행하는 사람이 책임자가 되지는 않는다.

　각 책임자는 최고경영진과 직접적으로 의사소통을 하며 그 사이에 중간 관리층은 거의 없다. 대부분의 진료는 개별 환자의 상태에 따라 구성되는 임시팀에서 이루어진다.

대규모의 교향악단은 더 좋은 예가 될 수 있다. 곡에 따라서 수백 명의 단원들이 함께 연주해야 하는 경우도 있기 때문이다. 이런 경우 기존의 조직 이론에 의하면 여러 명의 부단장과 부문별 지휘자가 있어야 한다. 그러나 교향악단은 그런 식으로 운영되지 않는다. 교향악단에는 단 한 명의 지휘자, 즉 최고경영자가 있을 뿐이며, 모든 단원은 중간 관리자 없이 지휘자의 직접 지휘 아래 연주한다. 그리고 개별 단원은 모두가 수준 높은 전문가, 즉 예술가이다.

커다란 정보기반 조직으로 중간 관리층이 없이 성공한 사례는 영국의 인도 정청일 것이다.[1] 영국은 조직구조나 정책의 변화 없이 인도 대륙을 18세기 중엽에서부터 제2차 세계대전까지 약 200여년 동안 지배하였다. 이 기간 동안 정청의 인원은 1,000명을 넘었던 적이 없었다. 인도와 인구 수가 비슷했던 중국의 그 당시 관료 숫자와 비교하면 1%도 되지 않을 것이다. 대부분의 영국인은 젊은 사람들이었다. 특히 지배 초기에는 30세 이상인 사람이 극히 드물었다. 당시에는 대부분이 외진 지역에 혼자 살고 있었고, 가장 가까운 곳에 사는 영국인을 만나는 데에도 하루나 이틀 정도

---

[1] 이에 대해서는 1954에 발간된 필립 우드러프의 저서 *The Men Who Ruled India* (New York, St. Martin's)를 참고했다. 특히 제1권을 참고로 하였다. 그 제도의 일상적인 운영에 대해서는 버지니아 울프의 남편인 레오나드 울프의 자서전 제1권 *Sowing* (New York, Harcourt brace Jovanovich, 1962)에 잘 기술되어 있다.

씩 여행을 해야만 했다. 물론 처음 100년 동안은 통신이나 철도도 없었다.

조직구조는 완전히 수평적(flat)이었다. 각 지구 책임자는 지역 정치서기인 쿠(Coo)에게 직접 보고했다. 9개 지역의 정치서기들은 각각 100명 정도의 지구 책임자들을 직접 관리하였는데, 이는 조직 이론상의 관리 범위의 한계를 넘는 것이다. 하지만 그 체제는 놀라울 정도로 효율성을 유지하였다. 그 이유는 이 체제가 구성원 각자가 해당 업무를 수행하는 데 있어서 필요한 정보를 확실히 제공받을 수 있도록 고안되었기 때문이다.

지구 책임자는 매월마다 하루씩 지역 수도에 있는 지역 정치서기에게 보낼 정기 보고서를 작성하였다. 그 보고서에는 지구 책임자가 맡은 업무가 자세하게 기술되었다. 지구 책임자는 명확하게 정의된 4가지 업무만을 담당하도록 되어 있었다. 지구 책임자는 우선 4가지 항목에 대하여 그의 예상과 결과를 기술하였고, 양자 간에 차이가 발생할 경우 그 원인까지 상세하게 작성하였다. 그리고 다음 달의 항목별 목표와 그것을 달성하기 위한 조치를 기술하고, 이와 관련한 정책적 판단에 대하여 문의하며, 장기적인 차원의 기회와 위협, 그리고 지원 요구에 대해 언급했다. 보고를 받은 정치서기는 모든 보고를 일일이 검토한 후 검토 내용을 해당 지구 책임자에게 회신하였다.

이러한 예에서 볼 때 정보기반 조직의 필요조건은 무엇인가? 그리고 정보기반 조직이 갖는 관리상의 문제는 어떤 것일까? 우선 정보기반 조직의 필요조건에 대해서 살펴보자. 수백 명의 단원들과 한 명의 최고경영자, 즉 지휘자가 연주를 할 수 있는 것은 모두가 똑같은 악보를 가지고 있기 때문이다. 그 악보에는 플룻 연주자나 팀파니 연주자가 언제 어떻게 연주해야 하는지가 표시되어 있다. 또한 지휘자는 그 악보를 보면서 각각의 단원이 언제 어떻게 연주해야 하는지를 알 수 있다.

마찬가지로 병원의 전문가들도 같은 임무를 부여받고 있다. 그것은 환자를 돌봐주고 치료해주는 것이다. 진단은 그들의 악보이며, 그 진단에 따라 X선 촬영실과 영양사, 물리치료사 등 의료요원들이 행동하게 된다.

정보기반 조직은 다른 말로 하면 구체적인 행동을 유발하는 간단명료한 공동의 목적을 가지고 있어야 하는 것이다. 동시에, 앞의 예에서 보듯이, 정보기반 조직은 하나 또는 수 개의 제한된 목표에 집중해야 한다.

정보기반 조직은 전문가들로 구성되어야 하며, 따라서 그들에게 업무처리 방법에 대해서 말하는 것은 금물이다. 가령 지휘자가 프렌치 호른 연주자에게 호른 연주 기법을 가르쳐 줄 수는 없다. 지휘자가 할 수 있는 것은 프렌치 호른 연주자의 기량과 지식이 전체 연주의 틀에 맞도록 유도하는 것이다. 정보기반 조직의 리더는 이처럼 모든 조직원의 역량이 어느 하나의 초점에 집중되도록 유도하는 역할을 수행해야 한다.

그러나 어떤 사업도 미리 정해진 악보는 없다. 사업이 진행되면서 악보가 쓰여질 뿐이다. 음악의 경우에는 일류 악단이건 삼류이건 간에 작곡자의 곡을 연주중에 바꾸는 경우는 없다. 그러나 사업은 항상 새롭고 다른 악보를 그려내게 되고, 그 악보를 바탕으로 업적평가를 받게 된다.

따라서 정보기반 조직은 기업 전체, 각 부서, 그리고 개별 전문가들이 이루어야 하는 업무목표를 명확하게 설정해야 한다. 또한 조직 구성원들의 자기통제가 가능하도록 업무 목표치와 실적치를 비교하여 피드백을 해 주어야 한다.

성공적인 정보기반 조직의 또 다른 조건은 모든 조직 구성원들이 정보에 대한 책임을 갖는 것이다. 교향악단의 저음 목관악기인 바순 연주자는 모든 음을 연주할 때마다 자신의 연주에 대해서 책임을 진다. 의사와 준의료요원들도 환자 병동의 간호사 데스크라고 하는 아주 잘 발달된 정보센터를 중심으로 업무를 수행한다. 인도의 지구 책임자들도 자신의 책임하에서 모든 보고서를 작성하였던 것이다.

이런 체제가 유지되기 위해서는 조직의 모든 사람들이 누가 어떤 정보를 나에게 의존하고 있는가를 알아야 한다. 그리고, 다른 한편으로는 나는 누구에게 의존하고 있는가도 중요하다. 조직원 각자는 상급자와 하급자에 대한 리스트를 가지고 있어야 한다. 그러나 가장 중요한 것은 상호협조가 가능한 동료들이다. 내과의사, 외과의사, 그리고 마취전문의의 관계가 하나의 예가 될 수 있다. 제약회사에서의 생화학자, 약학자, 임상실험책임자, 그리고 마케팅 전문가의 관계도 마찬가지이다. 이런 관계 역시 모든 사람들이 서로 자신의 정보에 완전하게 책임을 질 수 있어야 유지될 수 있다.

다른 조직 구성원들에게 제공하는 정보에 대한 책임의식은 특히 중간 규모의 조직에서 높아지고 있다. 그러나 자기가 받는 정보에 대해서는 다소 등한시하는 실정이다. 다시 말하면, 조직 내의 모든 사람들은 자기 업무를 수행하고 조직에 기여하는 데 있어서 어떤 정보가 필요한가를 계속 생각하고 있어야 한다는 것이다.

이는 컴퓨터가 일반화된 오늘날의 기업운영 방식을 감안할 때 이해하기가 상당히 어려운 부분으로 보인다. 일반적으로 사람들은 자료는 많으면 많을수록 좋다고 생각할 수 있다. 그러나 이는 예전에 자료가 희소했을 때는 타당성이 있었지만, 오늘날에는 자료가 과잉공급되어 이에 따른 정보의 혼란을 유발한다. 또한 사람들은 경영진이나 전문가가 필요로 하는 자료가 어디 있는지를 정보 전문가들이 알고 있을 것이라고 생각한다. 그러나 정보 전문가들은 도구를 만드는 사람에 불과하다. 그들은 의자에 천을 씌우기 위해서는 어떤 망치를 사용해서 못을 박아야 하는지를 가르쳐줄 뿐이다. 의자에 천을 씌울 것인가 아닌가는 우리 자신이 결정해야 할 일이다.

경영진과 전문가들은 그들이 어떤 정보를 필요로 하는가 그리고 그 정보를 얻기 위해서는 어떤 자료를 찾아야 하는가에 대해서 심사숙고해야 한다. 이를 통하여 그들이 무엇을 하고 있는지를 파악하고, 무엇을 해야 하는지를 결정하고 마지막으로 그들이 한 일에 대한 평가를 내릴 수 있을 것이기 때문이다.

  대부분의 대기업들은 우리가 지금까지 살펴본 조직들과는 그 형태나 운용에 있어서 상당히 거리가 있다. 그렇지만 경쟁력을 유지하기 위해서, 심한 경우에는 생존을 위해서, 대기업도 정보기반 조직의 형태로 빨리 변신해야만 한다. 오래된 관습을 버리고 새로운 것을 도입해야만 한다. 경영실적이 좋은 회사일수록 변신의 과정이 더 어렵고 고통스러울 것이다. 이런 변신은 많은 조직원들의 일자리와 지위, 그리고 기회를 위협하게 될 것이다. 특히 직장내 업무나, 지위, 관계, 행태의 여러 측면에서 가장 변화를 싫어하고 동시에 가장 안정적인 위치에 있는 장기근속의 중년 중간 관리층이 주요 대상이 될 것이다.

정보기반 조직의 운영 원리

  정보기반 조직은 자체적으로 운영상의 문제점을 가지게 된다. 이 중에서 특별히 중요한 것으로는 다음과 같은 것이 있다.

    ① 전문가에 대한 보상, 능력의 인정, 그리고 경력상의 기회 제공
    ② 전문가 조직을 위한 통일된 비전의 제시
    ③ 태스크포스 중심 체제의 경영을 위한 조직구조
    ④ 최고경영진 구성을 위한 인적자원의 확보, 양성, 그리고 검증

바순 연주자는 아마도 바순 연주 이외의 어떤 일도 원하지 않을 것이다. 그들의 경력상 기회는 제2주자에서 제1주자가 되고, 이류 교향악단에서 일류 교향악단으로 옮겨가는 것이라고 볼 수 있다. 의료전문가들도 마찬가지이다. 그들의 경력상 기회는 선임의 자리로 승진할 수 있는 기회와 실험실의 책임자가 될 수 있는 가능성일 것이다. 25명에서 30명 중 한 명 꼴로 탄생하는 실험실 책임자의 경우, 보다 규모가 크고 재원이 풍부한 병원으로 옮겨가는 것도 가능하다. 인도에 배치된 지구 책임자의 경우에는 3년간의 근무 후, 보다 큰 지구로 재배치되는 것 이외에는 경력상의 기회란 없었다.

정보기반 조직에서는 교향악단, 병원 또는 영국의 인도 정청보다 전문가의 경력상 기회가 훨씬 많을 것이다. 하지만 이런 경력상의 기회라는 것도 다른 경우와 마찬가지로 전문분야 내에서의 기회가 될 것이며, 그나마 가능성도 제한적일 것이다. 경영 관리직으로 진출하게 되는 것은 중간 관리직이 많지 않으므로 매우 어려운 일이 될 것이다. 이는 전문직을 벗어나서 일반 관리직으로 진출하는 것이 경력 개발의 주요 코스였던 과거 전통적 조직과는 상당히 대별되는 것이다.

30여년 전 GE사는 전문직 사원을 위해 전문직으로 계속 종사하더라도 승진할 수 있는 기회를 제공하는 방법(평행적 기회, parallel opportunities)으로 이 문제를 해결하고자 시도한 적이 있었다.

많은 기업들이 GE사를 따라서 이 제도를 도입했었다. 그러나 대부분의 전문직 종사자들은 이 제도가 문제의 해결책으로 적합하지 않다고 보았다. 그들이나 관리직에 근무하는 동료들 모두 경력개발의 기회를 관리직으로 옮기는 것이라고 생각했기 때문이다. 관리직에 유리한 방향으로 편향되어 있었던 보수 체계가 이런 분위기를 더욱 조장하였다.

이런 문제를 쉽게 해결할 수 있는 방법은 없다. 그러나 대규모 법률회사나 자문회사의 사례를 보면 이런 문제해결을 위한 하나의 실마리를 찾을 수 있다. 이런 회사에서는 선임 파트너도 전문가이며, 파트너가 될 가능성이 없는 사람은 초기에 다른 일자리를 찾아 나간다. 그러나 어떤 경우든 가치와 보수 체계가 근본적으로 바뀌어야만 새로운 체제가 자리를 잡게 될 것이다.

경영진이 당면하게 되는 또 하나의 문제는 전문가 집단에 공감대가 형성된 통일된 비전을 제시하는 일이다.

인도의 통치에서 지구 책임자들은 그의 지구 전체를 관할할 책임을 지고 있었다. 그러나 지구 책임자가 자신의 일에 집중할 수 있도록 하기 위해 19세기에 시작된 행정 서비스(식목, 관개, 고고학적 조사, 공중보건위생, 도로)는 지구 책임자를 제외한 상태에서 행정 체제 밖에서 조직되어야 했다.

이에 따라 지구 책임자는 자신의 지역에 중대한 영향을 미치는 활동에서 점점 소외되어 갔다. 종국에는 지방 정부나 델리의 중앙 정부만이 전체적으로 파악할 수 있었고, 그나마도 아주 간략한 내용에 불과했다.

기업이 이런 식으로 운영될 수는 없다. 기업은 전문가들이 공유할 수 있는 통일된 전체에 집중해야 한다. 그러면서도 전문가들의 일류 의식과 직업 의식을 받아들이고 또한 키워주어야만 한다. 만약에 관리직으로의 진출이 어렵다면, 그들에게 동기부여가 가능한 것은 일류 의식과 직업 의식뿐이기 때문이다.

　조직원의 직업 의식을 배양하는 하나의 방법은 태스크포스팀에 배치하는 것이다. 정보기반 조직은 작은 규모의 자율적인 단위 조직을 점점 더 많이 활용하면서 그들에게 적절한 임무를 맡기게 될 것이다. 그러나 정보기반 조직에서 전문가 사이의 업무 교류의 폭은 어느 정도로 할 것인가? 또한 최고경영진은 전문가들의 공통된 비전을 만들고 유지하는 것에 어느 정도로 우선순위를 두어야 하는가? 이러한 과제를 해소하기 위해 태스크포스팀에 대한 의존도를 높이면 전문가에 대한 동기부여라는 하나의 문제는 해결된다.

　그러나 동시에 정보기반 조직에서 경영구조의 문제는 심화될 것이다. 경영관리자는 누가 될 것인가? 태스크포스팀의 팀장이 경영관리자의 업무를 담당하는 형태가 될 것인가, 아니면 전문직 책임자와 행정직 책임자가 동시에 존재하는 '두 개의 머리를 가진 괴물'이 될 것인가?

　전문직 팀장의 역할과 기능을 정의하는 것도 매우 어려운 일이다. 그들의 직무는 병원의 수간호사와 같이 항구적인가? 아니면 업무가 변화함에 따라 변화하는 기능인가? 전문직의 '팀장'이란 것은 하나의 업무인가 아니면 직위인가? 직급은 있는가? 있다면 전문직 팀장은 때가 되면 프록터 앤드 갬블사의 제품 관리자들처럼 경영 기본단위의 책임자가 되고 또 회사의 현업 간부가 될 것인가? 궁극적으로 전문직 팀장은 회사의 부서장이나 부사장의 역할을 대신하게 될 것인가?

이미 이런 발전적인 변화의 조짐이 나타나고 있다. 그러나 아직 뚜렷한 경향은 드러나지 않고 있으며 또한 그런 변화가 어떤 것을 수반하게 될 것인가에 대한 이해도 부족한 상태이다. 하지만 이런 변화의 조짐들을 통하여 미래의 조직은 지금까지 우리의 상식을 뛰어넘는 새로운 구조로 발전하게 될 것이라는 점을 짐작할 수 있다.

마지막으로 가장 어려운 문제는 최고경영진 구성을 위한 인적자원의 확보, 양성, 그리고 검증의 문제이다. 이것은 가장 오래되었지만 아직도 풀지 못한 중요한 딜레마이며 지난 40여년 동안 대기업들이 권력 분산을 지속하게 된 원인이다. 기존의 기업 조직은 인력을 양성하고 검증하기 위한 두터운 층의 중간 관리직을 가지고 있다.

그 결과 고위 경영진에 결원이 발생하였을 때 그 자리를 채우기 위한 인재의 집단이 잘 형성되어 있었다. 그러나 중간 관리직이 대폭적으로 축소되는 정보기반 조직에서는 그 인재를 어디에서 확보할 것인가? 최고경영진이 될 인재를 어떻게 양성하고 어떤 방법으로 능력을 검증할 것인가?

미래의 도전 과제

정보기반 조직에서는 자율적인 단위로의 권력 분산이 현재보다 더욱 심화된다. 아마도 독일식 그룹(Grouppe)처럼 분산된 조직이 각각의 최고경영진을 가지는 개별 회사의 조직구조 형태를 띠게 될지도 모른다.

독일식 그룹은 연구 및 공학분야에서 그들의 전문성을 최대한 살려주는 전통 때문에 이런 조직구조 형태를 가지게 되었는데 만약에 이런 준독립적인 자회사가 없었다면, 가장 유망한 전문인력을 양성하고 검증하는 기회 역시 없었을 것이다. 이런 차원에서 보면 독일의 자회사들은 메이저리그 야구팀에 소속된 마이너리그 팀과 닮은 면이 있다.

대기업 최고경영진의 결원을 중소기업으로부터 선발하여 충원하는 현상이 일반화될 수도 있다. 이것은 대규모 교향악단이 지휘자를 확보하는 방법이기도 하다. 소규모 악단이나 오페라 극장에서 명성을 얻은 젊은 지휘자가 보다 큰 곳으로 선발되어 가는 것이다. 수많은 병원의 병원장도 이런 방법으로 경력을 개발해 왔다.

교향악단이나 병원의 경우처럼 기업에서도 최고경영자가 기업과는 별개로 독립적인 경력을 개발해 가는 것이 가능할까? 지휘자나 병원장은 지휘나 병원 운영에 관해서 특별한 과정을 이수한 사람들이다.

이런 사례를 프랑스에서 찾아볼 수 있는데 그곳에서는 정부 관료로 평생을 봉직해 온 사람들이 대기업의 장을 맡아서 경영하는 것을 종종 보게 된다. 아마 대다수의 국가에서는 받아들이기 어려울 것이다. 프랑스에서만 그랑 에꼴(Grandes Ecoles[2])에 대한 신화가 존재한다. 그러나 프랑스에서도 대기업들의 경우 해당 부문, 즉 기업 경영에 대한 직접적인 경험이 없는 사람이 경영을 하기에는 점점 어려운 상황이 되어가고 있다.

따라서 최고경영진 구성의 모든 과정, 즉 양성, 검증, 그리고 승계의 단계는 지금까지보다 더욱더 어려운 문제가 될 것이다. 이는, 즉 기업의 경영자들이 학교로 되돌아가서 재교육 또는 평생 교육을 받아야 할 필요성이 점점 더 커지고 있다는 것을 의미한다. 따라서 경영대학원에서는 성공한 전문가들이 최고경영진이나 지도자가 되기 위해서 갖추어야 할 것이 무엇인지를 연구해야 한다.

미국의 남북전쟁과 유럽의 프로이센전쟁을 그 출발점으로 근대 기업의 형태가 생성된 이후에 기업의 조직구조에 대한 개념은 수차례에 걸쳐서 변화해 왔다.

첫번째 변화는 1895년부터 1905년 사이에 발생했다. 바로 이때 소유와 경영이 분리되었고 경영이 독자적인 업무로 자리잡게 되었다. 이런 사례는 독일에서 처음 발생하였다. 도이체방크의 설립자이며 은행장이었던 게오르그 지멘스는 그의 사촌 베르너가 설립한 전기용품 회사를 베르너의 자손들이 경영 실수로 파산 직전

---

2) 역주 : Grandes Ecoles은 프랑스의 최일류 국립대학으로 일본의 동경대학교와 비슷한 의미를 가지고 있다.

까지 몰고 갔을 때 이를 구제한 적이 있었다. 은행의 대출을 중단하겠다고 위협함으로써 그는 회사의 경영을 경영 전문가에게 맡기도록 했다. 이로부터 얼마 후 J.P.모건, 앤드류 카네기, 존 록펠러 1세는 지멘스의 본을 받아서 미국 철도와 산업에 대한 대대적인 구조조정을 단행하였다.

두번째의 혁명적인 변화는 이로부터 20년 후에 발생하였다. 현대 기업의 발생은 피에르 듀폰이 20세기 초반에 자신의 가족 기업을 개혁하면서 시작되었고, 곧이어 알프레드 슬로언이 GM을 개혁하면서 이런 변화가 이어졌다.

이를 계기로 오늘날의 명령과 통제 방식의 조직구조가 도입되기 시작하였으며, 권력 분산, 본부 후선 부서, 인사관리, 예산 수립 및 통제, 기획과 운영의 구분이 강조되기 시작하였다.

1950년대 초반 GE가 대대적인 조직 개편을 단행하면서 이런 변화는 절정에 달했는데, GE의 조직 개편은 일본을 포함한 세계의 모든 기업들이 아직도 추구하고 있는 조직구조의 모델을 완성한 것으로 평가되고 있다.[3]

이제 우리는 세번째 변화의 시기에 들어서고 있다. 이런 변화는 명령과 통제 중심의 조직이나 부서 위주의 조직에서 정보기반 조

---

[3] 알프레드 챈들러 2세는 그의 저서인 *Strategy and Structure*(Cambridge, MIT Press, 1962)와 *The Visible Hand*(Cambridge, Harvard University Press, 1977)에서 이런 과정의 연대기를 잘 서술하고 있다. 그는 대기업 경영관리의 역사에 대하여 잘 고찰하고 있는데 그 과정과 결과에 대한 분석은 필자가 저술한 *The Concept of Corporation*(New York, John Day, 1946)과 *The Practice of Manageme-nt*(New York, Harper Brothers, 1954)에 잘 설명되어 있다.

직과 지식전문가의 조직으로 이전하는 것이다.

아직 희미한 형태이기는 하지만 미래의 조직이 어떤 모습을 하게 될 것인지에 대한 윤곽은 잡을 수 있다. 우리는 미래 조직의 특성과 필요조건에 대해서도 규명할 수 있다.

우리는 가치, 구조, 그리고 행태적인 측면에서의 주요 문제점에 대해서도 짚어낼 수가 있다. 그러나 정보기반 조직을 실제로 구축하는 일은 우리가 추구해야 할 과제이다. 경영자들에게 주어진 미래의 도전 과제인 것이다.

Harvard Business Review, January - February 1988.

2장
지식창조 기업

노나카 이쿠지로(Nonaka Ikujiro)

불확실한 경제체제하에서 경쟁 우위를 지속시켜주는 단 한가지 확실한 원천은 지식이다. 그러나 지식을 관리하는 방법은 물론이고 지식창조 기업의 진정한 본질을 파악하고 있는 경영자는 거의 없다.

일본의 조직 이론가인 노나카 이쿠지로(Nonaka Ikujiro)는, 대다수 서구 경영자가 지식이 무엇이고, 지식을 개발하기 위해 기업이 무엇을 해야 하는가에 대해 너무 좁은 관점을 갖고 있다고 지적한다. 서구 경영자는 사용할 수 있는 지식은 계량화할 수 있는 자료(hard data), 성문화된 절차, 일반화된 원리와 같은 공식적이고 체계화된 것들만 해당된다고 믿는다. 마찬가지로 지식의 가치를 측정하는 주요 지표도 효율성 증가, 비용 절감, 투자 수익률 개선과 같은 계량지표들이다. 그리고 기업을 일종의 '정보처리'를 위한 기계로 본다.

그러나 기업 조직에 있어서 지식의 본질과 역할을 바라보는 또 다른 사고방식이 있다. 그 방식은 혼다, 캐논, 마쓰시타, 샤프와 같은 성공적인 일본 기업들에게서 공통적으로 발견된다. 이 기업들의 경영자는 새로운 지식창조가 단지 기계적으로 '처리하는' 것만이 아니라고 인식한다. 이 방식은 조직 구성원 각자의 암묵적이고, 주관적인 통찰력, 직관, 그리고 관념을 개발해 내는 데에 초점을 두고 있다.

이런 지식을 사용하는 수단은 종종 '계량화하기 어려운(soft)' 형태, 즉 구호, 은유(metaphor), 기호의 형태를 취하고 있다. 서구 경영자들에게는 이러한 수단이 광고 캠페인에나 딱 어울리며 기업 경영에는 전혀 맞지 않는 그저 어리석게만 들리는 애매모호한 것이다. 그러나 이것들은 지속적인 혁신을 위해서는 없어서는 안될 수단이다.

  일본 기업들이 이와 같은 지식창조에 관한 전체론적(holistic) 접근 방식을 좋아하는 이유는 한마디로 설명될 수 없다. 그러나 경영자에게 주는 핵심 교훈은 아주 간단하다. 전세계 제조업체들이 일본 제조기술을 배웠던 것처럼, 지식으로 경쟁하기를 원하는 기업은 또한 일본의 지식창조 기술을 배워야 한다는 것이다. 노나카는 선도적인 일본 기업들의 생생한 사례를 활용하여 지식창조 기업에서 요구되는 관리자의 역할과 책임, 조직설계, 업무 관행에 관한 새로운 사고방식을 제시하고 있다.

지식창조의 본질

　불확실한 경제체제하에서 유일하게 변하지 않는 것은 경쟁 우위를 지속시켜주는 단 한가지 확실한 원천이 지식이라는 사실이다. 시장이 변하고, 기술이 급격히 확산되고, 경쟁자가 급증하고, 제품이 거의 하룻밤 사이에 낡은 제품으로 바뀌는 상황에서는 지속적으로 새로운 지식을 창출하고, 창출된 지식을 조직 전체로 파급시켜서 신기술과 신제품에 신속히 반영하는 기업이 성공하기 마련이다. 이러한 활동들이 바로 지속적인 혁신에만 관심을 두고 있는 '지식창조' 기업을 규정짓는다.

　하지만 모든 사람이 '지력'과 '지적 자본'에 관해 말하기는 해도, 지식을 관리하는 방법은 물론이고 지식창조 기업의 진정한 본질을 파악하고 있는 경영자는 아직 거의 없다. 그 이유는 지식이 무엇이고 지식을 개발하기 위해 기업은 무엇을 해야 하는가를 잘못 이해하고 있기 때문이다.

　테일러(Frederik Taylor)에서 사이몬(Herbert Simon)에 이르기까지 전통적인 서구 경영에 뿌리깊이 박혀있는 견해는 조직을 '정보처리'를 위한 기계로 보는 것이다. 이러한 견해에 따르면, 사용할 수 있는 지식은 단지 '계량화할 수 있는 자료(hard data)', 성문화된 절차, 일반화된 원리와 같은 공식적이고 체계화된 것들만 해당된다. 마찬가지로 새로운 지식의 가치를 측정하는 주요 지표도 효율성 증가, 비용절감, 투자수익률 개선과 같은 계량지표들이다.

그러나 기업 조직에 있어서 지식과 그 역할에 관한 또 다른 사고방식이 있다. 이것은 혼다(Honda), 캐논(Canon), 마쓰시타(Matsushita), NEC, 샤프(Sharp) 그리고 가오(Kao)와 같은 성공적인 일본 기업들에게서 공통적으로 발견된다. 이 기업들은 신속한 고객대응, 신시장 창출, 신속한 신제품 개발, 신기술 우위와 같은 능력으로 유명하다. 이들의 성공비결은 자기들만 갖고 있는 독특한 지식창조 방식에 있다.

서구 경영자들의 관점에서 보면, 일본 기업의 접근 방식이 종종 이상하거나 이해하기 어려울 때가 있다. 다음의 몇 가지 예를 살펴보자.

- '자동차 진화론' 이라는 구호가 어떻게 신차 개발에 의미있는 설계 개념이 될 수 있는가? 그렇지만 이 구호로 혼다사는 혁신적인 도시형 승용차인 혼다 시티(Honda City)를 개발하였다.
- 맥주 깡통에서 개인 복사기를 훌륭하게 유추해낼 수 있는 이유는 무엇인가? 이러한 유추는 개인 복사기 시장을 창출한 캐논사가 혁신적인 소형 복사기를 설계하는 데에 돌파구를 제공하였다. 이에 따라 캐논사는 침체된 카메라 사업에서 수익성이 높은 사무자동화 분야로 성공적인 전환을 할 수 있었다.
- '광전자공학(光電子工學, optoelectronics)' 과 같은 합성어가 기업의 제품개발 엔지니어에게 구체적으로 어떤 방향감각을 던져줄 수 있는가? 샤프사는 이러한 개념(rubric)하에 신기술과 신시장을 규정하는 '최초의 제품' 을 개발하였으며, 컬러 TV에서 액정표시장치

(LCD)와 주문형 집적회로에 이르는 광범위한 사업영역에서 일류 기업이라는 명성을 얻었다.

이상의 사례를 통해, 서구 경영자들에게는 광고 캠페인용으로 어울리지만 기업경영에는 전혀 맞지않는 그저 어리석게만 들리는 애매모호한 구호들이, 사실은 새로운 지식을 창조하는 효과적인 수단이 되고 있음을 알 수 있다. 세계의 모든 경영자들도 혁신의 우연성을 인정한다. 다만 차이가 있다면 일본 기업의 경영자들은 이러한 우연성을 기업, 조직 구성원, 고객에게 혜택으로 돌아갈 수 있도록 관리하고 있다는 점이다.

일본 기업들의 접근 방식에 있어서 핵심 사항은 새로운 지식창조가 단지 객관적인 정보를 '처리하는' 것만이 아니라는 점을 인식하는 데 있다. 이 방식은 조직 구성원 개인의 암묵적이고 주관적인 통찰력, 직관, 육감을 이끌어내며, 이러한 통찰력을 기업이라는 조직이 검증하고 이용할 수 있도록 유용한 것으로 만들어 준다. 그리고 지식창조 과정의 핵심은 자사의 사명달성에 전념하는 조직 구성원들의 '개인적 몰입(personal commitment)'에 달려 있다는 점이다.

이러한 개인적 몰입을 활성화시키고 암묵지(暗默知, tacit knowledge)를 실제 기술과 제품에 담아 넣기 위해, 경영자들은 시장점유율, 생산성 또는 투자수익률(ROI)과 같이 명확히 보이는 계량적인 수치에 익숙한 것처럼, 자동차 진화론과 같은 구호(slogan),

개인 복사기와 맥주 깡통의 유추(analogy), '광전자공학'과 같은 은유(metaphor)를 나타내는 이미지와 기호에도 익숙해져야 한다.

일본 기업들의 지식창조에 관한 전체론적(holistic)인 접근 방식은 또 하나의 근본적인 통찰력에 기반을 두고 있다. 기업을 기계가 아니라 살아있는 유기체로 보는 것이다. 기업도 개인과 마찬가지로 자신의 정체성과 근본 목적을 가지고 있다. 즉, 이것은 마치 유기적인 구조와 비슷하게 기업이 조직적으로 '자기자신을 인식(self-knowledge)'한다는 것을 뜻한다. 즉, 기업은 표방하고 있는 것, 나아가야 할 방향, 생존하고 싶은 세계, 그리고 가장 중요한 그 세계를 실현하는 방법에 관한 이해를 집단적으로 공유하는 것이다.

이런 점에서 지식창조 기업은 아이디어를 지향하는 것만큼이나 이상(ideal)을 지향한다. 그리고 이러한 사실이 혁신을 활성화시킨다. 혁신의 본질은 특별한 비전이나 이상에 따라 세계를 재창조하는 것이다. 새로운 지식을 창조하는 것은 개인과 조직의 끊임없는 '자기 혁신(self-renewal)' 과정에서 기업과 조직 구성원들 자체를 문자 그대로 완전히 재창조하는 것을 의미한다.

지식창조 기업에서는 새로운 지식을 창조하는 일이 R&D 부서 또는 마케팅과 전략기획 같은 특정 영역에만 국한되어 있지 않다. 지식창조는 하나의 행동 양식이며, 사실상 존재 양식이다. 이러한 점에서 기업에 속한 모든 사람은 '지식근로자(knowledge worker)', 즉 '기업가(entrepreneur)'인 셈이다.

일본 기업들이 이런 유형의 지속적인 혁신과 자기계발에 뛰어난 이유는 설명하기가 다소 복잡하다. 그러나 경영자에게 주는 핵심 교훈은 아주 간단하다. 즉, 세계의 많은 제조업체들이 일본 기업의 제조기술을 배웠던 것처럼, 지식으로 경쟁하기를 원하는 기업들은 일본 기업의 지식창조 기술을 배워야 한다는 점이다.

여기에 제시되는 일본 기업들의 경험은 지식창조 기업에서 필요한 관리자의 역할과 책임, 조직 설계, 그리고 업무 관행에 관한 새로운 사고방식을 보여준다. 그것은 바로 지식창조가 인적자원 전략의 중심이라는 사고방식이다.

나선형 지식창조의 과정

새로운 지식창조는 항상 개인으로부터 시작된다. 우수한 연구원은 새로운 특허 기술을 발명하는 데 통찰력을 지니고 있다. 시장 추세에 관한 중간 관리자들의 직관은 중요한 신제품 컨셉을 개발하는 데 기폭제가 된다. 현장 작업자는 다년간의 경험을 통해 새로운 공정혁신을 고안한다. 이와 같이 개인지(個人知, personal knowledge)는 기업에게 가치있는 조직지(組織知, organizational knowledge)로 변환된다.

개인지를 다른 사람들이 이용할 수 있도록 만드는 것이 지식창조 기업의 중심적인 활동이다. 이러한 활동은 조직내 모든 계층에서 끊임없이 이루어진다. 그리고 다음의 몇 가지 사례에 나타나 있는 것처럼, 이러한 활동은 전혀 뜻밖의 결과를 가져오기도 한다.

1985년에 오사카에 있는 마쓰시타전기의 제품 개발자들은 새로운 가정용 제빵기를 개발하는 데 심혈을 기울였다. 그러나 제빵기가 밀가루를 제대로 반죽하지 못해 애를 먹고 있었다. 그들의 노력에도 불구하고 빵의 속은 전혀 익지 않은 채 겉만 타버리곤 하였다.

프로젝트 팀원들은 이 문제를 철저히 분석했다. 그들은 기계를 사용한 밀가루 반죽과 제빵사가 만든 밀가루 반죽을 X 레이로 비교해 보기도 했다. 그러나 어떤 의미있는 자료도 얻지 못했다.

그러던 중 소프트웨어 개발자로서 팀 일원이던 다나카 이쿠코는 문제해결의 결정적인 계기가 된 독창적인 방안을 제안하였다. 오사카인터내셔널 호텔은 오사카에서 가장 맛있는 빵을 만드는 것으로 정평이 나 있었다. 그녀는 이점을 제빵기 개발에 참고할 것을 제안하였다. 다나카는 호텔 수석 제빵사에게 반죽 기술을 배웠다. 그녀는 제빵사가 밀가루를 독특한 방법으로 반죽한다는 것을 알아차렸다.

그후 1년 동안 다나카는 프로젝트 엔지니어들과의 밀접한 협력 하에 실험을 거듭하여 제빵기 내부에 날개 장치를 부착하였으며, 오사카호텔의 밀가루 반죽 기술과 제빵 품질을 성공적으로 구현할 수 있는 제품규격을 찾아내었다. 그 결과 마쓰시타만의 독특한 '트위스트 밀가루 반죽(twist dough)' 기법이 탄생되었다. 이 제품은 시판 첫해에 주방용 신제품 분야에서 매출 1위를 기록하였다.

다나카 이쿠코의 혁신에는 서로 다른 두 가지 종류의 지식간에 변환이 있었음을 알 수 있다. 그러한 지식 변환의 종착점은 '형식적인(explicit)' 지식이다.

즉, 제빵기의 제품규격을 가리키는 지식이다. 형식지(形式知, explicit knowledge)는 공식적이고 체계적이다. 그러므로 형식지는 제품규격 또는 과학적 공식 및 컴퓨터 프로그램 형태로 쉽게 전달·공유될 수 있다.

그러나 다나카 혁신의 출발점은 그렇게 쉽게 표현할 수 없는 또 다른 종류의 지식이다. 이것은 오사카인터내셔널 호텔의 수석 제빵사가 가지고 있는 것과 같은 '암묵적인(tacit)' 지식이다. 암묵지(暗默知, tacit knowledge)는 개인성이 강하다. 이것은 공식화하기 어려우며, 그러므로 다른 사람에게 전달하기도 어렵다.

철학자 폴라니(Michael Polanyi)에 의하면 "우리는 우리가 말할 수 있는 이상의 것을 알 수 있다." 암묵지는 행동에 기반을 두고 있고, 특수 직업이나 전문 직업, 특별한 기술이나 제품 시장, 작업 집단이나 팀의 활동 등 특정 상황에 개인들이 몰두하고 있다는 사실과 깊이 연관되어 있다.

암묵지의 일부는 노하우(know-how)라는 용어에 담겨있는 비공식적이고 정확히 정의내리기 어려운 종류의 기능을 가리키는 전문적 기능(technical skill)들로 이루어진다. 다년간의 경험을 쌓은 장인은 '손끝에서' 풍부한 전문성을 발휘한다. 그러나 그는 종종 그가 알고 있는 내용의 이면에 있는 과학적 또는 기술적인 원리를 명확히 설명하지 못한다.

동시에 암묵지는 중요한 인식차원(cognitive dimension)을 가진다. 이것은 우리 자신에게 깊이 뿌리박혀 있어서 쉽게 당연한 것으로 여기는 정신 모형, 신념, 관념들로 구성된다. 그러므로 암묵지를 쉽고 명확하게 설명할 수 없다. 그러나 암묵적인 모형을 통하여 우리는 주위 세계를 깊이있게 인식할 수 있다.

암묵지와 형식지의 차이를 통해 조직내 지식창조에 대한 4가지 기본적인 변환 유형을 도출할 수 있다.

① 암묵지에서 암묵지로

때때로 개인은 암묵지를 다른 사람과 공유한다. 예를 들면 다나카 이쿠코는 오사카인터내셔널 호텔의 수석 제빵사에게 도제훈련을 받을 때, 제빵사의 암묵적인 기술들을 관찰, 모방, 실습을 통해 익혔다. 그리고 이 암묵적인 기술들은 다나카 자신의 암묵적인 지식기반의 일부분이 되었다. 달리 표현하면 다나카는 수석 제빵사와 '사회화(socialized)'되었던 것이다.

그러나 사회화를 통해서는 다소 제한된 지식만이 창조된다. 도제가 장인의 기능을 배울 수 있지만, 그렇다고 도제든 장인이든 어느 쪽도 자신의 전문적인 지식 속에서 체계적인 통찰력을 얻기 힘들다. 즉, 그들의 지식이 형식지로 변환되지 않았기 때문에 조직 전체가 이 지식을 쉽게 활용할 수 없다.

② 형식지에서 형식지로

　개인은 또한 다양한 형식지들을 새로운 하나의 형식지로 결합할 수 있다. 예를 들면, 회계 담당자는 조직내 다양한 정보를 수집하여 이것을 하나의 재무 보고서에 담는다. 이 재무 보고서는 다양한 원천으로부터 수집된 정보를 종합한다는 점에서 새로운 지식이다. 그러나 이러한 지식의 단순한 결합은 기업에 현재 존재하고 있는 지식기반을 실제로 확장시키지는 못한다.

　그러나 마쓰시타전기의 예처럼, 암묵지와 형식지가 상호작용하면 강력한 것이 발생한다. 일본 기업들은 제품개발시 암묵지와 형식지 간의 교환을 능숙하게 수행한다.

③ 암묵지에서 형식지로

　다나카 이쿠코는 제빵 기술의 암묵지를 표현할 수 있게 되었을 때 이것을 형식지로 전환함으로써 프로젝트 개발팀과 그 형식지를 공유할 수 있게 되었다. 앞서 언급한 회계 담당자의 예에서도 그는 통상적인 재무계획을 작성하는 데 그치지 않고 몇 년에 걸쳐 직무상에서 터득한 자신의 암묵지를 기반으로 새로운 혁신적인 예산통제 방식을 개발하였다.

④ 형식지에서 암묵지로

　더욱이 새로운 지식이 조직 전체에 공유되면서 조직 구성원들은 이 지식을 내면화(internalization)하기 시작한다. 즉, 조직 구성원들은 이 지식을 이용하여 자신들의 암묵지를 확장하고, 재구성한다. 회계 담당자의 제안은 기업의 재무통제 시스템에 변화를 가져온다. 다른 사람들은 이러한 혁신을 사용하게 되면서, 결국 이 혁신을 직무를 수행하는 데 필수적인 수단과 원천이 되는 기초지식의 일부라고 당연시하게 된다.

지식창조 기업에 있어서 이러한 4가지 변환 유형은 모두 역동적인 상호작용 속에 존재한다. 마쓰시타전기의 다나카 이쿠코를 다시 생각해 보자.

① 처음에, 다나카는 오사카인터내셔널 호텔의 제빵사가 지니고 있는 '암묵적인 비밀'을 배운다(암묵지에서 암묵지로).
② 다음에, 다나카는 이 비밀이 마쓰시타전기의 팀원들과 다른 사람들에게 모두 전달될 수 있도록 형식지로 변환한다(암묵지에서 형식지로).
③ 이 팀은 그런 다음 이 형식지를 작업 지침서에 포함시키고 제품에 체화될 수 있도록 표준화한다(형식지에서 형식지로).
④ 끝으로, 다나카와 팀원들은 신제품 개발 경험을 통해 자신들의 암묵지 기반을 강화시킨다(형식지에서 암묵지로). 특히 그들은 매우 직관적인 방법으로 가정용 제빵기와 같은 제품들도 진짜 우수한 품질을 제공할 수 있다는 사실을 깨닫게 된다. 즉, 제빵기는 전문 제빵사처럼 우수한 빵을 만들어야 한다는 것이다.

이러한 상호작용을 통해 계속 반복되거나 한 차원 높은 지식으로 상승하는 이른바 '나선형 지식창조 과정(spiral of knowledge)' 이 시작된다. 가정용 제빵기 설계 과정에서 개발된 우수 품질에 관한 새로운 암묵적인 통찰력은 마쓰시타 내 다른 사람들에게 비공식적으로 전달된다. 그러면 이들은 새로운 통찰력을 다른 새로운 마쓰시타 제품, 예를 들면 주방 기기, 오디오·비디오 기기, 또는 가전 제품 등 모든 분야의 신제품에 제빵기와 동등한 품질 표준을 설정하는 데 사용한다. 이런 방식으로 조직의 지식기반은 점점 확장되어 간다.

암묵지를 형식지로 변환하는 표출화(articulation)와 형식지를 사용하여 자신의 암묵지 기반을 확대하는 내면화(internalization)는 나선형 지식창조 과정의 주요 단계들이다. 왜냐하면 둘 다 자발적인 참여, 즉 개인적 몰입을 요구하기 때문이다. 다나카 이쿠코가 스스로 제빵 도제가 되기로 한 결심은 이러한 개인적 몰입의 한 가지 예이다. 마찬가지로 회계 담당자가 자신의 암묵지를 명확히 표현하여 이것을 새로운 혁신으로 구체화시킬 수 있었던 것도 자신이 주체성을 가지고 이에 적극적으로 참여하였기 때문이다.

암묵지는 노하우뿐만 아니라 정신 모형과 신념을 포함한다. 그래서 암묵지를 형식지로 변환하는 과정은 사실상 자신의 세계관, 즉 세계는 무엇이고 어떠해야 하는지를 명확히 표출하는 과정이다. 조직 구성원들이 새로운 지식을 창조할 때 그들은 또한 자신, 기업, 세계를 재창조하는 것이다.

이상과 같은 개념을 이해함으로써 경영자들은 지식창조 기업을 관리하는 적합한 수단이 대다수 서구 기업에서 볼 수 있는 수단과 아주 다르다는 사실을 알 수 있을 것이다.

지식창조의 새로운 방법 : 은유, 유추, 모델

암묵지를 형식지로 변환하는 과정은, 표현 불가능한 것을 표현할 수 있도록 적절한 방법을 찾아내는 것이다. 불행하게도 우리는 그것을 가능하게 하는 가장 강력한 관리 도구들을 자주 등한시한다. 그것은 경영자들이 그들의 직관과 통찰력을 표출하기 위해 사용하는 '비유적인 언어' 와 '상징' 이다. 일본 기업내에는 감정을 불러일으키는 매우 시적인 언어가 많이 사용되는데, 특히 제품 개발 과정에서 더욱 두드러지게 나타난다.

1978년에 혼다의 최고경영자는 '모험을 하자(Let's gamble)' 라는 구호하에 새로운 컨셉의 차를 개발하는 데 착수했다. 이 구호는 혼다의 시빅(Civic)과 어코드(Accord) 모델이 너무 눈에 익숙해지고 있다는 고위 경영층의 우려를 표현한 것이었다. 아울러 경영자들은 신차 시장에 전후 세대가 새로이 유입되면서, 신세대의 젊은 제품 설계자들이 우수한 차를 개발하는 데 전통에 얽매이지 않은 새로운 아이디어를 가진 세대라는 사실을 인식하였기 때문이었다.

혼다는 '모험을 하자' 라는 구호에 맞춰 신제품 개발팀을 평균

27세가 되는 젊은 엔지니어와 설계자들로 구성하였다. 최고경영자는 이 팀에게 단 두 가지 지시만을 내렸다. 첫째, 우리 회사가 지금까지 만들어낸 차와는 근본적으로 다른 제품 컨셉을 찾아낼 것, 둘째, 중산층을 겨냥하여, 비싸지도 싸지도 않은 적정한 가격의 차를 개발할 것이었다.

이러한 사명이 모호하게 들리지만 사실은 팀에게 매우 분명한 방향감각을 제공하였다. 예를 들어 프로젝트 초기에 일부 팀원들이 혼다 시빅보다 작으며 저렴하지만 안전하고 기술적으로 실행 가능한 혼다 시빅의 변형 모델을 제안했다. 그러나 팀은 이런 접근 방식은 주어진 사명에 전적으로 위배된다고 신속히 결정하였다. 유일한 대안은 아주 새로운 것을 고안하는 것이었다.

프로젝트 팀장인 와타나베 히루는 팀의 야심찬 도전 의식을 표현하는 또 다른 구호를 만들었다. 그것은 바로 '자동차 진화론'이었다. 이 문구는 하나의 이상을 나타내었다. 요컨대 이 문구는 다음과 같은 질문을 제기하였다. 자동차가 생명체라면 이것은 어떠한 형태로 진화해야 하는가? 팀원들은 와타나베의 구호가 무엇을 의미하는지에 대해 논란을 벌이다가 '인간-극대, 기계-최소(man-maximum, machine-minimum)'라는 또 다른 구호로 된 해답을 찾아냈다.

이 구호는 이상적인 자동차란 전통적인 인간과 기계의 관계를 어떻게 하든지 초월해야 한다는 팀의 신념을 담고 있었다. 그러나 이것은 와타나베가 외양을 위해 안락함을 포기하는 것을 '디트로

이트식 이론(reasoning of Detroit)'이라고 불렀던 것에 정면으로 배치되었다.

최종적으로 개발팀이 고안한 '진화'된 차의 형태는 길이는 짧고 키를 높인 공 모양이었다. 그들은 이러한 차가 기존 차보다 가볍고 저렴할 뿐만 아니라 안락하고 견고하다는 논리를 폈다. 공 모양의 차는 노상에서 최소한의 공간을 차지하지만 승객에게는 최대의 내부 공간을 제공해 준다. 더 나아가 이 모양은 엔진과 여타의 기계 시스템이 차지하는 공간을 최소화시킨다. 이러한 이미지를 통하여 팀은 '키다리 소년(Tall Boy)'이라고 부르는 제품 개념을 만들었으며 이 개념으로 이 회사만의 독특한 도시형 승용차 혼다 시티를 탄생시켰다.

키다리 소년이라는 자동차 개념은 당시 길이가 길고 높이가 낮은 세단형을 강조한 설계 개념에 정반대되는 것이었다. 그러나 시티의 혁신적인 스타일링과 엔지니어링은 하나의 예고에 불과하였다. 이 차는 일본 자동차산업에 '인간-극대, 기계-최소' 개념에 기초한 완전히 새로운 설계 방식을 도입하는 계기가 되었으며, 지금 일본내에서 가장 유행하고 있는 '키 크고 짧은' 자동차 시대를 열었다.

혼다 시티의 사례는 일본 기업이 조직내 전 계층, 그리고 제품개발 과정의 모든 단계에서 비유를 어떻게 사용하고 있는지를 설명해 준다. 그리고 또한 서로 다른 종류의 비유가 사용되고 있으며, 각각 독특한 역할을 수행한다는 것을 보여주고 있다.

비유 가운데 특히 중요한 것이 '은유(metaphor)'이다. 여기서 말하는 은유는 단지 문법 구조나 비유적인 표현만을 가리키지 않는다. 은유는 다소 독특한 지각방식이다. 은유는 서로 다른 배경과 경험을 갖고 있는 개인들이 사물에 대하여 분석 또는 일반화할 필요없이 상상력과 상징을 통해 직관적으로 이해하는 방식이다. 은유를 통해 사람들은 자신이 알고 있는 것을 새로운 방식으로 구성하고, 알고는 있으나 말로 설명할 수 없는 것을 표현한다. 그러므로 은유는 지식창조의 초기 단계에서 창조과정에 몰입하도록 촉진하는 데 아주 효과적이다.

  은유는 두 가지의 서로 다르고 동떨어진 경험을 하나의 포괄적인 이미지 또는 상징으로 합친다. 이것을 언어 철학자인 블랙(Max Black)은 '하나의 문구에 두 가지 아이디어'로 묘사하였다. 은유는 동떨어져 있는 것처럼 보이는 두 가지 사물들을 연결시킴으로써 모순 또는 대립을 야기한다. 종종 은유적 이미지는 복수의 의미를 가지고 있어, 논리적으로 모순되거나 비합리적인 것으로 보이기도 한다. 그러나 이것은 약점이기는커녕 커다란 강점이다. 은유가 야기하는 바로 그러한 대립이 창조적인 지식창조 과정을 촉발시키기 때문이다. 조직 구성원들은 은유가 표현하고 있는 통찰력을 보다 명확히 정의하여, 대립하고 있는 여러 가지 의미를 조정하는 노력을 한다. 이것이 암묵적인 지식을 형식적인 지식으로 만드는 첫 단계이다.

  와타나베 히루의 자동차 진화론 구호의 예를 살펴보자. 다른 홀

릉한 은유와 마찬가지로 자동차 진화론은 사람들이 전혀 동시에 고려하지 못한 두 가지 아이디어, 즉 기계를 가리키는 자동차와 이것을 살아있는 생명체로 보는 진화론을 결합시키고 있다. 이런 모순이 오히려 이상적인 자동차의 특징을 찾아내는 데 충실한 토대가 된 것이다.

그러나 은유가 지식창조 과정을 촉발시키지만 이것만으로는 이 과정을 완성할 수는 없다. 다음 단계가 '유추(analogy)'이다. 은유는 대개 직관에 의해 이루어지고 서로 떨어져 있는 이미지들을 상호 연결시키지만, 유추는 모순을 조정하고 구별하게 만드는 좀더 구조화된 과정이다. 달리 말하면 유추는 하나의 문구에 들어있는 두 가지 아이디어가 실제적으로 유사한지 아니면 상이한지를 명확히 구분함으로써 은유에 내포된 모순들간에 조화를 이루게 만든다. 이러한 점에서 유추는 순수한 상상력과 논리적인 사고 간의 중간 단계이다.

유추에 관한 가장 좋은 예는 캐논사의 혁신적인 소형 복사기 개발에서 찾을 수 있다. 캐논사의 설계자들은 이제까지와는 전혀 다른 새로운 개인용 복사기가 성공하려면 신뢰성이 있어야 한다는 사실을 알았다. 신뢰성을 보증하기 위해 그들은 복사기의 보수 유지 문제 가운데 90%를 차지하는 감광복사 드럼을 1회용으로 만들어야 한다고 결정했다. 그러나 드럼을 1회용으로 만들기 위해서는 제조가 용이하고 가격이 저렴해야 했다. 그러면 이러한 1회용 드럼을 제조하는 방법은 무엇인가?

태스크포스팀장인 다나카 히로시가 맥주를 주문하던 어느 날 획기적인 일이 발생하였다. 팀원들이 맥주를 마시면서 설계 문제를 토의하고 있을 때 다나카는 맥주 깡통 하나를 집어들고 큰소리로 '이 깡통을 제조하는 데 비용이 얼마나 들까?'라는 질문을 던졌다. 그러나 이 질문은 팀원들에게 알루미늄 맥주 깡통을 제조하는 것과 동일한 공정을 알루미늄 복사기 드럼을 제조하는 데 적용할 수 있는지의 여부를 깊이 생각하게 만드는 기회를 제공했다. 최종적으로 이 팀은 복사기 드럼이 실제적으로 맥주 깡통과 유사한지 아니면 상이한지를 연구함으로써 적절한 비용에 제조할 수 있는 공정 기술을 찾아낼 수 있었다.

   지식창조 과정의 최종적인 단계는 실제 모델(model)을 창조하는 것이다. 모델은 은유나 유추에 비해 훨씬 빨리 생각해 낼 수 있다. 모델 안에서는 일관되고 체계적인 논리를 통해 다양한 모순들이 해소되고 개념들이 전달된다. 오사카인터내셔널 호텔의 제빵 품질기준은 마쓰시타전기가 가정용 제빵기의 제품 사양을 설정하는 데 기준이 된다. 공 모양의 신차 이미지는 혼다에게 '키다리 소년'이라는 제품 개념을 이끌어 내도록 하였다.

   물론 '은유', '유추', '모델'과 같은 용어들은 현실적으로 명확히 구별하기 어렵다. 동일한 문구 또는 이미지에는 세 가지 용어 가운데 하나 이상의 기능이 담겨 있다. 그럼에도 불구하고 이 세 가지 용어는 조직이 암묵지를 형식지로 변환하는 과정을 나타낸다. 즉, 처음에 모순된 사물이나 아이디어를 은유를 통해 연결하고, 그런 다음 이런 모순들을 유추를 통해 해소하며, 끝으로 기업이 이용할 수 있게끔 창조된 개념들을 구체화하여 하나의 모형안에 담아 넣는다.

지식창조를 위한 의도적 낭비 : 여유 원리

  지식창조 과정을 '암묵지를 형식지로 만드는 과정', 즉 은유, 유추, 모형 등에 관한 일로 이해한다면, 지식창조 기업의 조직을 설계하고 설계된 조직내에서 관리자의 역할과 책임을 정의하는 방법에 대한 시사점을 직접 얻을 수 있다. 이것은 지식창조 기업의 '관리방법(how)', 즉 경영비전을 혁신적인 기술과 제품으로 전환시키는 구조와 실행에 관한 것이다.
  본 연구의 대상이 되었던 일본 기업들의 조직 설계의 기본 원리는 기업정보, 업무활동, 관리책임을 의식적으로 중복되게 만드는 '여유(redundancy) 원리'이다. 서구 경영자들에게 '여유'라는 용어는 한편으로는 불필요한 중복과 낭비를 뜻하기 때문에 이 원리는 설득력이 없는 것으로 들릴 것이다. 그러나 '여유 있는 조직'을 구축하는 것이야말로 지식창조 기업을 관리하는 첫번째 단계이다.
  조직내 여유는 대화와 의사소통을 촉진시키기 때문에 중요하다. 이것은 조직 구성원들의 '공통된 인식공간(common cognitive

ground)'을 만드는 데 도움을 주며, 그러므로 암묵지의 전달을 촉진시킨다. 조직 구성원들은 정보를 공유하고 있어 다른 사람들이 말로 표현하려고 노력하는 모습을 쉽게 느낄 수 있다. 여유는 또한 새로운 형식지를 조직 구성원들이 내면화할 수 있도록 조직내에 확산시키는 데 도움을 준다.

 조직의 '여유 원리'는 일본 기업들이 제품개발 관리를 서로 다른 기능부서와 함께하는 이유를 설명해 준다. 캐논사는 조직의 '여유 원리'를 제품개발 조직에 아주 강력히 적용하고 있다. 이 회사는 제품개발팀을 '내부 경쟁원리'에 따라 조직한다. 즉, 하나의 팀에는 동일한 프로젝트를 서로 다른 방식으로 추진하는 몇 개의 경쟁 집단이 있으며, 이들은 각 집단의 제안에 대한 장단점을 토론한다. 이러한 방식을 통해서 팀은 하나의 프로젝트를 다양한 관점에서 볼 수 있다. 팀장의 지도하에 팀은 궁극적으로 '최상의' 방식에 대한 공통적인 이해를 갖게 된다.

 얼핏 생각하기에 이러한 내부 경쟁은 낭비일 수 있다. 동일한 제품개발 프로젝트를 두 개 이상의 집단이 추진할 필요가 있을까? 그러나 책임을 공유하면 정보가 급격히 확산되어 개념을 창조하고 실행할 수 있는 조직 능력이 급격히 확대된다.

 예를 들면, 캐논사의 경우 소형 복사기의 1회용 드럼 개발은 소형화, 경량화, 조립 자동화를 촉진시키는 신기술을 탄생시켰다. 그런 다음 이러한 신기술은 마이크로필름 판독기, 레이저 프린터, 워드프로세서, 타자기와 같은 다른 사무자동화 기기에도 신속히 적용되었다. 이것은 캐논이 카메라에서 사무자동화 분야로 다각화하고 레이저 프린터 시장에서 경쟁력있는 위치를 차지하게 만든 중요한 요인이 되었다. 소형 복사기가 시판된 지 5년 후인 1987년에 캐논사 수익의 74%가 사무기기 부문에서 나왔다.

여유 있는 조직을 구축하는 또 다른 방식은 상이한 기술영역간, 또는 R&D와 마케팅 같은 서로 다른 기능간에 전략적인 직무 순환을 행하는 것이다. 직무 순환은 조직 구성원들이 사업을 다양한 관점에서 이해하는 데 도움을 준다. 이것은 조직의 지식을 보다 '유동적'으로 만들며 실행을 용이하게 한다. 일본의 소비재 선도기업인 가오사의 경우, 연구원들은 R&D 부서에 40세까지만 근무할 수 있고 그후에는 마케팅, 영업, 생산과 같은 다른 부서로 전환해야 한다. 그리고 모든 조직 구성원들은 10년 동안 최소한 성격이 다른 세 가지의 업무를 경험해야 한다.

기업이 조직 구성원들에게 정보 접근을 개방하는 것도 여유 있는 조직을 구축하는 데 도움을 준다. 정보 접근에 차별성이 존재하면 조직 구성원들은 더이상 동등한 조건에서 상호작용할 수 없기 때문에, 새로운 지식에 대해 서로 다른 해석을 찾는 작업이 방해받게 된다. 그러므로 가오사의 최고경영자는 조직 구성원들이 정보에 접근하는 데 어떠한 차별도 두지 못하게 한다. 개인의 인사자료를 제외한 모든 기업정보는 하나의 통합 데이터베이스에 저장되어 있으며, 이 데이터베이스는 직급에 관계없이 모든 조직 구성원들이 접근할 수 있다.

지식창조 기업에서 경영자와 중간 관리자의 역할

이상의 사례에 나타나 있는 것처럼, 지식창조 기업내에서는 특정 부서 또는 전문가 집단들에게만 새로운 지식창조의 책임을 부과하지 않는다. 임원, 중간 관리자, 일선 직원 모두가 지식창조의 한 부분을 담당한다. 사실상 조직 구성원이 조직에 기여한 가치는 조직의 계층내 위치보다는 지식창조 시스템에 제공한 정보의 중요성에 의해 결정된다.

그렇다고 지식창조 기업에는 역할과 책임간에 차별이 없다는 것은 아니다. 사실 새롭게 창조된 지식은 고위 경영자, 중간 관리자, 일선 직원들간의 역동적인 상호작용으로 나타난 산물이다.

일선 직원들은 매일 특정 기술, 제품 또는 시장에 관한 세밀한 부분에 몰두하면서 일하고 있다. 자사의 사업 현실에 대해 그들보다 전문가는 없다. 그러나 이들은 너무 특정 정보만 접하다 보니 이 정보를 유용한 지식으로 전환하는 것이 아주 어렵다는 사실을 종종 깨닫는다. 왜냐하면 조직 구성원들은 자신의 협소한 관점에 너무 사로잡혀 있어 애매모호한 시장의 징후를 보다 넓은 맥락에서 살펴보지 못하기 때문이다.

더욱이 조직 구성원들이 의미 있는 아이디어와 통찰력을 개발하였다손 치더라도, 여전히 그 정보의 의미를 다른 사람에게 전달하는 것이 어려울 수 있다. 일반적으로 사람들은 새로운 지식을 수동적으로만 받아들이지 않으며, 능동적으로 자신이 처한 상황과 관점에 따라 적절히 해석한다. 그러므로 하나의 맥락을 파악하였더라도 다른 맥락 속에서 사람들과 의사소통할 때 그 의미가 변질되거나 없어지기도 한다. 즉, 새로운 지식이 조직내에서 확산되는 과정에서 의미는 끊임없이 달라진다.

조직내에 의미상 모순으로 발생된 혼란이 문제로 여겨질 수 있다. 그러나 사실 기업이 혼란을 관리하는 방법을 안다면 이는 오히려 새로운 지식의 풍부한 원천이 될 수 있다. 그 비결은 조직 구성원들에게 당연하게 받아들이는 것을 지속적으로 재검토하도록 요구하는 것이다. 이러한 반성은 지식창조 기업에서 항상 필요하며 특히 기업이 기존에 가지고 있는 지식으로는 위기나 난관을 더 이상 효과적으로 극복하기 어려운 시기에 필수적이다. 이 시기에 모호성은 대안이 되는 의미, 사물에 관한 참신한 사고방식, 새로운 방향감각을 찾아내는 데 아주 유용한 원천이 된다. 이처럼 새로운 지식은 혼돈 속에서 탄생한다.

지식창조 기업에서 경영자들의 주요 직무는 이러한 혼돈을 유용한 지식창조의 방향으로 유도하는 것이다. 이렇게 하기 위해 경영자는 조직 구성원들의 경험을 이해하는 데 도움이 되는 '개념적 틀(conceptual framework)'을 제공해야 한다. 이러한 역할은 조직내 상위 계층에 속하는 임원진과 팀을 관리하는 중간 관리층이 해야 한다.

임원진은 조직 구성원들이 행하는 지식창조 활동의 방향을 유도하는 은유, 상징물, 개념을 명확히 표현함으로써 기업의 미래를 제시해야 한다. 그들은 이러한 일을 다음과 같은 질문을 통해 수행할 수 있다. 우리는 무엇을 배워야 하는가? 우리는 무엇을 알아야 하는가? 우리는 어디로 가야 하는가? 우리는 누구인가?

일선 직원들의 직무가 '현실(what is)'을 아는 것이라면, 임원진의 직무는 '이상(what ought to be)'을 아는 것이다. 이를 두고, 혼다사의 선임 연구원인 혼마 히로시는 '임원은 이상을 추구해 가는 낭만주의자'라고 말했다.

이러한 임원진의 역할에 대해, 일본 기업들의 일부 CEO는 회사의 '개념적인 우산(conceptual umbrella)'을 제시하는 것이야말로 자신들의 책임이라고 말하고 있다. 여기서 '개념적인 우산'은 아주 보편적이고 추상적인 말로써, 서로 다른 활동이나 사업들을 하나의 응집력있는 전체로 묶을 수 있는 공통된 특징을 보유한 '총괄 개념(grand concept)'이다. 샤프사의 광전자공학이 좋은 예이다.

1973년에 샤프사는 서로 다른 두 가지 주요 기술인 LCD(액정 소자)와 CMOS(상보형 금속 산화막 반도체)를 결합하여 전력이 적게 드는 전자 계산기를 최초로 개발하였다. 이 회사의 기술자들은 이러한 극소전자공학(microelectronics)과 광학기술을 결합한 새로운 기술을 표현하기 위해 '광전자공학'이라는 용어를 고안해냈다. 이 회사의 임원진은 이 용어를 총괄 개념으로 채택하고 이것이 끼치는 영향을 R&D와 엔지니어링 부서만이 아닌 전 부서에 알렸다.

광전자공학은 샤프사가 '살고 싶은' 세계의 이미지를 나타낸다. 이는 회사가 추구해야 할 방향을 명확히 나타내 주는 중요한 개념이다. 그 자체가 회사의 전략기획 부서에게는 무엇보다 중요한 지침이 되었다. 이러한 개념하에 샤프사는 계산기 분야에서 최초의 성공을 뛰어넘어 읽기전용메모리(ROM), 특정목적용집적회로(ASIC), 전하결합소자(CCD)와 같은 주문형집적회로뿐만 아니라 LCD와 반도체 기술에 기반한 전자수첩, LCD투사장치(LCD projection system) 등 다양한 분야에서 시장 선도기업이 되었다.

다른 일본 기업들도 이와 유사한 '개념적인 우산'을 가지고 있다. NEC사에서는 최고경영자가 자사의 지식기반을 몇 가지 주요 기술의 관점에서 분류하였고, 이를 'C&C(computers and communications)'라는 은유로 표현하였다.

가오사의 개념적인 우산은 소재 표면을 피복하는(coating) 기술을 나타내는 '표면활성과학(surface active science)'이다. 이러한 문구는 세제에서 화장품, 플로피디스크에 이르기까지 기업을 다각화하는 데 지침이 되었다. 이 제품들은 가오사의 핵심 지식기반에서 나온 것들이다.

최고경영자가 조직 구성원에게 방향감각을 제공하는 또 다른 방법은, 조직 구성원에 의해 지속적으로 개발되고 있는 지식의 가치를 정당화할 수 있는 표준을 설정하는 것이다. 조직 구성원들을 지원하고 개발할 방향을 결정하는 일은 아주 전략적인 과제이다.

대다수 기업에서 새로운 지식의 가치를 측정하는 지표는 효율성 증가, 원가절감, ROI 개선과 같은 경제적인 지표들이다. 그러나 지식창조 기업에는 다음과 같은 정성적 측정지표도 중요하다. 새로운 아이디어가 기업의 비전 실현에 기여하는가? 이것은 최고경영자의 포부와 전략적 목표를 표현하고 있는 것인가? 이것은 기업의 조직적인 지식 네트워크를 구축하는 잠재력을 가지고 있는가?

마쓰다가 회전식 엔진(rotary engine)을 개발하게 된 상황은 이러한 정성적인 유형의 정당화를 보여주는 좋은 예이다. 1974년에 엔진 개발팀은 회사내에서 그 프로젝트를 포기하라는 압력을 받고 있었다. 회전식 엔진은 '기름먹는 장치(gas guzzler)'이며, 결코 시장에서 성공하지 못할 것이라는 비판을 듣고 있었다.

개발팀장인 야마모토 겐니치는 이 프로젝트를 중단하는 것은 연소 기관(combustion engine)을 혁신하겠다는 회사의 꿈을 포기하는 것이라고 주장했다. 그리고 야마모토는 "자, 우리 이런 방식으로 생각해 봅시다. 우리는 역사를 만들고 있으며, 이러한 도전을 극복하는 것이 우리의 운명입니다"라고 제의했다. 마쓰다는 이 프로젝트를 계속 추진하기로 결정하였으며, 그후 사바나 RX-7이라는 회전식 엔진을 장착한 성공적인 스포츠카를 개발했다.

전통적인 경영자의 관점에서 보면 회사의 '운명'이라는 야마모토의 주장은 미친 소리로 들린다. 그러나 지식창조 기업의 맥락에서 보면, 이것은 완전히 이치에 맞는 주장이다. 야마모토는 '양보할 수 없는 가치에 대한 헌신'이라는 회사의 기본적인 포부와 임원진이 명확히 표현하였던 기술 선도 전략에 호소하였다. 그는 회전식 엔진 프로젝트가 어떻게 조직의 비전 달성에 기여하는가를 보여 주었다. 마찬가지로 프로젝트가 유지됨으로써 팀원들은 프로젝트의 비전과 조직에 더욱더 전념할 수 있게 되었다.

정당화에 관한 개념적 우산과 정성적 측정지표는 기업의 지식창조 활동 방향을 제시하는 데 중요하다. 또한 기업의 비전은 상이한 해석이 가능하고, 상호대립이 일어날 수 있도록 설정되어야 한다. 얼핏 이것은 모순으로 여겨질 수 있다. 그러나 사실 기업의 비전은 불명확하고, 일관성이 떨어지며, 불분명해야만 하는 것이 아닌가? 비전이 너무 명확하다면 비전은 명령이나 지시에 가깝다. 그리고 지시는 효과적인 지식창조에 크게 영향을 주는 '개인적 몰입'을 촉진시킬 수 없다.

보다 다양한 해석이 가능한 애매모호한 비전은 조직 구성원과 작업 집단에게 자신들의 목표를 설정하는 데 더 많은 자유와 자율을 제공한다. 임원진의 이상은 조직내에서 중요한 역할을 하지만 구체적인 목표를 설정하는 데 충분하지 않기 때문에 이 점은 아주 중요하다.

최고경영자가 직접 할 수 있는 가장 최선의 일은 자기 조직화(self-organizing) 집단 또는 팀이 작업할 수 있도록 장애물을 제거하고 기반을 조성해 주는 것이다. 그런 다음에 최고경영자의 이상이 현실적으로 무엇을 의미하는지 밝혀내는 것은 팀에서 해야 할 일이다. 그러므로 혼다사의 '모험을 하자'와 같은 모호한 구호와 매우 광범위한 사명은 신차 개발팀에게 강력한 소속감을 갖게 해주었으며, 결국 혁신적인 신제품의 탄생을 가져왔다.

팀은 지식창조 기업에서 중요한 역할을 담당한다. 왜냐하면 팀은 팀원간의 상호작용과 효과적인 심사숙고를 위해 끊임없는 의사소통을 필요로 하며, 이를 가능하게 만드는 상황을 공유하기 때문이다. 팀원들은 대화와 토론을 통해 새로운 관점을 창조한다. 그들은 정보를 공유하며, 이 정보를 다양한 각도에서 검토한다. 궁극적으로 팀원들은 그들의 다양한 개인 관점들을 하나의 새로운 집합된 관점으로 통합한다.

이러한 의사소통에는 상당한 의견 대립과 의견 불일치가 따른다. 그렇지만 반드시 이러한 상태를 만들어야 한다. 바로 의견 대립을 통해 조직 구성원들은 기존 명제에 의문을 품으며 새로운 방식으로 자신들의 경험을 이해할 수 있게 된다. 캐논사의 첨단 기술개발부에 근무하는 어떤 대리는 '사람들간에 의견이 맞지 않으면, 싸움이 일어나서 함께 하기 어렵다'는 점을 인정한다. '하지만 집단내 의견이 처음부터 완전히 일치하면 이것 또한 좋은 결과를 기대하기 어렵다'고 말한다.

팀장인 중간 관리자들은 회사내 정보의 수직적, 수평적 흐름의 교차점에 있다. 그들은 최고경영자의 비전과 사업 일선에 있는 구성원들이 갖고 있는 혼돈스러운 시장 현실을 연결하는 다리 역할을 한다. 중간 관리자는 중간 수준의 사업과 제품 개념을 창조함으로써 '현실'과 '이상'을 조정한다. 그들은 회사 비전에 따라 현실을 재창조한다.

즉, 혼다사의 경우, 아주 새로운 자동차를 개발하라는 최고경영자의 결정이 와타나베 히루의 제품개발팀 차원에서 '키다리 소년'이라는 제품컨셉으로 구체화되었다. 캐논사의 경우 '카메라 사업을 초월한 우량 기업을 만든다'라는 기업의 포부가, 히로시 다나카의 태스크포스팀이 '손쉬운 유지 보수'라는 제품컨셉을 개발함으로써 비로소 실현되었고, 결국 개인용 복사기가 탄생하였다. 그리고 마쓰시타전기의 경우, 기업의 총괄 개념인 '인간전자공학(human electronics)'이 중간 차원의 개념인 '만들기 쉽고 영양이 풍부한(easy rich)'이라는 제품컨셉을 창안하였으며, 이것을 자동제빵기에 체화한 다나카의 노력을 통해 활성화되었다.

이러한 사례에 나타나 있듯이, 중간 관리자들은 일선 직원과 중역 모두의 암묵지를 종합하고 이를 형식지로 전환하고, 이 형식지를 신기술과 신제품에 통합시키는 역할을 수행하였다. 이점에서 중간 관리자는 지식창조 기업의 진정한 '지식 엔지니어'이다.

Harvard Business Review, November - December 1991.

3장
지식경영과 학습조직

데이비드 가빈(David A. Garvin)

기업들이 조직의 발전과 경쟁력 획득을 위해 노력하면서 지속적 개선 프로그램(continuous improvement programs)이 확산되고 있다. 그러나 불행히도 성공한 프로그램보다 실패한 프로그램이 훨씬 많고, 개선 비율은 저조한 실정이다. 그 이유는 대부분의 기업들이 기본적인 진리를 파악하지 못했기 때문이다. 기업과 종업원들은 개선되기에 앞서 우선적으로 학습 해야만 한다. 이를 위해서는 수사적 표현이나 고차원의 철학을 넘어서서 보다 근본적인 것(fundamentals)에 초점을 맞추는 것이 필요하다.

하버드 경영대학원의 가빈(David Garvin) 교수는 기업이 진정으로 학습조직이 되기 위해서는 세 가지 핵심 이슈가 강조되어야 한다고 지적하고 있다. 첫째 이슈는 잘 정리되어 쉽게 적용 가능한 학습조직의 의미(Meaning)에 관한 문제이다. 둘째 이슈는 실행을 위한 보다 명확한 운영 지침과 관련되는 관리(Management)의 문제이다. 마지막 이슈는 한 조직의 학습률 및 학습 수준을 가늠할 수 있는 측정(Measurement) 도구에 관한 문제이다.

가빈 교수는 학습조직을 '지식의 창조, 획득 및 전파와, 새로운 지식 및 통찰을 반영하는 행동 수정에 능숙한 조직'으로 정의한다. 따라서 진정한 학습조직으로 인정받으려면, 조직내에 개선을 위한 잠재력이 존재하는 것만으로는 부족하고 직무 수행 방식의 직접적인 변화가 함께 일어나야 한다.

또한 학습조직은 다음 5가지 주요 활동에 능숙해야 한다고 주장한다. 즉, 체계적인 문제 해결, 새로운 접근법을 활용한 실험, 과거 경험으로부터의 학습, 타

기업의 베스트프랙티스(best practices)로부터의 학습, 전체 조직으로의 신속하고 효율적인 지식 전파 등이다. 각 활동에는 특유의 정신 자세, 도구들, 행동 패턴이 수반된다. 이러한 활동들을 지원하고 일상적인 기업 운영의 구성 요소로 통합하는 시스템 및 프로세스를 창출함으로써, 기업들은 보다 효과적으로 학습을 관리할 수 있다.

그리고, 측정할 수 없는 경우 관리도 불가능하므로, 완벽한 학습 감사는 반드시 필요하다고 한다. 여기에는 눈에 보이는 개선 결과는 물론 인지적이고 행동적인 변화를 측정하는 것도 포함된다.

학습조직이 하룻밤 사이에 만들어지지는 않는다. 신중하게 계발된 종업원의 태도와 기업에 대한 몰입 자세, 그리고 느리지만 꾸준히 이루어지는 관리 과정 등이 성공 요인들로 거론될 수 있다. 이를 위해서는 학습으로 이끄는 환경의 조성이 무엇보다 중요하다. 아날로그 디바이스(Analog Devices), 채퍼럴 스틸(Chaparral Steel), 제록스(Xerox), 제너럴 일렉트릭(GE) 등의 기업들이 성공적인 사례를 보여 준다.

학습없이 개선없다

　기업들이 조직의 발전과 경쟁력 획득을 위해 노력하면서, 지속적인 개선 프로그램들이 기업계에 점차 확산되고 있다. 프로그램의 주제들은 많고 다양하여, 때로는 한달에 한개의 프로그램 정도는 실시해야 기업이 계속 유지될 수 있는 듯 보이기도 한다. 그러나 성공한 프로그램보다는 실패한 프로그램이 많고, 개선 효과도 상당히 낮은 실정이다. 그 이유는 대부분의 기업들이 기본적인 핵심을 파악하지 못했기 때문이다. 지속적인 개선이 이루어지기 위해서는 학습에 대한 열의가 요구된다.

　새로운 것을 배우지 않고서 조직이 어떻게 개선될 수 있는가? 문제해결, 제품 도입, 프로세스 리엔지니어링 등은 모두 새로운 측면에서 세계를 바라보고 행동할 것을 요구한다. 학습이 이루어지지 않으면 기업과 종업원이 옛 관행을 단순히 반복할 뿐이다. 변화는 치장에 그치고, 개선은 우연한 행운이거나 단명할 운명에 놓이게 된다.

　아날로그 디바이스(Analog Devices)사의 레이 스테터(Ray Stata), 채퍼럴 스틸(Chaparral Steel)사의 고든 포워드(Gordon Forward), 제록스(Xerox)사의 폴 앨레어(Paul Allaire) 등과 같은 몇몇 혜안을 가진 경영자들은 학습과 지속적인 개선간의 연계를 인식하고 나서, 기업이 그 연계에 주목하도록 만들었다. 학자들도 '학습조직'과 '지식창조 기업'을 소리 높이 주장하면서, 그 유행의 대열에 합류해 왔다. 반도체나 가전 산업처럼 급속히 변화하는 사업에서는 이러한 사고들이 빠르게 자리잡고 있다. 그러나 이러한 고무적인 분위기에도 불구하고 그 주제의 대부분은 불분명하고, 혼동되며, 명확히 파악하기 어려운 상태이다.

학습조직의 3M : 의미, 관리, 측정

학자들에게도 부분적으로 책임이 있다. 학습조직에 대한 학자들의 논의는 종종 알 수 없는 신비스런 용어를 사용하면서 이상향을 그려 왔다. 그들은 낙원이 바로 눈앞에 있다고 믿게 했다.「제5경영(The Fifth Discipline)」이라는 책으로 학습조직을 유행시킨 피터 셍게(Peter Senge)는 학습조직을 다음과 같이 표현하고 있다. "학습조직은 사람들이 진정으로 바라는 결과를 이루어낼 능력을 끊임없이 확대하는 곳이고, 새롭고 확장적인 사고를 기르는 곳이며, 집단적인 열망이 자유롭게 펼쳐지고, 사람들이 함께 학습하는 방법을 계속해서 학습하는 곳이다."[1]

이런 목표를 이루기 위해서 셍게는 다음 5가지 '구성요소 기술(component technologies)'을 사용할 것을 제안했다. 즉, 시스템적 사고(systems thinking), 개인적 숙달(personal mastery), 정신적

---

1) Peter M. Senge, *The Fifth Discipline* (New York: Double-day, 1990), p. 1.

모델(mental models), 공유된 비전(shared vision), 그리고 팀 학습(team learning) 등이다.

비슷한 맥락에서, 노나카 이쿠지로(Nonaka Ikujiro)는 지식창조 기업을 다음과 같이 정의한다. "지식창조 기업은 새로운 지식을 창조하는 것이 특별한 활동이 아니라 조직 구성원들의 행동 방식과 존재 방식이 되면서, 구성원 모두가 지식근로자인 곳이다."[2] 노나카는 기업이 사고에 초점을 맞추고 대화를 장려하며, 암묵적이면서 본능적으로 이해되는 아이디어를 표면화하기 위해 '은유(metaphor)'와 '조직적 여유(organizational redundancy)'를 활용해야 한다고 제안하였다.

아주 멋지게 들리며 바람직하게 보인다. 그러나 '실행을 위한 틀(framework for action)'은 좀처럼 제시되지 않고 있다. 즉 제안된 내용들은 너무 추상적이고, 너무 많은 문제들이 해답 없이 남겨져 있다. 예컨대, 관리자들은 그들의 회사가 학습조직이 된 시기를 어떻게 알 수 있는가? 구체적으로 행동이 어떻게 변해야 하는가? 어떤 정책과 프로그램이 실시되어야 하는가? 어떤 방법으로 도달할 수 있는가?

학습조직에 대한 대부분의 논의들은 이러한 이슈를 대충 얼버무린다. 높은 차원의 철학과 큰 주제에 초점을 맞춘 채 실행을 위한 구체적인 세부 사항보다는 포괄적인 은유에만 그치고 있다.

---

[2] 노나카 이쿠지로, "The Knowledge-Creating Company", *Harvard Business Review*, November-December 1991, p. 97.

효과적인 실행을 위해 필요하지만 해결되지 않은 채 남아있는 세 가지 중요한 이슈가 있다. 첫째는 의미(Meaning)의 문제이다. 학습조직에 대한 타당하고 잘 정리된 정의가 필요하다. 그 정의는 실행가능하고, 쉽게 적용될 수 있어야 한다.

둘째는 관리(Management)의 문제이다. 높은 열망보다는 운영상의 충고로 이루어진 좀더 명확한 실행 지침이 필요하다. 셋째는 측정(Measurement)의 문제이다. 실제로 효과가 발생하는 것을 확인하기 위해서는 한 조직의 학습률 및 학습 수준을 평가할 수 있는 보다 좋은 도구들이 필요하다.

이러한 '3M'에 관한 문제들이 해결되면, 관리자들은 학습조직을 시작할 굳건한 기반을 갖게 될 것이다. 이런 기본 작업이 없이는 진보가 이루어지기 어렵다. 그 이유는 학습이 기업의 의미있는 목표가 되기 위해서는 학습이 무엇인가부터 이해해야 하기 때문이다.

학습조직에 대한 새로운 정의

놀랍게도 학습에 대한 정의가 여러 해 동안 명쾌하게 이루어지지 못했다. 조직 이론가들은 오랫동안 학습에 대해서 연구해 왔다. 인용된 여러 정의를 보면 여전히 상당한 이견이 존재한다는 사실을 알 수 있다(110쪽 부록 1 참조).

대부분의 학자들은 조직학습(organizational learning)을 지식획득 및 성과향상과 연계되어 오랜 기간에 걸쳐 일어나는 프로세스로 이해한다. 그러나 그들은 다른 중요한 문제에서 이견을 보이고 있다.

예컨대, 어떤 사람들은 행동 변화가 학습을 위해 필요하다고 믿는 반면에 다른 사람들은 새로운 사고방식만으로 충분하다고 주장한다. 어떤 사람들은 정보처리를 학습이 일어나는 메커니즘으로 보는 반면에 다른 사람들은 공유된 통찰(shared insights), 조직의 일상업무와 기억 등이 필요하다고 제안한다.

이렇게 통찰에 근거한 여러 이견들을 어떻게 구분해야 할까? 첫 단계로서, 다음의 정의를 고려해 보자.

> 학습조직은 지식을 창조, 획득 및 전파하고 새로운 지식 및 통찰을 반영하여 행동을 수정하는 데 능숙한 조직이다.

이 정의는 학습이 발생하려면 새로운 아이디어가 필수적이라는 단순한 진리에서 시작한다. 새로운 아이디어가 때로는 번쩍이는 통찰력과 창조력에서 나오고, 어떤 때는 조직 외부에서 오거나, 혹은 지식을 보유하고 있는 내부인에 의해 전달되기도 한다. 그 출처에 관계없이 이러한 아이디어들은 조직개선을 위한 계기가 된다. 그러나 아이디어들이 스스로 학습조직을 창출할 수는 없다. 직무 수행 방식에 변화가 일어나지 않는다면, 단지 개선을 위한 잠재력만 존재할 뿐이다.

이 기준은 매우 엄격한 것으로 많은 조직들이 이 기준 때문에 학습조직으로 인정받지 못하고 있다. 여러 컨설팅 업체들과 마찬가지로 많은 대학들이 학습조직으로서의 자격 획득에 실패했다. 제너럴모터스(General Motors)조차 최근의 성과향상을 위한 노력에도 불구하고 기준 미달인 것으로 나타났다.

이 모든 조직들이 새로운 지식을 창조하고 획득하는 데는 효율적이었지만, 그 지식을 자신들의 활동에 적용하는 데는 성공적이지 못했다. 예컨대, 많은 경영대학원에서 전사적 품질관리(Total Quality Management)를 가르치지만, 의사결정의 지침으로서 그것을 사용하는 빈도는 매우 적다. 조직분야의 컨설턴트들이 기업에게 사회적 역학과 소집단 행동에 대해서는 조언을 하지만, 그들은 자기 조직의 내분과 파벌주의는 해결하지 못하고 있다.

새턴(Saturn)과 누미(NUMMI)와 같은 몇 가지 예외를 제외하면 GM사의 관리자들은 린 생산방식(lean manufacturing), 적시생산(JIT production) 및 근로 생활의 질 향상을 위한 필요조건에 관한 한 전문가들임에도 불구하고, 생산방식을 혁신하는 데 실패했다.

대조적으로 혼다(Honda), 코닝(Corning), 제너럴일렉트릭(General Electric)과 같은 회사들은 앞서 언급한 기준을 통과한 회사들로서, 새로운 지식을 새로운 행동 방식으로 빠르게 전환시켰다. 이 회사들은 학습 과정이 우연이 아니라 의도적 계획에 의해서 일어나도록 적극적으로 관리하고 있다. 특색 있는 정책과 실행이 성공요인이며, 학습조직의 구축 기반을 이루고 있다.

학습조직 구축의 5가지 과제

학습조직은 다음의 5가지 주요 활동에 능숙해야 한다. 즉, ① 체계적으로 문제를 해결하고 ② 새로운 접근법으로 실험하며 ③ 자신의 경험과 과거 역사에서 배우고 ④ 타 기업의 베스트프랙티스를 통해 학습한다. 마지막으로 ⑤ 지식을 조직 전체로 신속하고 효율적으로 전파한다.

각 활동에는 특유의 정신 자세, 도구, 행동 패턴이 수반된다. 많은 기업들이 이런 활동들을 어느 정도씩은 수행하고 있다. 그러나 그러한 활동들이 우연히 일어나거나 몇몇 사례로 그치기 때문에 지속적으로 성공하는 기업은 거의 없다. 이러한 활동들을 지원하고 일상적인 기업 운영의 구성요소로 통합하는 시스템 및 프로세스를 창출함으로써, 기업들은 보다 효과적으로 학습을 관리할 수 있다.

1. 체계적인 문제해결

이 첫번째 활동은 주로 품질향상 운동의 철학과 방법에 근거한다. 현재 널리 행해지고 있는 이 활동의 기본적 아이디어는 다음과 같다.

· 문제점을 진단하기 위해 추측보다는 과학적인 방법을 사용한다 (데밍이 말하는 '계획(Plan), 실행(Do), 검토(Check), 활동(Act)'의 사이클이나 다른 사람들이 말하는 '가설설정, 가설검증' 기법들).

- 의사결정의 근거로서 가정보다는 자료에 의거해서 의견을 주장한다(품질경영 주창자들이 말하는 '사실에 근거한 경영').
- 자료를 체계화하고 결론을 이끌어내기 위해서 단순한 통계적 방법들(히스토그램, 파레토 차트, 상관관계, 인과관계 다이어그램)을 사용한다.

대부분의 훈련 프로그램들은 연습과 실제 사례를 이용하는 문제해결 기법에 주로 초점을 맞추고 있다. 이런 방법들은 비교적 수월하고 쉽게 전달될 수 있지만, 본질적인 사고방식을 확립하기는 어렵다. 정확성과 정밀성은 학습을 위해 필수적 요소이다. 그래서 종업원들은 사고방식을 더 훈련해야 하고, 세부사항들에도 더 주의를 기울여야 한다. 진짜 학습이 이루어지려면 대충 비슷하게 된 것이 잘된 것은 아니라는 점을 인식하면서, 자신에게 '그것이 사실임을 어떻게 알 수 있지?'라는 질문을 계속해서 해야 한다. 일반적인 사고로는 당연하다고 여겨지는 것도 증거를 수집하면서 근본 원인을 찾아내기 위해 노력해야 한다. 그렇지 않으면, 조직은 기본적인 사실과 적당히 얼버무린 추론에 익숙해지고, 학습은 중단될 것이다.

제록스는 전사적으로 이런 접근법을 숙지해 왔다. 1983년 고위 관리자들은 '품질경영을 통한 리더십'을 발휘하기 시작했다. 그 이후로 모든 종업원들은 소집단 활동과 문제해결 기법에 대해 훈련받아 왔다. 오늘날 6단계 과정이 실제 모든 의사결정에 사용된다(표 3-1 참조).

표 3-1 제록스(Xerox)의 문제해결 과정

단계	질문	확대/확산	축소/수렴	다음 단계를 위해 필요한 것
1. 문제를 확인하고 선택하라	우리가 바꾸길 원하는 것은 무엇인가?	고려해야 할 많은 문제들	하나의 문제서술, 동의하는 하나의 바람직한 상태	・차이의 발견 ・명확한 용어로 기술된 '바람직한 상태'
2. 문제를 분석하라	무엇이 바람직한 상태에 도달하는 것을 막고 있는가?	가능성이 확인된 여러가지 원인	확인되고 검증된 주요 원인	문서화되고 순위가 매겨진 주요 원인
3. 가능성 있는 해결책을 만들라	변화를 어떻게 만들 것인가?	문제해결 방법에 관한 많은 아이디어들	명확하고 실행 가능한 해결책	해결책 목록
4. 해결책을 선택하고 계획하라	실행을 위한 가장 좋은 방법은?	・가능한 해결책들을 평가할 많은 기준들 ・선택된 해결책을 실행하고 평가할 방법에 관한 많은 아이디어들	・동의한 해결책 평가를 위해 사용될 기준 ・동의한 실행 및 평가 계획	・변화 실행 및 검토를 위한 계획 ・해결책의 유효성을 평가할 측정 기준
5. 해결책을 실행하라	계획을 따라야 하는가?		(필요하다면) 동의한 상황 계획의 실행	해결책 실행
6. 해결책을 평가하라	얼마나 훌륭히 작용하였는가?		・동의한 해결책의 유효성 ・(존재한다면) 계속되는 것으로 확인된 문제	・문제가 해결되었는지 검증 ・혹은 계속되는 문제들을 강조하기로 합의함

종업원들은 다음 4가지 영역에서 도구들을 제공받는다. ① 아이디어 창출과 정보 수집(브레인스토밍, 면접, 설문조사), ② 의견의 일치(목록삭감, 평가양식, 가중투표), ③ 자료분석 및 표현(인과관계 다이어그램, 힘의 장 분석), ④ 실행계획 수립(흐름도, 간트(Gantt) 차트) 등이다. 이후, 그들은 며칠동안 지속되는 훈련기간 동안 이런 기법들을 실습한다.

훈련은 같은 부서나 사업단위 팀의 구성원들로 이루어진 그룹에게 실시되며, 기법들은 그 그룹이 직면한 실제 문제들에 적용된다. 이러한 과정의 결과는 '공통 용어'가 되어, 문제해결을 위한 전사적인 접근법으로 자리잡게 된다. 훈련을 받은 구성원들은 주제에 제한 없이 모든 모임에서 그 기법들을 사용한다. 제록스의 조직구조를 검토하기 위해 고위 직급으로 구성된 그룹이 만들어지고 대안을 모색하는 과정에서도 똑같은 과정과 기법들이 사용되었다.[3]

2. 실험

실험은 새로운 지식에 대한 체계적인 탐색과 검증을 뜻한다. 과학적인 방법을 사용하는 것은 필수적이고, 체계적인 문제해결과 유사한 방법이 사용된다. 그러나 문제해결과 달리 실험은 항상 현

---

[3] Robert Howard, "The CEO as Organizational Architect: An Interview with Xerox's Paul Allaire", *Harvard Business Review*, September-October 1992, p.106.

재의 어려움보다는, 기회와 시야의 확장에 따라서 필요하게 된다. 그것은 두 가지의 주요 형태로 나타난다. 즉, 지속형 프로그램(ongoing program)과 일종의 전시용 프로젝트(demonstration project)이다.

지속형 프로그램이란 보통 지식 확장을 통한 가치 증대를 위해 고안된 지속적인 일련의 작은 실험들을 뜻한다. 이 프로그램은 대부분의 연속적인 개선 프로그램 중 가장 중심적인 것이며, 특히 일선 현장에서 일반적으로 이용된다. 예컨대, 코닝(Corning)사는 산출을 증가시키기 위해 다양한 원재료와 새로운 공식으로 계속 실험하면서, 더 좋은 질의 유리를 생산한다. 전문 철강업체인 앨리거니 루들럼(Allegheny Ludlum)사는 정기적으로 생산성 향상과 원가절감을 위해 신 회전법과 개선된 기술들을 시도해 본다.

성공적인 지속형 프로그램은 다음 몇 가지 특성을 공통적으로 갖고 있다. 첫째, 이 프로그램은 새로운 아이디어를 외부에서 받아들일 경우에도 그 흐름을 꾸준히 유지하기 위해 적극적으로 운용된다. 채퍼럴 스틸사는 일선 감독자들을 안식년에 전세계에 내보내서, 학계와 산업계 리더들을 방문토록 했다. 이 과정에서 새로운 작업 관행과 기술에 대한 이해를 발전시키고, 회사에 복귀하여 배운 것을 일상 공정에 적용하도록 하고 있다. 이러한 정책의 결과, 채퍼럴 스틸사는 세계에서 손꼽히는 저원가의 철강 공장이 될 수 있었다.

GE사의 충격 프로그램(Impact Program)은 생산 관리자들을 일본에 보내서 품질개선 서클(quality circle), 간판[4] 카드(kanban cards) 등의 공장 혁신을 연구하도록 한 후, 자사의 조직에 그 기법을 적용하도록 했다. 이 프로그램으로 인하여 GE사는 지난 4년 동안 연 평균 5%에 이르는 생산성 증대를 기록하였다.

둘째, 성공적인 지속형 프로그램은 위험선호(risk taking)를 장려하는 인센티브 시스템을 필요로 한다. 종업원들은 실험의 이익(benefits)이 비용을 초과한다고 느껴야만 참가한다. 그렇지 않으면, 그들은 참여하지 않을 것이다. 관리자들은 실패에 대해 종업원을 문책함으로써 창조성을 억압하는 행동은 삼가야 하고, 동시에 실험도 책임지고 성공적으로 완수해야 하는 어려운 상황에 직면한다. 앨리거니 루들럼사는 이렇게 어려운 일을 완벽하게 해냈다. 즉, 이 회사는 4명의 선임 부사장들로부터 사전 승인을 받아낸 후, 사후의 관리자 평가에 연연하지 않고 비용이 많이 들고 영향이 큰 실험을 성공적으로 수행했다. 그 결과, 연평균 7%에서 8%에 이르는 생산성 향상을 기록하였다.

마지막으로, 지속형 프로그램에는 실험 수행 및 평가에 필요한 기술을 훈련받은 관리자들과 종업원들이 있어야 한다. 이런 기술은 직관으로는 알 수 없고, 보통 학습을 통해 얻을 수 있으며, 광범위한 분야에 걸쳐 있다. 즉, 실험 설계와 같이 많은 대안들을 효율적으로 비교하는 통계적 방법들, 과정 분석과 같이 작업 흐름

---

[4] 역주 : kanban은 일본 도요타자동차가 개발한, 필요할 때 필요한 만큼 만드는 생산 관리 방식이다.

을 재설계하는 데 필수적인 그래픽 기법들, 스토리 보드[5] 그리기나 역할 연기와 같이 신선한 아이디어가 흘러 넘치게 하는 창조성 기법들이 그 범위에 속한다. 가장 효과적인 훈련 프로그램은 목적이 분명하며, 종업원들의 요구에 부합되는 몇 가지 기법들로 구성된다. 예컨대, 개발 그룹들에게는 창조성 기법이 매우 적합한 반면, 실험 설계에 관한 훈련은 제조공정 엔지니어들에게 유용하다.

전시용 프로젝트들은 보통 지속형 실험들보다 규모가 더 크고 복잡하다. 이 프로젝트는 시스템 전반의 전체적인 변화를 의미하고, 새로운 조직의 능력 개발이라는 목표하에 수행된다. 이 프로젝트는 과거와의 확실한 결별을 나타내므로, '과거 청산'이라는 접근법을 사용한다. 미국에서 가장 높은 조직몰입도를 보이는 작업 시스템 중의 하나인 제너럴 푸드(General Food)사의 토페카(Topeka) 공장은 자율경영팀(self-managing teams)과 근로자 자치권(worker autonomy)의 아이디어를 도입한 선구적인 전시용 프로젝트였다. 그리고 소형차의 개발, 제조 및 판매를 다시 생각하게 만든 최근 사례는 GM사의 새턴(Saturn) 사업부이다.

전시용 프로젝트들은 다음과 같은 많은 특징을 가지고 있다.

· 전시용 프로젝트는 대개 조직이 향후 대규모로 채택하길 원하는 원칙과 접근법을 형상화한 첫번째 프로젝트이다. 이러한 이유로,

---

[5] 역주 : 스토리 보드, (텔레비전) 영화의 주요 장면을 간단히 그린 일련의 그림을 붙인 패널

그것은 종착점이라기보다는 전환기적인 노력이며, '실행에 의한 학습(learning by doing)'을 의미한다. 흔히 과정중에 프로젝트를 수정하기도 한다.

· 전시용 프로젝트는 암묵적으로 추후 프로젝트를 위한 정책 지침과 의사결정 규칙을 설정한다. 그래서 관리자들은 미리 설정된 선례에 주의해야 하고, 새로운 규범의 정립을 기대한다면 강력하게 알려야 한다.

· 전시용 프로젝트는 규칙들이 실제로 바뀌었는지 알고 싶어하는 종업원들에게 관심의 대상이 되기 때문에, 조직에 대한 종업원의 몰입을 결정하는 한 요소가 된다.

· 전시용 프로젝트는 대개 고위 경영진에게 직접 보고하는 강력한 다기능 팀에 의해 개발된다(종업원 참여나 근로생활의 질을 목표로 하는 프로젝트의 경우 여러 계층으로 팀을 구성해야 한다).

· 전시용 프로젝트에 학습을 전달하기 위한 분명한 전략이 동시에 실행되지 않으면, 그 프로젝트는 조직의 나머지 부분에 대해 단지 제한적인 영향만을 미치게 된다.

이러한 모든 특징들은 성공적인 컴프레서 제조회사인 코퍼랜드(Copeland Corporation)사가 1970년 중반에 시도한 전시용 프로젝트에서 찾아볼 수 있다. 그 당시 새로운 최고경영자였던 매트 딕스(Matt Diggs)는 회사의 제조공정 방식을 바꾸려고 했다. 당시

코퍼랜드사는 기계화된 생산 설비로 한 공장에서 모든 제품을 조립하였기 때문에, 원가는 높고 품질은 최저 수준이었다. 딕스는 너무 복잡한 것이 문제라고 느꼈다.

먼저 딕스는 소규모의 다기능 팀에게 범위가 좁고, 새로 개발된 생산라인에 적합한 '집중화된 공장(focused factory)'의 설계 임무를 맡겼다. 그 팀은 딕스에게 직접 보고했고, 그 일을 완수하는 데 3년이 걸렸다. 처음에는 프로젝트 예산이 1,000만~1,200만 달러였다. 경험이 쌓이고 딕스가 격려하면서 팀이 극적으로 개선을 이룩할 수 있다는 사실을 발견함에 따라 예산은 계속해서 변경되었다. 총 3,000만 달러에 달하는 투자를 통해 신뢰성 검증, 자동화된 도구 조정, 프로그램화 가능한 통제 등에서 기대 밖의 약진을 이루어냈다. 이 모든 것이 '실행에 의한 학습'을 통해 이루어졌다.

공장이 가동되고 초기 운영을 하는 동안 팀은 추가적인 선례를 남겼다. 예컨대, 품질의 중요성을 강력히 보여주기 위해서 품질 관리자가 부공장장에 임명되는 파격적인 승진이 단행되었다. 똑같은 보고 절차가 다른 모든 공장에서도 사용되었다. 또한 딕스는 공장 관리자가 모든 생산공정을 천천히 순회 관리하면서 제품 증산에 모든 노력을 기울이도록 독려했다. 보통 마케팅부서가 위세를 떨쳤던 코퍼랜드사에서 이러한 지시는 흔하지 않은 것이었다.

이 두 가지 지시는 빠르게 검증되었다. 경영진의 주장은 견지되었고, 그 의미는 조직 전체에 전파되었다. 제조공정의 개선이 증진되었고, 회사 전체가 경쟁력 향상에 기여한 바를 인정하였다.

이를 지켜본 어떤 이는 "마케팅이 항상 회사 운영을 좌우해 왔었기 때문에 그들은 이러한 사실을 믿을 수 없었을 것이다. 그러나 변화는 눈에 띠게 큰 성과를 이룩했고, 열렬한 환영을 받고 있다" 라고 말했다.

첫번째 집중화된 공장이 무난히 운영되자 2년 만에 25%의 시장 점유율을 기록했고, 10년이 지나도록 경쟁력을 유지했던 것이다. 코퍼랜드사는 재빨리 4개 공장을 추가로 설립했다. 딕스는 초기 학습이 사라지지 않도록 첫 프로젝트의 구성원들을 새로 설립되는 각 공장의 설계팀에 파견했다. 이들은 나중에 운영 임무를 교대로 맡게 되었다. 오늘날 집중화된 공장들은 코퍼랜드사 생산 전략의 초석으로, 그리고 원가 및 품질 우위의 지속적인 원천으로 남아 있다.

코퍼랜드사와 같은 전시용 프로젝트이든, 앨리거니 루들럼사와 같은 지속형 프로그램이든, 모든 형태의 실험은 동일한 목표를 추구한다. 즉, 피상적인 지식을 깊은 이해로 전환시키는 것이다. 간단히 말해서, 그것은 일이 어떻게 수행되는가에 대해 아는 것과 왜 발생하는가를 아는 것 사이의 차이이다.

방법을 안다는 것(know how)은 부분적인 지식에 불과하다. 왜냐하면 그것은 행동 규범, 표준 관행, 장비의 설정 등에 근거하기 때문이다. 이유를 아는 것(know why)은 보다 근본적인 것이다. 그것은 기저에 깔려 있는 인과관계를 파악하고, 예외, 조정, 예상치 못한 사건 등을 수용해야 하기 때문이다. 실리콘 알갱이를 결합하여 실리콘 강철을 만들기 위해 온도 및 압력을 조절할 수 있는 능력을 가졌다는 것은 방법을 아는 것이다. 반면에 결합물을 생산하는 화학적·물리적 과정을 이해하는 것은 이유를 아는 것이다.

운영 지식은, 분별능력이 없는 제한된 이해의 수준에서부터 모든 상황이 예견되고 통제되는 보다 완벽한 이해의 수준까지 계층적으로 배열될 수 있다. 이런 맥락에서 볼 때, 실험과 문제해결은 조직을 지식의 낮은 단계에서 좀더 높은 단계에 이르도록 밀어올림으로써 학습을 촉진한다.

3. 과거 경험으로부터의 학습

기업은 과거의 성공과 실패를 되돌아보면서, 체계적으로 평가해야 하며, 종업원들이 쉽게 찾아 볼 수 있도록 교훈을 기록해야 한다. 한 전문가는 "과거를 기억 못하는 사람들은 그것을 반복하도록 운명지워진다"라는 말을 남긴 유명한 철학자 조지 산타야나(Gorge Santayana)를 인용하여 이러한 과정을 '산타야나 검토(Santayana Review)'라고 부르고 있다. 불행히도, 오늘날 너무나 많은 관리자들이 과거에 무관심하거나 심지어 적대적이고, 과거에 대해 숙고하지 않는 행동으로 가치 있는 지식을 소멸시키고 있다.

150개 이상의 신제품에 대한 실증 연구에서는 "실패로부터 얻는 지식이 종종 향후에 성공을 이루는 도구가 된다… 간단히 말해서, 실패는 최고의 스승이다"라고 결론짓고 있다.[6] 예컨대, 가장 인기 있고 수익성 있는 기종 중의 하나인 IBM 360 컴퓨터 시리즈는 앞서 개발된 실패작인 스트레치(Stretch) 컴퓨터 기술을 바탕으로 한다. 다른 사례와 마찬가지로, 이 사례에서도 학습은 철저한 계획에 의해서라기보다는 우연하게 이루어졌다. 그러나 몇몇 기업들은 관리자들이 주기적으로 과거에 대해 생각하고 그들의 실수에서 배우도록 프로세스를 만들어 왔다.

보잉(Boeing)사는 737과 747 기종 프로그램으로 어려움을 겪은 직후에 그와 유사한 프로그램을 수립했다. 두 기종은 화려하게 소개되었으나 심각한 문제들을 안고 있었다. 그와 같은 문제들을 반복하지 않기 위해서, 고위 관리자들은 '프로젝트 과제(Project Homework)'라고 명명된 고위 직급 구성원으로 조직된 그룹에게, 737과 747 기종의 개발 과정과 가장 수익 높은 기종이었던 707과 727 기종의 개발 과정을 비교 연구하는 임무를 맡겼다. 향후 프로젝트에 활용될 수 있는 일종의 '교훈' 모음집을 작성하는 일이 주과제였다. 3년에 걸친 작업 끝에, 그들은 수백 가지의 권고 사항과 1인치 두께의 책자를 만들어 냈다. 이후 그 팀의 몇몇은 757과 767 기종 개발 초기 작업에 파견되었고, 그 경험을 바탕으로 보잉 역사상 가장 성공적이면서 실수 없는 작업을 수행할 수 있었다.

다른 기업들도 비슷하게 과거를 돌이켜보는 접근법을 사용해

---

6) Modesto A. Maidique and Billie Jo Zirger, "The New Product Learning Cycle", *Research Policy*, Vol. 14, No. 6 (1985), pp. 299, 309.

왔다. 보잉사처럼 제록스사도 회사의 새로운 사업 시도가 종종 실패했던 이유를 찾아내려는 노력의 일환으로 세 개의 실패한 제품들을 검사하면서 제품개발 과정을 분석했다.

컨설팅 회사인 아서 디 리틀(Arthur D. Little)은 과거 자사의 성공 사례에 초점을 맞추었다. 고위 경영진은 전세계에 진출해 있는 컨설턴트들을 이틀 일정으로 회사의 가장 성공적인 실행사례들, 간행물들, 기법들이 광범위하게 전시된 '잼버리'에 초대했다.

브리티시 페트롤리움(British Petroleum)사는 한 걸음 더 나아가 프로젝트 사후 평가 부서를 설치했다. 이 부서의 주임무는 주요 투자 프로젝트를 재검토하고, 사례연구를 실시하며, 회사의 기획 지침 수정안에 포함되었던 교훈을 도출하는 것이었다. 5명으로 구성된 이 부서는 매년 6개의 프로젝트를 검토하여, 이사회에 보고했다. 관리자들에 대한 현장 인터뷰에 많은 시간을 소요하였다.[7] 현재 이런 형태의 검토는 프로젝트 수준에서 정기적으로 이루어지고 있다.

한 전문가는 "이러한 접근법에서 중요한 것은 기업이 비생산적인 성공과 대조하여 생산적인 실패의 가치를 인식하도록 하는 마음 자세이다. 생산적인 실패는 통찰과 이해를 이끌어내고, 기존의 조직내 지혜를 더 풍부하게 만든다. 비생산적인 성공은 무엇인가 잘 되고 있으나, 아무도 방법과 이유를 모를 때 발생한다."라고 말

---

7) Frank R. Gulliver, "Post-Project Appraisals Pay", *Harvard Business Review*, March-April 1987, p. 128.

했다.[8]

IBM사의 전설적인 창업자인 토마스 왓슨(Thomas Watson Sr.)은 그 차이를 명확히 이해했다. 회사에서 전해지는 이야기는 다음과 같다. 한 젊은 관리자가 1,000만 달러 짜리 위험한 투자에서 실패한 후 왓슨의 사무실로 불려왔다. 그는 완전히 겁에 질려서 "사표를 쓰겠습니다"라고 말문을 열었다. 이때 왓슨은 "걱정하지 마시오. 우리는 단지 당신을 교육시키는 데 1,000만 달러를 소비했을 뿐이오"라고 대답했다.

다행히, 학습 과정이 그렇게 값비쌀 필요는 없다. 사례연구와 제록스사나 브리티시 BP사의 경우처럼 프로젝트 사후 검토에는 관리자들의 시간외에 별다른 비용이 들지 않는다. 또한 기업들은 대학의 교수 및 학생들로부터 도움을 얻을 수 있다. 그들은 참신한 시각을 가지고 있으며, 교육 실습과 사례연구 경험을 얻으면서 자신들의 학습을 증진시킬 기회로 여길 것이다.

몇몇 기업들은 학습 과정의 속도를 높이기 위해 컴퓨터화된 자료은행을 설치했다. 폴 리비어(Paul Revere) 생명보험 회사에서는 모든 문제해결 팀들에게 회사에서 포상을 받고 싶으면 그들이 제안한 프로젝트의 내용을 기술하여 등록 양식을 갖추도록 요구한다. 그런 다음 회사는 그 양식을 컴퓨터 시스템에 입력하고, 특정 주제에 대해 작업을 했거나 혹은 하고 있는 사람들의 그룹 목록

---

8) David Nadler, "Even Failures Can Be Productive", *New York Times*, April 23, 1989, Sec. 3, p. 3.

과 연락 가능한 사람을 즉시 검색할 수 있다. 축적된 경험을 단지 전화 한 통화로 얻을 수 있다.

4. 타인으로부터의 학습

물론 모든 학습이 과거의 성찰과 자기분석에서 나오지는 않는다. 때로는 자신의 옆을 살펴보고 새로운 시각을 얻을 수 있다. 현명한 관리자들은 완전히 다른 사업을 하고 있는 기업들도 아이디어의 원천이고 창의적인 사고의 촉매일 수 있다는 사실을 알고 있다. 이런 조직에서는 열심히 모방하는 행위도 스스로 창안하는 행위만큼 중요성을 인정받는다. 밀리켄(Milliken)사는 '부끄러움 없는 철강 아이디어(Steel Ideas Shamelessly)'를 SIS 과정이라 부른다. 이것에 대한 좀더 넓은 의미의 용어는 벤치마킹(benchmarking)이다.

한 전문가에 의하면, "벤치마킹은 베스트프랙티스를 발견하고, 분석하며, 채택하고, 실행하는 지속적인 탐구와 학습 경험이다."[9] 가장 큰 이익(benefits)은 결과보다는 관행, 즉 일을 수행하는 방법을 연구하고, 일선 관리자들을 그 과정에 참여시키는 데서 나온다. 거의 모든 것이 벤치마킹 대상이 될 수 있다. 그 개념의 창조자인 제록스사는 그것을 광고선전, 창고업, 자동화된 제조공정 등에 적용했다. 밀리켄사는 더욱더 창조적이어서 영감을 얻는 순간에 벤치마킹에 대한 제록스사의 접근법을 벤치마킹했다.

---

9) Robert C. Camp, *Benchmarking : The Search for Industry Best Practices that Lead to Superior Performance* (Milwaukee: ASQC Quality Press, 1989), p. 12.

불행히도, 성공적인 벤치마킹을 위한 필요조건에 대해서는 아직 상당히 혼동하고 있는 면이 있다. 벤치마킹은 좋은 평판을 얻었거나 품질상을 받은 기업들에 대한 일련의 불규칙한 '산업 시찰(industrial tourism)'이 아니다. 오히려, 그것은 우수 기업에 대한 완벽한 탐색에서 시작해서 자사의 관행과 성과를 주의깊게 연구하고, 체계적인 기업체 방문과 인터뷰를 거친 후, 결과 분석, 권고안 개발, 실행으로 결론짓는 잘 정돈된 프로세스다. 많은 시간이 소비되지만, 그 과정에서 아주 많은 비용이 들지는 않는다. AT&T사의 벤치마킹 그룹은 적당한 규모의 프로젝트에 약 4~6개월이 걸리고, 2만 달러 정도의 비용이 발생한다고 추산한다(인력 비용이 포함된다면, 그 숫자는 3~4배 커진다).

벤치마킹이 외부의 시각을 구할 수 있는 하나의 방법이듯이, 아이디어를 구할 수 있는 또 하나의 풍부한 원천은 고객이다. 고객과의 대화는 늘 학습을 고무시킨다. 결국, 고객은 그 분야에서의 전문가라고 할 수 있다. 고객은 최신의 제품 정보, 경쟁업체와의 비교, 변화하는 고객 기호에 대한 통찰, 서비스와 활용 패턴에 대한 즉각적인 피드백을 제공할 수 있다. 그리고 기업들은 경영진에서부터 일선 작업자에 이르기까지 모든 계층에서 이러한 통찰을 필요로 한다. 모토롤라(Motorola)사에서는 최고경영자를 포함해서 운영 및 정책 위원회(Operating and Policy Committee)의 구성원들이 개인적으로, 그리고 정기적으로 고객과 만난다. 워싱톤 스틸(Worthington Steel)사에서는 모든 기계 작업자들이 고객의 욕구를 파악하기 위해서 고객의 공장을 정기적으로 형식 없이 찾아간다.

때로는 고객들이 그들의 욕구를 정확히 표현하지 못하거나 제품이나 서비스에 대해서 갖고 있는 가장 최근의 문제점조차 기억하지 못할 수 있다. 만약 그렇다면, 관리자들은 고객의 행동을 관찰해야 한다.

제록스사는 신제품의 사용자들을 관찰하기 위해서 팔로알토(Palo Alto) 연구소에 많은 인류학자들을 고용했다. 디지털 이퀴프먼트(Digital Equipment)사는 소프트웨어 기술자들이 작업 과정에서 새로운 기술을 사용하는 고객들을 관찰하는 데 활용되는 '관계적 탐구(contextual inquiry)'라는 이름의 대화식 프로세스를 개발해 왔다. 밀리켄사는 모든 제품의 첫 선적을 담당하는 '최초 납품팀(first-delivery team)'을 만들었다. 팀 구성원들은 고객의 생산 과정을 따라 자사 제품을 뒤쫓으며, 어떻게 사용되는지 살펴보고 개선하기 위한 아이디어를 개발한다.

아이디어의 외부 출처에 관계없이, 학습은 수용력이 풍부한 환경에서만 일어난다. 관리자들은 방어적이어서는 안되며, 비난이나 나쁜 소식에도 개방적인 자세를 유지해야 한다. 이것은 비록 쉽지 않지만 성공을 위해서는 필수적이다. "우리가 옳고, 그들이 틀렸을 것이다"라고 가정하고 고객에 접근하는 기업이나, "그들은 우리에게 어떠한 것도 가르칠 것이 없다"라고 확신하며 다른 기업들을 방문하는 기업은 많은 것을 배울 수 없다. 반면에 학습조직은 개방적인 자세와 남의 말을 경청하는 기술을 육성한다.

5. 지식 전파

학습이 조직내 어느 한 부서만의 일이 되지 않기 위해서는 지식이 조직 전체에 빠르고 효율적으로 전파되어야만 한다. 아이디어가 소수의 사람들 손에 들어있기보다는 광범위하게 공유되어야 최대 효과를 가져올 수 있다. 문서나, 구두 혹은 시각적인 보고서, 기업체 방문과 견학, 인사교류 프로그램, 교육훈련 프로그램, 표준화 프로그램 등 다양한 방법들이 이러한 과정을 촉진한다. 이들은 각각 나름대로 장단점을 갖고 있다.

보고서와 순회 방문은 가장 인기 있는 방법들이다. 보고서는 여러 목적하에 사용된다. 즉, 연구 결과를 요약하고, 해야할 것과 하지 말아야 할 것을 목록화하며, 중요한 프로세스와 사건들을 기술한다. 보고서는 벤치마킹 연구에서부터 회계 관행, 새로 발견된 마케팅 기법에 이르기까지 많은 주제를 다룬다. 오늘날 문서화된 보고서는 비디오테이프와 같은 시청각 자료로 종종 보완된다.

순회 방문은 여러 지역에 많은 사업부를 갖추고 있는 대규모 조직에게 특히 인기 있는 지식 전파 수단이다. 순회 방문은 청중의 욕구에 맞게 다양하게 기획될 때 가장 효과적이다. GM사는 도요타사와의 합작업체인 NUMMI사 특유의 제조방식을 GM의 관리자들에게 경험시키기 위해서 일련의 전문적인 순회 방문을 개발했다. 일부는 중상위 직급을 대상으로 했고, 나머지는 하위 직급을 대상으로 했다. 순회 방문을 통해 경영진 수준에 적합한 회사의 정책, 관행, 시스템을 설명하였다.

보고서와 순회 방문은 광범위하게 사용되고 있음에도 불구하고 지식을 전파하는 데는 비교적 성가신 방법들이다. 복잡한 경영 개념 뒤에 놓여 있는 세세한 세부 사항들을 간접적으로 전달하기는 어렵다. 읽고, 전시된 것을 봄으로써 어떤 사실을 받아들이는 것과 개인적으로 경험하는 것은 아주 다른 것이다. 한 유명한 인지 과학자의 주장에 따르면, "수동적인 방법으로 지식을 습득하는 것은 매우 어렵다. 능동적으로 어떤 것을 직접 경험하는 것이 서술된 것을 간접적으로 받아들이는 것보다 더욱 가치 있다."[10] 이러한 이유로 인사교류 프로그램은 지식을 전파하는 가장 강력한 방법 중의 하나이다.

많은 조직에서 전문적 지식은 기업 현장에 존재한다. 즉 특별한 기술을 가진 컴퓨터 기술자, 뛰어난 글로벌 브랜드 관리자, 혹은 성공적인 합작 기업 사업부 책임자들이 전문적 지식을 소유하고 있다. 이들 전문가들과 매일 접촉하는 사람들은 그들의 기술로부터 상당한 이득을 얻게 되지만, 전문가들의 영향력이 미치는 분야는 비교적 좁다. 그들을 조직의 다른 부분으로 이동시키는 것은 그러한 부(富)를 공유하는 데 도움이 된다. 사업부간, 부서간, 혹은 공장간 이동이 있을 수 있고, 각 수준의 관리자들이 대상이 될 수 있다.

예컨대, 적시생산에 경험이 있는 감독자는 그 방법을 적용하기

---

10) Roger Schank, with Peter Childers, *The Creative Attitude* (New York: Macmillan, 1988), p. 9.

위해 다른 공장으로 전근 갈 수 있고, 성공적인 사업부 관리자는 뒤떨어진 사업부로 자리를 옮겨서 이미 입증된 아이디어로 그 사업부를 활기차게 만들 수 있다. 타임 라이프(Time Life)사의 최고경영자는 후자의 접근법을 사용하여, 혁신적인 마케팅 활동으로 수년간 고성장·고수익을 달성한 음반사업부의 책임자를 전통적인 마케팅 개념에 의존해서 수익이 형편없는 도서사업부의 책임자로 이동시켰다.

스탭을 이동시키는 방안은 또 다른 선택안이다. 이것은 경험있는 관리자들이 갖고 있는 지식의 핵심을 뽑아내고, 새로운 표준, 정책 혹은 훈련 프로그램의 형태로 회사 전체에 그것을 전파시킬 때 매우 효과적이다.

PPG사가 고몰입(high-commitment) 작업 시스템의 개념에 따라 인사관행을 개선시킬 목적으로 그러한 이동을 어떻게 사용했는지 살펴보자. 1986년에 PPG사는 워싱턴주 체할리스(Chehalis)에 플로트 유리[11] 공장을 설립했다.

이 회사는 공장 관리자와 스탭들이 개발한 인적자원관리의 혁신은 물론 새로운 기술을 파격적으로 받아들였다. 작업할당, 일정계획, 문제해결 및 개선, 동료에 의한 검토 등에 관한 책임을 부여받은 소규모의 자율경영팀(self-managing team)으로 모든 근로자들을 배치했다. 공장을 운영한 지 몇 해 지나서, 공장 관리자는

---

11) 역주 : 플로트 유리, 플로트 공법으로 제조되는 고급 판유리

전체 유리 그룹의 인적자원 담당 책임자(director)로 승진되었다. 체할리스에서의 경험에 의존하면서, 그는 참여적 자율경영 환경에서 종업원 관리에 필요한 행동을 일선 감독자 대상의 훈련 프로그램으로 개발했다.

　PPG사의 사례에서 알 수 있듯이, 교육 및 훈련 프로그램은 지식을 전파하기 위한 강력한 도구이다. 그러나 효과를 최대한 발휘하기 위해서 그것은 명시적으로 실행과 연결되어야 한다. 훈련을 시키는 사람은 종종 훈련받는 사람이 실제로 실행에 옮길 수 있도록 도와주는 구체적인 단계를 설정하지 않고도 새로운 지식이 적용될 것이라고 가정한다. 훈련을 시키는 사람은 연습 기회를 제공하는 경우가 거의 없고, 종업원들이 현업에 복귀한 후 배운 것을 실제 직무에 적용하도록 촉진하는 프로그램도 찾아보기 힘들다.

　제록스사와 GTE사는 예외의 경우다. 앞서 언급한 대로, 제록스사가 1980년대에 종업원에게 문제해결 기법을 소개했을 때, 조직의 상위 계층에서 하위 계층까지 모두가 직속 상사 후원하에 부서나 사업부내 소집단을 구성하여 배웠다. 개념과 기법의 도입 이후에 각 집단은 실제 작업상의 문제에 배운 것을 적용했다. 비슷한 취지로 GTE사도 사업부 책임자와 직속 관리자로 이루어진 팀을 대상으로 '품질: 경쟁력 향상 프로그램(Quality: The Competitive Edge program)'을 실시하였다. 3일 일정인 코스의 초기에 각 팀은 코스 개념에 맞는 완벽한 품질 계획을 60일 이내에 준비해야만 했다. 팀들이 보고서를 제출한 후에 프로그램 진행자가 보고서를 검토하고, 그런 다음 팀들은 그 내용을 실행에 옮겼다. 이러한 GTE사의 프로그램은 최근에 볼드리지 상(Baldrige Awards) 준결승에 오르는 등 대단한 품질 향상을 이루어냈다.

GTE사의 사례는 또 다른 중요한 지침을 제시한다. 즉, 지식은 올바른 인센티브가 존재할 때 효과적으로 전파될 수 있다는 사실이다. 종업원들이 그들의 계획이 평가되고 실행될 것—다시 말해서, 그들의 학습이 적용될 것—이라는 사실을 안다면, 더욱 많은 발전이 이루어질 것이다. 대부분의 기업에서 현상태는 요지부동이기 마련이므로 관리자들과 종업원들 생각에, 새로운 아이디어가 자신들에게 이익이 될 것이라는 확신이 들어야 그 새로운 아이디어는 환영받을 수 있다.

AT&T사는 정보 공유에 인센티브를 부여하는 창조적인 접근법을 개발했다. 이 회사에서는 볼드리지 상을 모델로 한 사내 품질경진대회(CQA : Chairman's Quality Award)를 개최했는데 이 상은 볼드리지 상처럼 1,000점 만점으로 채점하여 절대적인 성과를 기준으로 시상될 뿐만 아니라, 전년도 점수 대비 향상도를 기준으로도 시상된다. 200, 150, 100점 향상된 부서에 각각 금, 은, 동상을 수상함으로써 변화에 대한 인센티브를 제공한다. 동반되는 '우수 부서(Pocket of Excellence)' 프로그램은 지식 전파를 목적으로 한다. 매년 이 프로그램은 각 시상부문에서 가능한 점수의 60% 이상을 기록한 회사내 모든 부서를 찾아내고, 문서화된 보고서나 전자우편을 사용하여 이들 부서의 이름을 공표한다.

학습의 성과측정 방법

관리자들은 오랫동안 '측정할 수 없다면, 관리할 수 없다'고 생각해 왔다. 이 명제는 기업의 목표달성 여부를 체크해 보는 데 적합한 표현이듯이 학습에 적용했을 때도 맞는 표현이다. 전통적인 학습측정의 해법은 '학습곡선(learning curve)'과 '제조공정 향상함수(manufacturing progress function)'였다.

이 두 개념은 1920년대와 1930년대 항공기 동체 제조원가가 생산량이 누적됨에 따라 예측 가능하게 하락한다는 사실을 알게됨으로써 개발되었다. 누적된 생산량은 제조 지식이 증가된 것으로 간주되었으며, 대부분의 초기 연구는 그것이 직접 노무비에 끼치는 영향을 검토하는 데 집중되었다.

그후의 연구는 전체 제조원가와 조선, 정유, 가전 등 다른 산업에서의 경험의 영향을 살펴보는 것으로 초점을 확장해 나갔다. 학습률(learning rate)은 비록 변동 폭은 크지만 전형적으로 80%~85%의 범위 내에 존재한다. 즉, 누적 생산량이 두 배가 될 때, 원가는 이전 수준의 80%~85%로 떨어진다는 뜻이다.

보스톤컨설팅그룹(Boston Consulting Group)과 같은 기업들은 1970년대에 이러한 아이디어를 더 높은 수준으로 끌어올렸다. 학습곡선의 논리를 활용하면서 그들은 전반적으로 산업이 성장하고 전체 생산량이 증가함에 따라, 예측가능한 형태로 원가와 가격이 하락하는 '경험곡선(experience curve)'에 직면한다고 주장했다.

이러한 관찰을 토대로 컨설턴트들은 경쟁의 법칙이 존재한다고 제안했다. 경험의 이익을 누리기 위해서는, 기업들이 경쟁자보다 앞서서 가격을 낮추고 생산량을 빠르게 증가시켜 시장점유율을 높여야만 한다.

학습과 경험곡선은 특히 항공 우주, 방위, 전자 산업 등에서 여전히 활발하게 사용되고 있다. 예컨대, 보잉사는 조립 공장내 모든 작업장에 대해서 학습곡선을 설정해 놓았다. 학습곡선은 생산성을 체크하고, 작업 흐름과 인원 충원 수준을 결정하며, 새로운 항공기의 가격과 이익 폭을 설정하는 데 도움을 준다. 경험곡선은 산업 원가와 가격을 예측하는 용도로 반도체와 가전 산업에서 흔히 사용된다.

하지만, 학습조직이 되길 희망하는 기업들에게 이러한 척도는 불충분하다. 이것은 산출물(원가 혹은 가격)에 대한 단 하나의 척도에만 초점을 맞추고 품질, 납품 기간, 새로운 제품 소개 등 다른 경쟁적 변수들에 영향을 미치는 학습을 무시한다. 학습과 경험곡선은 단지 하나의 학습 동인(전체 생산량)만을 제안하고, 산출량의 기복이 없는 성숙 산업에서의 학습 가능성과 새로운 기술이나 경쟁 제품의 도전 등 다른 원천에서 학습이 일어날 수도 있다는 가능성을 모두 무시한다. 즉, 학습의 원천이나 변화의 수단에 대해서는 우리에게 말해주는 것이 거의 없다.

이러한 우려 때문에 또 다른 척도가 개발되었다. 반도체 제조업체인 아날로그 디바이스(Analog Devices)사는 '반주기 곡선(half-life curve)'이라는 척도를 만들었는데, 이것은 내적인 개선 비율을 비교한다.

반주기 곡선은 특정 성과척도에서 50%의 개선을 이루는 데 걸리는 시간을 측정한다. 그래프로 나타내보면, 성과척도(불량률, 적시납품, 시장 도착 시간)가 로그척도(logarithmic scale) 형태로 수직축에 표현되고, 시간척도(일, 월, 년)가 수평축에 나타난다. 이때 기울기가 급할수록 학습의 속도가 빠르다는 것을 나타낸다(그림 3-1 참조).

논리는 간단하다. 개선하는 데 시간이 덜 걸리는 기업, 사업부, 부서들은 틀림없이 자신의 동료들보다 학습 속도가 빠르다. 장기적으로 그들의 짧은 학습 사이클은 탁월한 성과로 전환될 것이다. 50% 목표는 편의상 정한 척도이기도 하지만, 여러 기업들의 성공적인 개선 과정을 연구하면서 경험적으로 도출된 것이다. 또한 반주기 곡선은 유연하다. 학습과 경험곡선과 달리, 반주기 곡선은 어떠한 산출물 척도상에서도 작동하며, 원가나 가격에 한정되지 않는다. 또한 운영하기에 편하며, 간단한 측정 도구로서 집단간 비교를 쉽게 할 수 있다.

그러나 반주기 곡선도 중요한 약점을 가지고 있다. 즉, 오직 결과에만 초점이 맞추어져 있다는 것이다. 어떤 형태의 지식은 소화하는 데 몇 년이 걸리고, 상당한 기간 동안 눈에 보이는 성과향상이 없다. 예컨대, 전사적 품질 문화를 창조하거나 제품개발을 위한 새로운 접근법을 개발하는 것은 체계적인 변화를 추진해야 하

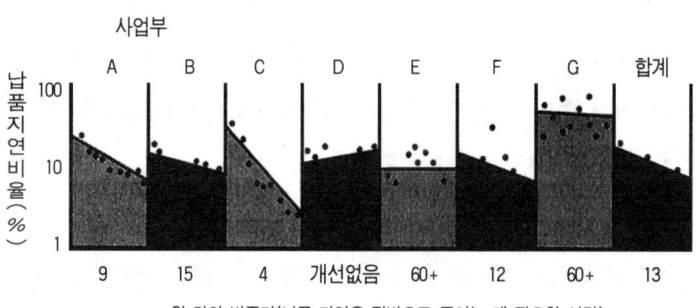

그림 3-1 아날로그 디바이스사의 반주기 곡선

아날로그 디바이스(Analog Devices)사는 사업부 성과를 비교하기 위하여 반주기 곡선을 사용해 왔다. 여기에 7개 사업부의 고객 서비스에 관한 월 단위 자료가 그래프로 제시되어 있다. C사업부가 가장 훌륭한 성과를 나타내고 있다. C사업부는 비록 납품 지연의 비율이 높은 상태에서 출발했지만, 학습비율이 빨라서 결국 절대적으로 가장 좋은 성과를 이룩하였다. D, E, G 사업부는 같은 기간 동안 적시에 납품하는 서비스에서 개선을 이루지 못했기 때문에 가장 성공적이지 못했다.

자료 : Ray Stata, "Organizational Learning-The Key to Management Innovation," *Sloan Management Review*, Spring 1989, p.72.

는 어려운 일들이다. 이러한 변화는 시간이 오래 걸리기 때문에, 반주기 곡선이나 결과에만 초점을 맞춘 척도들은 현재 일어나고 있는 단기적인 학습을 파악하지 못한다. 개선을 추적하기 위해서는 좀더 포괄적인 틀(framework)이 필요하다.

조직학습은 부분적으로 서로 겹치는 다음 세 단계를 통해 파악된다. 첫단계는 인지 단계이다. 조직의 구성원들은 새로운 아이디어를 접하고, 자신의 지식을 확장하며, 다르게 사고하기 시작한다. 두번째 단계는 행동 단계이다. 종업원들은 새로운 통찰을 내면화하기 시작하고, 자신의 행동을 바꾼다. 세번째 단계는 성과개선

단계로서, 행동의 변화가 품질 향상, 납품 개선, 시장점유율 증가, 눈에 보이는 다른 이득 등 측정 가능한 부분의 개선으로 연결된다. 일반적으로 성과가 개선되려면 인지적이고 행동적인 변화가 선행되어야 하기 때문에, 완전한 학습감사(learning audit)는 이러한 세 단계를 모두 포함해야 한다.

설문 조사나 면담이 학습감사에 유용하게 쓰인다. 인지 수준을 조사할 때는 태도와 이해의 깊이에 초점을 둔다. 종업원들은 자기 지향과 팀웍의 의미를 진실로 이해하고 있는가 아니면 그 용어들이 여전히 불분명한가?

PPG사에서는 인적자원 전문가들로 구성된 팀이 일선 종업원들과 면담하면서 그 개념들을 잘 이해하고 있는지 모든 제조공장을 대상으로 정기적으로 감사한다.

고객 서비스에 대한 새로운 접근법이 완전히 받아들여지고 있는가? 1989년에 열린 세계마케팅관리자모임(1989 Worldwide Marketing Managers' Meeting)에서 포드사는 참가자들에게 고객이 판매 대리점이나 회사 수익 목표에 불만을 제기하는 일련의 가설적 상황을 제시하고, 어떻게 대응할 것인지를 물었다. 이와 같은 설문조사는 변화된 태도와 새로운 사고방식을 확인하는 첫번째 단계이다.

행동 변화를 평가하기 위해서, 설문 조사는 직접 관찰로 보충되어야 한다. 증거는 행위 속에 있으며, 종업원 행동을 보는 것이 가장 정확한 평가근거이기 때문이다. 도미노 피자(Domino's Pizza)

사는 각 매장의 고객 서비스에 대한 관리자의 몰입 정도를 평가하기 위해서 '익명의 구매자'를 활용한다. 그리고 엘엘 빈(L.L. Bean)사는 서비스 수준을 평가하기 위해서 자신의 교환수에게 전화 주문을 한다. 다른 기업들은 외부 컨설턴트를 초빙하여 자사를 방문하고, 모임에 참석하며, 종업원의 행동을 관찰하여 그들이 느낀 것을 보고토록 한다. 여러 가지 면에서 이런 접근법은 기업의 행동이 심사 원서에 기재된 내용과 일치하는지를 알아보기 위해 마지막 심사대상이 된 기업들을 며칠간 방문하는 볼드리지 상의 심사 방법과 유사하다.

또한 포괄적인 학습감사는 성과를 측정한다. 반주기 곡선이나 다른 성과척도들은 인지적, 행동적 변화가 실제 결과로 나타나는지 확인하기 위한 필수적인 요소이다. 그런 척도가 없다면, 기업은 학습에 투자할 이유가 없으며, 학습이 조직의 목표에 공헌한다는 확신을 갖지 못한다.

학습조직의 구축

학습조직은 하룻밤 사이에 구축되지 않는다. 대부분의 성공적인 사례들은 오랜 기간 느리지만 견실하게 계발된 태도, 몰입, 경영 프로세스의 산물들이다. 물론 어떤 변화는 즉시 이루어질 수도 있다. 학습조직이 되길 원하는 회사는 우선 몇 개의 간단한 단계를 밟는 것으로 시작할 수 있다.

첫단계는 학습환경을 조성하는 것이다. 전략적 계획에 대해 생각하고, 고객욕구를 분석하며, 현재의 작업 시스템을 평가하고, 새로운 제품을 발명하는 데는 숙고와 분석의 시간이 있어야만 한다. 종업원들에게 서둘러 행동하도록 요구하면 학습은 어렵다. 학습은 순간의 압력에 의해 위축되는 경향이 있다. 최고경영층이 명시적으로 학습을 위해 종업원들의 시간을 자유롭게 해줄 경우에만 학습은 빈번하게 일어난다. 만약 종업원들이 시간을 현명하게 사용할 수 있는 기술을 가지고 있다면 그 시간은 두 배로 생산적이 될 것이다. 그래서 브레인스토밍(brainstorming), 문제해결, 실험 평가, 그리고 다른 핵심적인 학습 기술들을 훈련하는 것이 반드시 필요하다.

또 다른 강력한 도구는 경계를 허물고 아이디어의 교환을 자극하는 것이다. 경계는 정보의 흐름을 방해하고, 개인과 집단을 고립시키며, 선입견을 강화한다. 조직의 각 계층이 참여하거나, 회사와 고객, 공급업자들이 연결되는 형태로 협의회, 모임, 프로젝트 팀 등을 만들어서 경계를 허물어야 한다. 그러면 신선한 아이디어가 흐르게 되고, 서로 다른 다양한 시각들을 생각해 보는 기회가 생긴다. GE사의 최고경영자 잭 월치(Jack Welch)는 이것을 변화의 강력한 자극제로 생각하여 '무경계(boundarylessness)'를 1990년대 회사 전략의 초석으로 삼았다.

관리자들이 지원적이고 개방적인 환경을 조성한다면, 학습포럼을 만들 수도 있다. 이것은 마음 속에 있는 학습목표를 밖으로 드러내도록 고안된 프로그램과 행사이다. 이것은 여러 가지 형태를 취할 수 있다. 즉, ① 변화하는 경쟁 환경 그리고 회사의 제품 포트폴리오, 기술과 시장 포지셔닝을 조사하는 전략적인 검토, ② 대규모의 다기능적 프로세스와 납품 시스템의 건전성을 검토하는 시스템 감사, ③ 조직내 우수 활동을 확인하고 비교하는 내부 벤치마킹 보고서, ④ 세계적으로 우수한 기업의 성과와 특징적인 기술을 자세히 이해하기 위해서 급파된 연구 사절단, ⑤ 고객과 공급업자, 외부 전문가, 기업내 집단 등이 함께 아이디어를 공유하고 서로를 배우도록 하기 위한 잼버리나 심포지움 등이 그것이다. 이러한 각 활동들은 종업원들이 새로운 지식과 씨름하고, 그 시사점을 생각하도록 함으로써 학습을 촉진한다. 또한 각 활동은 사업의 요구에 맞게 구성할 수 있다. 예컨대, 소비재 회사는 연구사절단을 유럽에 보내어 새로 통합된 유럽 단일시장에서의 유통 방법에 대해 더 많은 것을 배워오게 할 수 있다. 반면에 첨단 기술 기업은 새로운 제품개발 프로세스를 검토하기 위한 시스템 감사를 실시할 수 있다.

  이러한 노력들은 모두 학습을 방해하는 장벽을 제거하고, 학습을 조직의 중요 사안으로 삼는 데 도움이 된다. 또한 이런 움직임을 통하여 끊임없는 개선에서 학습에 대한 몰입으로 초점이 바뀌어야 함을 알 수 있다. 이러한 움직임은 '3M', 즉 학습의 의미(Meaning), 관리(Management), 측정(Measurement)에 대한 더 깊은 이해뿐만 아니라 학습조직 구축을 위한 굳건한 토대를 제공한다.

부 록

1. 조직학습에 대한 정의

학자들은 조직학습에 대한 다양한 정의를 내놓고 있다. 여기 몇 가지를 소개한다.

조직학습은 더 많은 지식과 이해를 통해 행동을 개선시키는 과정을 의미한다.
> C. Marlene Fiol and Marjorie A. Lyles, "Organizational Learning", *Academy of Management Review*, October 1985.

정보의 처리를 통해 잠재적 행동의 범위가 변화한다면 학습이 이루어진 것이다.
> George P. Huber, "Organizational Learning: The Contributing Processes and the Literatures", *Organization Science*, February 1991.

조직은 경험으로부터 얻은 시사점을 행동을 지도하는 일상 지침으로 구체화함으로써 학습을 수행하게 된다.
> Barbara Levitt and James G. March, "Organizational Learning", *American Review of Sociology*, Vol. 14, 1988.

조직학습은 실수를 발견하고 고치는 과정이다.
> Chris Argyris, "Double Loop Learning in Organizations", *Harvard Business Review*, September-October 1977.

조직학습은 공유된 통찰, 지식 그리고 정신적 모델을 통해서 일어나고, 과거 지식과 경험, 즉 기억을 바탕으로 구축된다.
> Ray Stata, "Organizational Learning-The Key to Management Innovation", *Sloan Management Review*, Spring 1989.

2. 지식의 8가지 단계

학자들은 생산과 운영에 대한 지식이 이해의 수준이나 단계에 따라 체계적으로 분류될 수 있다고 제안해 왔다. 제조 지식의 가장 낮은 수준에서는 좋은 제품의 특성만이 알려져 있다. 생산은 하나의 기술로 남아있고, 명확하게 표현된 표준이나 규칙은 없다. 스트라디바리우스(Stradivarius) 바이올린이 한 예이다. 전문가들은 이 바이올린이 아주 뛰어난 악기라는 데 동의하지만, 숙련된 기술자만이 전 과정을 책임지고 만들기 때문에 이 악기의 제조 방법을 정확히 밝혀낼 수 있는 사람은 거의 없다.

대조적으로 제조 지식의 가장 높은 수준에서는 생산의 모든 측면이 알려지고 이해된다. 모든 재료와 처리 과정의 변동 사항이 모든 상황에 대비한 규칙과 절차로 명확히 표현되고 설명된다. 어떠한 사람의 간섭도 없이 장시간 완전 자동으로 운영되는 공장, 즉 무인 공장(lights out)이 한 예가 될 것이다.

종합해 보면, 가장 낮은 단계로부터 높은 단계에 이르기까지 다음과 같은 지식의 8단계를 정리할 수 있다(Ramchandran Jaikumar와 Roger Bohn[12]의 글을 수정 인용함).

① 시제품(prototypes)에 대한 인식 : 좋은 제품이란 무엇인가?
② 시제품내 속성에 대한 인식 : 어떤 조건의 프로세스에서 좋은 산출물이 만들어지는가를 알아낼 수 있는 능력
③ 속성의 구분 : 어떤 속성이 중요한가? 전문가들은 원형 제품의 적합성에 대해 서로 다른 견해를 가질 수 있다. 새 운영자는 대개 도제 제도를 통해 훈련받는다.
④ 속성의 측정 : 몇 가지 주요 속성은 측정된다. 척도는 정성적인 것이 될 수도 있다.
⑤ 현장에서 통제하는 속성 : 전문가가 프로세스를 고안했지만, 기술자가 그것을 수행한다.
⑥ 상황에 대한 인식과 구분 : 생산 과정은 기계화되고, 이상 유무 체크는 수동으로 수행될 수 있다.
⑦ 상황에 대한 통제 : 프로세스가 자동화될 수 있다.
⑧ 절차의 이해와 상황의 통제 : 전체 프로세스가 완벽하게 이해된다.

---

12) Ramchandran Jaikumar and Roger Bohn, "The Development of Intelligent Systems for Industrial Use: A Conceptual Framework", *Research on Technological Innovation Management and Policy*, Vol. 3 (1986), pp. 182-188.

Harvard Business Review, July - August 1993.

4장
전문가를 학습시키는 방법

크리스 아지리스(Chris Argyris)

기업이 학습조직이 되기 위해서는 먼저 학습에 관한 딜레마를 해결해야 한다. 경쟁에서 성공하기 위해서는 학습이 점점 더 중요해지고 있지만, 대부분의 사람들은 학습하는 방법을 잘 알고 있지 못하다. 심지어 많은 사람들이 학습에 능통하리라고 생각하는 핵심적인 리더의 지위에 있는 전문가조차도 사실은 학습에 정통하지 못하다.

많은 기업이 학습의 실체와 학습을 불러일으키는 방법을 오해하고 있기 때문에 학습 딜레마에 대처하는 데 어려움을 겪을 뿐만 아니라, 존재하고 있다는 사실조차 모르는 경우가 많다. 따라서, 기업은 학습조직으로 변신하기 위한 노력을 하는 과정에서 두 가지 실수를 저지르게 된다. 첫번째 실수는 학습을 단순한 문제해결로 좁게 정의하여 외부 환경에서 문제를 수집하고 확인하는 데 중점을 두는 것이다. 두번째 실수는 학습을 불러일으키는 힘은 동기부여에서 나온다고 보는 것이다.

이 논문에서 하버드 경영대학원의 교수인 크리스 아지리스는 조직에서 학습을 저해하는 인간 행동 패턴을 살펴보고, 왜 잘 교육받은 전문가들이 이러한 행동 패턴을 보이는지를 설명하며, 기업들이 경영자와 종업원의 학습 능력을 제고할 수 있는 방법을 제시한다.

기업은 학습 딜레마를 해결하는 방법까지도 학습할 수 있는데 이를 위해 필요한 것은 경영자와 종업원이 자신의 행동이 조직의 학습과 지속적인 개선 프로그램의 핵심이라고 생각하도록 만드는 것이다. 사람들이 새롭고 보다 효과적인 방식으로 자신의 행동에 대해 생각하는 방법을 가르침으로써 학습을 방해하는 방어기제(Defense Mechanism)를 부술 수 있다.

이러한 과정을 통해서 경영자와 종업원은 미래에 좀더 개인적으로나 팀원으로서 효과적으로 행동할 수 있다. 그들은 단순히 문제를 해결하는 것이 아니라 조직 구성원으로서의 자신의 역할을 좀더 심층적이고 짜임새 있게 성찰할 수 있게 된다. 그들은 학습하는 법을 배움으로써 지속적인 개선의 기초 작업을 할 수 있다.

효과적인 학습이란 올바른 태도나 동기부여의 문제가 아니다. 오히려, 사람들이 자신의 행동에 관해 생각하는 방식의 산물이다. 사람들에게 조직상의 문제에 대한 자신의 역할을 물어 보면, 대부분의 사람들은 방어적이 되고 다른 사람 탓을 한다. 이러한 방어적인 사고방식은 해결하고자 하는 문제의 해결을 방해하게 된다.

해답은 바로 기업이 경영자와 종업원으로 하여금 자신의 행동을 조직학습과 지속적인 개선 프로그램의 핵심 요소로 생각하도록 하는 것이다. 사람들에게 새롭고 효과적인 방식으로 자신의 행동에 대해서 생각하도록 가르치는 것이 조직학습을 가로막는 방어기제를 깨뜨리는 것이다.

이중고리 학습

갈수록 거칠어지는 1990년대의 경영환경에서 성공하고자 하는 기업은 먼저 기본적인 딜레마를 해결해야 한다. 시장에서의 성공은 점점 더 '학습'에 의존하고 있는데도 아직까지 많은 사람들이 학습하는 방법을 제대로 알지 못한다. 더 심각한 점은 많은 사람들이 학습에 능통하리라고 생각하는 조직 구성원들조차 사실은 학습에 서투르다는 점이다. 즉, 현대 기업에서 핵심적인 리더의 지위를 차지하고 있는 잘 교육받고, 많은 권한을 가지고 있으며, 조직에 높은 충성심을 가진 전문가들도 정작 학습방법을 모른다는 것이다.

대부분의 기업이 이 학습 딜레마에 대처하는 데 어려움을 겪을 뿐만 아니라, 그러한 딜레마가 존재하고 있다는 사실조차 모른다. 그 이유는 기업이 학습의 실체와 학습을 유발시키는 방법을 오해하고 있기 때문이다. 결과적으로, 기업은 학습조직으로 변신하기 위한 노력을 하는 과정에서 두 가지 실수를 저지르게 된다.

첫째, 대부분의 사람들은 학습을 단순한 '문제해결'로 너무 좁게 정의하여 외부 환경에서 오류를 수집하고 확인하는 데 중점을 둔다. 문제해결은 중요하다. 그러나 지속적인 학습이 되려면, 경영자와 종업원은 내부를 보아야 한다. 사람들은 자신의 행동을 비판적으로 성찰하고 자신의 어떤 행동이 조직에서 문제를 야기하는가를 파악하고, 이에 따라 자신의 행동방식을 바꿀 필요가 있다. 특히, 문제의 근원이 될 수 있는 핵심문제를 정의하고 해결하는 방법을 배워야 한다.

 필자는 이 중요한 구분을 확실히 하기 위해 '단일고리(single loop)' 학습과 '이중고리(double loop)' 학습이라는 용어를 제시하였다. 간단한 비유를 하자면, 방안의 온도가 화씨 68도 이하로 떨어질 때 자동적으로 히터를 켜는 온도 조절 장치는 단일고리 학습의 좋은 예이다. 온도 조절 장치가 "왜 화씨 68도에 맞추어져 있는가?"라는 의문을 가지고 난방을 위한 경제적인 온도를 탐색하는 것은 이중고리 학습에 비유할 수 있다.

 고도의 기술을 가진 전문가는 대체로 단일고리 학습에 능통하다. 결국, 그들은 학문적인 증명서를 획득하고, 하나 또는 몇 개의 분야에서 지적인 훈련에 매진하며, 이 훈련을 실제 세계의 문제에 적용하는 데 많은 시간을 보낸다. 그러나 역설적이게도 바로 이런 사실이 전문가가 이중고리 학습에 서투른 이유를 설명해 준다.

 간단히 말해서, 많은 전문가는 대부분 자신이 하는 일에 성공적이기 때문에 거의 실패를 경험해 보지 못한다. 그들은 실패를 해보지 않았기 때문에, 실패로부터 학습하는 방법을 배우지 못했다. 따라서, 단일고리 학습 전략이 잘못될 때마다 그들은 방어적이 되고, 비판을 배제하며, 자신을 제외한 다른 사람의 탓으로 돌린다. 결론적으로 전문가의 학습능력은 가장 필요로 할 때 막히게 된다.

 이러한 전문가들의 방어적인 경향 때문에 기업은 학습에 대해 두번째 실수를 하게 된다. 사람들이 무언가를 배우고자 하는 것은 동기부여의 문제라는 것이 일반적인 가정이다. 이 가정에 따르면 사람들이 올바른 태도와 몰입을 하게 될 때, 학습은 자동적으로 뒤따르게 된다. 그래서 기업은 동기를 부여하고 종업원을 몰입하게 하는 새로운 보상 프로그램, 성과평가, 기업문화 등과 같은 조직구조를 만드는 데 관심을 둔다.

그러나 효과적인 이중고리 학습은 단순히 사람들이 느끼는 방식의 기능이 아니다. 그것은 사람들이 사고하는 방식의 반영이다. 다시 말하자면, 사람들이 자신의 행동을 구상하고 실행하는 데 사용하는 인지적인 규칙 또는 사고과정이다. 모든 행동을 지배하는 두뇌 속에 내재된 '지배 프로그램'과 같은 규칙들을 생각해 보자. 숨겨진 오류가 있는 컴퓨터 프로그램이 설계자가 계획한 것과 정반대의 결과를 초래할 수 있는 것과 마찬가지로, 방어적인 사고는 개인적인 몰입도는 높을지라도 학습의 저해 요인으로 작용할 수 있다.

기업은 학습 딜레마를 해결하는 방법까지도 학습할 수 있다. 필요한 것은 경영자와 종업원이 자신의 행동이 조직학습과 지속적인 개선 프로그램의 핵심 요소라고 생각하는 것이다. 사람들이 새롭고 보다 효과적인 방식으로 자신의 행동에 대해 생각하는 방법을 가르침으로써 학습을 저해하는 방어벽을 제거할 수 있다.

다음의 예는 주요 컨설팅 기업의 우수 컨설턴트와 같은 특별한 집단의 전문가와 관련이 있다. 그러나 필자가 주장하는 점은 이러한 특정 집단에만 해당하는 것은 아니다. 사실 타이틀이 무엇이든

지간에 점점 더 많은 직업들이 '지식근로(knowledge work)'의 형태를 띠게 된다. 모든 조직 구성원들은 팀 속에서 효과적으로 일하는 능력과 함께 특별한 기술적인 전문성을 결합하고, 고객 및 소비자와 생산적인 관계를 유지하며, 비판적으로 성찰하고, 그들 자신의 조직 관행을 바꾸어야 한다. 그리고 경영의 핵심은 점점 더 고도의 기술을 가진 사람들의 자율적이며 상호연관된 직무를 인도하고 통합하는 방향으로 나아간다.

전문가가 학습을 회피하는 논리

15년 동안 나는 경영 컨설턴트를 심층적으로 연구해 왔다. 나는 몇 가지 단순한 이유로 컨설턴트를 연구하기로 결정하였다. 첫째, 그들은 조직 내에서 점점 중심적인 역할을 하는 고도로 교육받은 전문가의 대표격이다. 내가 연구한 대부분의 컨설턴트는 미국 상위 3~4위 경영대학의 MBA 출신이었다. 그들은 또한 자신의 일에 깊이 몰입하였다. 예를 들면, 한 회사에서 설문 조사에 응답한 컨설턴트의 90%이상이 자신의 일과 회사에 대해 '아주 만족한다'는 응답을 하였다.

나는 당연히 그런 컨설턴트가 학습에 정통하리라고 생각하였다. 결국, 그들 직무의 핵심은 일을 제대로 수행하는 방법을 가르치는 것이다. 그러나 나는 이러한 컨설턴트가 학습 딜레마에 빠져 있다는 사실을 알게 되었다. 자신의 조직에서 지속적인 개선에 아주 열정적인 사람조차도 때때로 성공을 달성하기에 큰 장애를 가지고 있었다.

변화와 학습 노력이 직무 재설계, 보상 프로그램, 성과평가, 리더십 훈련 등과 같은 외부적인 조직 요소에 초점을 맞추고 있는 동안에는 전문가들도 열정적으로 참가하였다. 사실, 새로운 체계와 구조를 만드는 작업은 교육 수준이 높고, 고도로 동기부여된 전문가들이 바라는 종류의 과제이다.

그러나 개선 노력이 성과로 나타나기도 전에, 무언가 잘못되기 시작했다. 그것은 전문가들의 일에 대한 태도가 잘못되어서가 아니었다. 전문가들이 개선 프로그램을 성공적으로 진행하고자 하는 의지는 대단했으며, 회사의 비전도 명확했다. 그러나 개선 작업은 지속되지 못했다. 그리고 개선 노력이 계속될수록, 전문가들은 더욱더 보잘 것 없는 결과를 산출하게 되었다.

왜 그렇게 되었을까? 전문가들은 당황하기 시작하였다. 그들은 조직 내에서 자신의 역할을 비판적으로 바라보는 움직임에 불안함을 느끼게 되었다. 사실, 그들은 상당히 많은 보수를 받고 있었으며, 고용주가 공정한 태도로 최대한 지원을 하고 있다고 믿었기 때문에 자신들의 성과가 최상이 아니라는 생각은 그들로 하여금 죄책감을 느끼게 하였다.

진정한 변화가 이루어지지 못하게 되자, 전문가들은 그러한 감정 때문에 대부분 방어적으로 행동하게 되었다. 그들은 명확하지 못한 목표, 무심하고 불공정한 리더, 그리고 무지한 고객 등을 이유로 들면서 책임을 회피했다.

다음 사례를 살펴보자. 유명한 경영 컨설팅 회사에서, 프로젝트 팀의 팀장이 최근 컨설팅 프로젝트의 성과를 평가하고자 회의를 소집하였다. 고객은 대체적으로 만족하였고 그 팀은 상대적으로 높은 점수를 얻었다. 그러나 그 팀장은 자기 회사가 약속하였던 부가가치를 창조하지 못했다고 믿었다. 지적인 개선의 정신에서 볼 때, 그는 자신의 팀이 좀더 잘할 수 있었다고 느꼈다. 사실, 그 팀의 몇몇 사람도 같은 생각이었다.

팀장은 사람들이 자신의 성과에 대해서 특히 팀장 앞에서 비판적으로 성찰하는 것이 얼마나 어려운지를 잘 알고 있었다. 그래서 그는 솔직하고 공개적인 논의를 하기 위해 몇 단계의 조치를 실시하였다. 그는 팀원들이 믿는 외부 컨설턴트를 회의에 초대하였다. 그는 '단지 정직하게 말해 달라'고 요구했다. 그는 또한 회의의 전 과정을 녹음하는 데 합의하였다. 이런 방식을 통해 회의에서 일어난 혼란과 이견이 문자화되어 검증될 수 있었다. 마침내 팀장은 회의를 열어 자신의 행동을 포함하여 주제의 제한이 없음을 강조하였다.

"나는 여러분들이 나에게 맞설 수 없다고 생각한다는 것을 알고 있습니다. 그러나 나는 여러분들이 나에게 도전하기를 바랍니다. 내가 여러분이 한 일을 확인해야 하는 책임을 가지고 있는 것과 마찬가지로 여러분은 경영진이 잘못하고 있는 점을 나에게 말할 책임이 있습니다. 그리고 우리들은 우리 자신의 잘못을 인정해야 합니다. 우리가 공개적인 대화를 나누지 않는다면, 우리는 배우지 못할 것입니다."

전문가들로 구성된 팀원들은 회의 초반에는 팀장을 의식하였지만 후반에는 자연스럽게 이야기하였다. 고객과의 경험에서 가장 큰 문제점을 지적하라는 요구에, 그들은 전적으로 외부의 탓으로 돌렸다. 고객들의 비협조적이고 오만한 태도에 대해서 비판했다. "고객은 우리가 그들을 도울 수 있다고 생각하지 않았습니다." 팀장의 준비 부족에 대해서도 비판했다. "때때로, 우리 팀장은 고객과의 회합에 들어가기 전에 모든 준비를 끝내지 못한 상태였습니다." 사실, 전문가들은 자신의 한계 때문이 아니라 다른 사람들의 한계 때문에 제대로 능력 발휘를 하지 못했다고 주장하였다.

팀장은 팀원들의 의견을 주의 깊게 듣고 나서 그들의 비판에 대답하려고 노력하였다. 그는 컨설팅 과정에서 자신이 저지른 실수에 대해서 이야기하였다. 예를 들면, 팀장의 프로젝트 회의 진행 방식에 대한 비판에 관하여 "나는 토론을 마무리하도록 질문하는 방법을 알고 있습니다"고 팀장은 응답하였다. "나는 그럴 뜻은 아니었지만, 여러분이 내가 이미 마음을 결정했다고 믿는다는 사실을 알 수 있었습니다."

다른 팀원은 팀의 업무 부담이 과중한 상태임에도 불구하고 경영진이 팀장에게 프로젝트를 더 빨리 완결지으라고 압력을 넣는 것에 대해서 불만을 표시하였다. "나는 '아니오' 라고 말할 책임이 있다고 생각합니다"고 팀장은 인정하였다. "우리 모두 엄청난 양의 일을 하고 있다는 점은 분명합니다."

마침내, 자신의 행동에 대한 3시간에 걸친 토론 후에, 팀장은 팀원들에게 그들이 스스로 실수를 하지 않았는가 하고 물었다. "결국, 이 고객은 다른 고객들과 비교했을 때 그리 유별나지 않습니다. 자, 그러면 앞으로 좀더 효과적으로 일을 하려면 어떻게 해야 될까요?"하고 말했다.

전문가들은 그것은 실질적으로 고객과 팀장의 잘못이라고 거듭 주장하였다. 어떤 사람은 '고객은 변화에 개방적이어야 하고, 배우기를 원해야 한다'고 했다. 경영자가 프로젝트 팀에게 결과에 대한 전문가들의 책임을 인식시키려고 할수록, 전문가들은 점점 더 경영자의 의도에서 어긋났다. 팀원이 제안한 최선의 의견은 프로젝트 팀이 고객에게 '약속을 적게 해야 한다'는 것이다. 결국 팀원들은 성과향상을 위한 별다른 의견을 제시하지 못했다.

프로젝트 팀원들은 심지어 팀장이 외부 사람들이 위협적이지 않다는 식으로 행동해도, 자신을 보호하기 위해 방어적으로 행동해 왔다. 고객이 오만하며 폐쇄적이고, 팀장은 거리가 있다는 등의 주장을 제시하는 방식은 비록 전문가들의 변명에 약간의 진실이 있다하더라도, 학습을 중단시키게 된다.

거의 대부분의 전문가들은 문제를 고객과 경영자의 행동 탓으로 돌렸고, 자신의 주장을 공개적으로 검증하지 않았다. 예를 들어, 전문가들은 고객이 학습을 위한 동기유발이 되지 않았다고 했으나, 실질적으로는 이 주장을 지지하는 아무런 증거를 제시하지 않았다. 구체적인 증거가 부족하다고 지적받자, 전문가들은 좀더 격렬하게 자신의 주장을 반복했을 뿐이었다.

만약 전문가들이 이런 문제를 그렇게 강하게 느꼈다면, 왜 프로젝트를 수행하는 동안 아무 말도 하지 않았던가? 전문가들에 따르면, 심지어 이것도 남의 탓이었다. "우리는 고객을 소외시키기를 원하지 않았습니다"고 한 사람이 주장했다. "우리는 불평하는 것처럼 보이길 원하지 않았습니다"고 다른 사람이 말했다.

전문가들은 프로젝트의 결과가 미흡했던 데에는 자신들의 책임도 있다는 것을 인정해야 하는 당혹감 때문에, 자기 보호를 위해서 다른 사람들을 비판했다. 더욱이 프로젝트 팀 본연의 역할을 부각시키려는 시도도 무시한 채 방어적인 행동만을 반복함으로써 이런 행동이 일상적으로 반복되고 있음을 알 수 있었다. 전문가들의 입장에서 보면 그들은 저항하는 것이 아니라, '실질적인' 이유에 초점을 맞춘 것이다. 사실, 전문가들은 어려운 환경하에서 일한다는 사실만으로도 찬사는 못받더라도 존경은 받을 만하다.

회의의 마지막 결과는 비생산적이었고 평행선을 긋는 대화였다. 팀장과 전문가들은 모두 터놓고 얘기하였다. 그들은 자신들의 의견을 강력하게 표현하였다. 그러나 그들은 서로 앞다투어 이야기하였고, 고객과 함께 일어났던 일을 설명하는 데 공통의 언어를 발견하지 못했다. 전문가들은 다른 사람의 탓이라고 계속 주장하였다. 팀장은 그들이 비판받고 있는 상황에 이르기까지 전문가가 무엇을 했는지를 직시하도록 유도했으나 성공적이지는 못했다. 이 평행선을 긋는 대화는 다음과 같은 모습을 띠고 있다.

전문가들 : 고객은 마음을 열어야 합니다. 고객은 변화를 수용할 준비가 되어 있어야 합니다.

팀　　장 : 변화가 고객의 관심사가 되도록 돕는 것이 우리의 임무입니다.

전문가들 : 그러나 고객은 우리가 한 분석에 동의하지 않았습니다.

팀　　장 : 만약 고객이 우리의 아이디어가 틀렸다고 생각한다면, 우리는 어떻게 고객들을 확신시킬 것입니까?

전문가들 : 아마도 우리는 고객과 더 많은 회의를 가질 필요가 있을 것입니다.

팀　　장 : 우리가 적절하게 준비하지 못해서 고객이 우리를 못 믿겠다고 생각한다면 회의를 더 많이 한들 무슨 도움이 되겠습니까?

전문가들 : 프로젝트 팀원들과 경영진간에 더 많은 의사소통이 있어야만 했습니다.

팀　　장 : 나도 같은 생각입니다. 그러나 전문가들 역시 문제점에 관해 팀장에게 자발적으로 알려 주어야만 합니다.

전문가들 : 우리 팀장은 필요로 할 때 있지 않고 너무 멀리 떨어져 있습니다.

팀　　장 : 여러분들이 우리에게 이야기하지 않는데 우리가 어떻게 알겠습니까?

이러한 대화는 학습 딜레마를 극단적으로 보여준다. 전문가들의 주장이 가지고 있는 문제점은 그것이 틀렸다기보다는 유용하지 않다는 데 있다. 자신의 행동에서 타인의 행동으로 지속적으로 초점을 돌림으로써, 전문가들은 학습을 멈추게 만들었다. 경영자는 그 함정을 이해하고 있으나 탈출 방법을 알지 못한다. 이럴 때 어떻게 해야 하는지를 알기 위해서는 방어적 사고와 특히 전문가들이 이런 경향을 보이는 특별한 이유를 좀더 이해해야 한다.

방어적 사고와 파멸의 악순환

전문가들의 방어적 행동을 어떻게 설명할 수 있을까? 변화에 대한 전문가들의 태도나 지속적인 개선에 대한 몰입으로는 설명되지 않는다. 전문가들은 실제로 좀더 효과적으로 일하기를 원한다. 오히려 핵심 요소는 전문가들이 자신과 타인의 행동을 생각하는 방식에 있다.

모든 상황에서 새롭게 생각하는 것은 불가능하다. 누군가 어떻게 지내느냐고 물을 때마다 가능한 모든 대답을 생각해야 한다면, 아주 피곤할 것이다. 그러므로 모든 사람들은 행동 이론을 개발한다. 행동 이론은 타인의 행동을 이해할 뿐만 아니라 자신의 행동을 구상하고 실행하는 일련의 규칙들이다. 일반적으로, 이러한 행동 이론은 자신이 사용하는지를 알아차리지 못할 정도로 당연하게 여겨진다.

그러나 인간 행동의 역설 중 하나는 사람들의 실제 행동양식과 자신이 인지하는 행동양식이 서로 다르다는 점이다. 인터뷰나 설문을 통해서 자신의 행동을 지배하는 규칙들을 표현하라고 하면, 사람들은 자신이 '지지하는' 행동 이론을 말할 것이다. 그러나 이 사람들의 행동을 살펴보게 되면, 그 지지한 이론과 실제 행동이 별 관련이 없다는 사실을 알게 된다. 예를 들면, 프로젝트 팀의 전문가들은 지속적인 개선을 믿는다고 하지만 개선을 불가능하게 하는 행태를 보인다.

사람들의 행동을 관찰하여 그 행동을 설명해주는 규칙들을 따라가다 보면, 상당히 다른 행위 이론, 즉 개인이 실제로 '사용하는 이론'을 발견하게 된다. 간단히 말하자면, 사람들은 자신이 지지하는 이론과 실제로 사용하는 이론간의 모순과, 자신이 행동한다고 생각하는 방식과 실제로 행동하는 방식간의 모순을 알지 못한 채, 계속 일관성 없이 행동한다.

더 나아가, 실제로 사용하는 이론의 대부분은 비슷한 가치 기준 하에서 만들어진다. 사람들은 자신의 행동을 보편적으로 다음 4가지 기본 가치에 맞추어 설계하는 경향이 있다.

① 일방적으로 계속 통제한다
② 이익을 최대화하고 손실을 최소화한다.
③ 부정적인 감정을 억압한다.
④ 가능한 한 '합리적'이 된다. 이 가치기준에 의존하여 사람들은 명확하게 목표를 설정하고, 목표 달성 여부에 따라 자신의 행위

에 대해서 평가한다.

이 모든 가치들의 목적은 당혹, 위협, 상처받기 쉽거나 무능하다는 감정을 회피하기 위한 것이다. 이런 관점에서 대부분의 사람들이 사용하는 행동양식은 매우 방어적이다. 방어적인 사고는 개인이 자신의 행동을 결정하는 전제, 추론, 결론을 사적으로 유지하게 하고 진정으로 독립적이고 객관적인 방식으로 검증하기 어렵게 한다.

방어적 사고로 가는 과정은 결코 검증된 적이 없기 때문에, 그 과정은 폐쇄된 순환 고리를 이룬다. 특히, 갈등을 일으키는 관점에는 둔감하다. 누군가가 방어적 사고를 지적할 경우에는 불가피하게 더 방어적으로 반응한다. 예를 들면, 프로젝트 팀에서 누군가가 전문가들의 방어적 행동을 지적할 때마다 그들의 최초 반응은 다른 사람에게서 그 원인을 찾는 것이었다. 자신들의 비판적 자문에 고객이 너무 민감하게 반응하였다거나, 팀장이 너무 약해서 문제제기를 해도 다 받아 주지 못했다는 등의 변명을 한다. 다시 말하면, 프로젝트 팀원들은 한번 더 문제를 외부화하고 다른 사람의 탓으로 돌림으로써 자신의 책임을 부인하였다.

이런 상황에서, 공개적인 질의를 계속하는 것은 종종 수모를 주는 행위로 비판받기 쉽다. 공개적인 질의를 제시한 사람을 비난함으로써 자신이 틀렸다는 기분을 가라앉히는 것이다.

이러한 행동양식은 궁극적으로 학습의 순환을 저해하는 요인이 된다. 잘 훈련된 전문가들이 이런 경향을 종종 보이는데, 이는 그들 특유의 심리적 원인에 기인한다.

필자가 연구한 거의 모든 전문 컨설턴트들은 탁월한 학문적 경력을 가지고 있었다. 그러나 역설적이게도 학교에서의 성공이 학습에서는 문제로 작용한다. 전문 컨설턴트가 되기 전의 그들의 삶은 대체로 성공적이어서 실패와 관련된 당황과 위협감을 경험해보지 못했다. 결과적으로, 컨설턴트들의 방어적 사고는 거의 활성화된 적이 없었다. 실패를 거의 경험해보지 못한 사람들은 실패에 효과적으로 대처하는 법을 알지 못한다. 바로 이 점이 정상적인 인간의 행동경향을 방어적으로 만든다.

필자가 연구해 온 조직 내의 수백 명의 젊은 컨설턴트를 조사한 결과, 이 전문가들은 비현실적으로 매우 높은 이상적인 성과를 목표로 설정하고 자신을 스스로 채찍질해 왔다고 생각하였다. "일에 대한 압력은 스스로 부여한 것입니다." "나는 일을 잘 해야 할 뿐만 아니라 최상의 수준까지 일해야만 합니다." "여기 사람들은 매우 뛰어나고 열심히 일합니다. 그들은 빼어난 직무 수행을 위해 의욕적으로 일하고 있습니다" "우리 대부분은 단지 성공뿐만 아니라 최대한 신속하게 처리해야 합니다." 등과 같이 이 컨설턴트들은 언제나 자신을 주위의 뛰어난 사람들과 비교하고 끊임없이 자신의 성과를 향상시키려고 노력한다.

그들은 아직 각자 공개적으로 경쟁하도록 요구받는 것을 달가워 하지 않는다. 그들은 그런 요구를 비인간적이라고 생각한다.

그들은 '생산적인 외톨이(productive loner)'라 불리는 개인적인 공헌자가 되기를 더 좋아한다.

이러한 성공을 향한 높은 갈망의 기저에는 실패의 두려움과 높은 기준을 달성하지 못했을 때 느끼게 될 부끄러움과 죄책감이 동시에 존재한다. "당신은 실수를 하지 말아야 합니다."고 한 사람이 말한다. "나는 실수하는 것을 싫어합니다. 우리들 중 다수는 그 사실을 인정하든 하지 않든간에 실패를 두려워합니다."

컨설턴트들이 그들의 인생에서 성공을 경험하는 정도에 따라, 그들은 실패에 대해 걱정하지 않거나 부끄러움과 죄책감을 느끼지 않을 수도 있다. 그러나 컨설턴트들은 이러한 감정을 다루는 기술이나 실패를 견디는 기술을 개발하지 못했다. 컨설턴트들은 실패에 대한 두려움뿐만 아니라 실패를 두려워하는 그 자체를 두려워하였다.

컨설턴트들은 이 현상을 설명하기 위해서 두 가지 은유를 사용한다. 그들은 '파멸의 악순환(doom loop)'과 '파멸의 확대(doom zoom)'를 이야기한다. 종종 컨설턴트들은 프로젝트 팀에서 일을 잘할 것이다. 그러나 컨설턴트들이 일을 완벽하게 하지 않거나 팀장으로부터 칭찬을 받지 못하게 되면 그들은 절망이라는 파멸의 악순환으로 들어간다. 그리고 그들은 파멸의 악순환을 벗어나지 못하고, 그것을 확대한다.

결과적으로, 많은 전문가들은 극단적으로 '부서지기 쉬운' 성격을 가지게 된다. 전문가들은 대처하지 못할 상황에 갑자기 직면하게 되면, 보통 쓰러지게 된다. 전문가들은 고객 앞에서 자신의 고민을 은폐한다. 그들은 동료들과 끊임없이 고민을 이야기한다. 흥미롭게도, 일반적으로 이런 대화는 고객을 헐뜯는 형태로 이루어진다.

이런 취약성으로 인해 그들은 원하는 수준의 성과를 달성하지 못할 때 지나치게 의기소침해 하거나 절망한다. 이런 절망감은 심리적으로 파괴적인 성향을 초래하는 것은 아니지만, 방어적 사고와 결합될 때에는 학습을 저해하게 된다.

이러한 취약함이 조직에 해를 주는 대표적인 예로 성과평가를 들 수 있다. 전문가가 표준화된 기준에 따라 자신의 행동을 평가해야만 할 때, 성과평가는 전문가들을 파멸의 악순환 속으로 밀어 넣는다. 더구나, 만약 평가가 불충분하게 이루어지면, 그것은 그에 관련된 개인 차원에서 끝나는 것이 아니라, 조직 전반에 방어적인 사고를 확산시킬 수도 있다.

한 컨설팅 회사에서, 경영진이 보다 객관적이며 피평가자에게 유용한 새로운 평가 제도를 만들었다. 컨설턴트들은 새로운 제도의 설계에 참여하였고, 자신들이 주장하던 가치인 객관성과 공정성에 부합하였으므로 이 제도에 찬성하였다. 그러나 신제도를 실행한 지 2년이 지나자, 그 제도는 불만의 표적이 되어 버렸다. 이렇게 태도가 돌변한 이유는 평가 결과가 불만족스러웠기 때문이었다.

고위 경영자는 성과가 평균 이하라고 판단되는 컨설턴트 여섯 명을 선별하였다. 새로운 평가 과정을 실행하면서, 그들은 그 여섯 명에게 고위 경영진의 관심사를 충분히 전달하고 성과개선에 도움을 주었다.

경영자는 컨설턴트와 개인적으로 만나서 평가 이면에 있는 이유를 설명해 달라고 요청하기도 하고 성과를 개선하기 위해서 무엇이 필요한지에 대해 토론하기도 하였다. 그러나 별 소용이 없었다. 성과는 계속 낮은 상태였고 결국 그 여섯 명은 회사를 떠나게 되었다.

이 실망스러운 결과가 알려지면서, 사람들은 혼란과 걱정에 빠졌다. 몇 명의 컨설턴트가 경영진에게 강력하게 항의한 후에, 최고경영자는 직원들이 자신들의 주장을 전달하기 위한 회의를 개최하였다.

그 회의에서 전문가들은 다양한 주장을 하였다. 어떤 사람은 평가가 주관적이고 편향되었으며 최저 성과기준이 불명확하기 때문에 성과평가제도는 불공정하다고 주장하였다. 다른 사람은 해고의 진짜 이유는 경제적인 것이며, 성과평가 과정은 회사가 곤경에 빠진 사실을 숨기기 위한 위장 술책이라고 의심하였다. 또 다른 사람은 평가 과정이 반학습적이라고 주장하였다. 만약 회사가 진정한 학습조직이었다면, 최저 기준 이하의 성과를 거둔 사람들에게 개선할 수 있는 방법을 가르쳐야 했다고 말했다. 한 전문가는 말했다. "회사는 승진하지 못하면 회사를 떠나야 하는 정책은 실행하지 않겠다고 공언해 왔습니다. 그러한 정책은 학습과 배치되는 것입니다. 회사는 우리를 오도하였습니다."

 최고경영자는 경영진의 결정을 뒷받침하는 사실을 예로 들고 이 사실과 맞지 않는 어떤 근거가 있는지를 적시하라고 요청하면서 경영진의 결정에 대한 논리를 설명하려고 노력했다.

- 평가 과정에 주관성과 편향이 있습니까?

 "그것은 사실입니다. 그러나 우리는 이를 최소화하려고 노력중입니다. 우리는 지속적으로 제도를 개선하려고 노력하고 있습니다. 좋은 아이디어가 있으면, 우리에게 말해 주십시오. 불공정하게 처우받는 사람을 알고 있다면, 우리에게 알려 주십시오. 자신이 불공정하게 대우받고 있다고 느끼면 지금이나 나중에라도 개인적으로 이야기해 봅시다"고 최고경영자는 말했다.

- '최소의 능력'에 대한 기준이 너무 모호하지 않습니까?

 "우리는 최소의 능력에 대한 기준을 좀더 명확하게 정의하려고 합니다. 그러나 앞의 여섯 명의 경우, 성과가 너무 낮아 비교적 쉽게 결정을 내릴 수 있었습니다"라고 경영자는 말했다. 여섯 명 중 네 명은 그들의 문제에 대해 적절한 피드백을 받았다. 피드백을 받지 못한 나머지 두 명의 경우, 그만한 책임을 다하지 못했다. 실은 적극적으로 책임을 회피했다. "이에 반대되는 증거가 있다면, 이야기해 주십시오"라고 최고경영자가 말했다.

• 여섯 명은 개인의 성과가 낮아서라기보다는 회사의 경제적인 이유 때문에 퇴사당한 것 아닙니까?

"아닙니다. 우리는 우리가 처리할 수 있는 것보다 더 많은 일감을 가지고 있습니다. 전문가들을 내보내는 것은 우리에게 비용이 됩니다. 이에 반대되는 정보를 가진 사람이 있습니까?"

• 이 회사는 반학습적이지 않습니까?

이 회사의 전체적인 평가 과정은 오히려 학습을 격려하도록 설계되어 있었다. "전문가가 최저 수준 이하로 성과를 내면, 우리는 공동으로 각 개인의 부족한 점을 보완할 수 있도록 노력합니다. 그리고 나서 개선의 가능성이 있는지 확인합니다. 이 경우에는 담당 직원이 그런 과제를 맡기를 거부하거나 실패를 반복했습니다. 다시 한번 여러분들이 이에 반대되는 정보나 근거를 가지고 있다면, 나에게 말해 주세요"라고 경영자가 말했다.

최고경영자는 다음과 같이 결론지었다. '6명이 퇴사한 것은 애석한 일입니다. 그러나 때때로 우리는 실수를 해서 사람을 잘못 고용하기도 합니다. 생산적이지 못하고 반복적으로 성과를 개선할 수 없다면 그를 해고하는 것 말고 달리 무슨 방법이 있겠습니까? 성과가 낮은 사람을 회사에 계속 근무하게 하는 것은 공정한 일이 아닙니다. 그들은 금전적인 보상을 불공정하게 가져가는 셈입니다."

전문가들은 자신의 주장을 뒷받침하는 명확한 근거도 없었으며, 자신의 주장과는 상반되는 불만만 늘어놓았다. 그러나 그들의 주장을 뒷받침하지는 못했다. 그들은 진정하게 공정한 평가 과정은 명확하고 문서화된 성과자료를 보유하고 있다고 말했다. 그러나 그들은 해고된 여섯 사람의 평가가 불공정했다는 직접적인 증거를 제시하지는 못했다. 그들은 실질적인 성과와 연관되지 않은 추론에 의해 평가받아서는 안된다고 주장했다. 그러나 그들은 바로 이 방식으로 경영진을 평가했다.

전문가들은 경영진이 명확하고, 객관적이며 명료한 성과기준을 정의해야 한다고 주장했다. 그러나 전문가들은 전문가들의 성과는 정확하게 측정하기가 힘들다고 주장했다. 마침내, 전문가들은 자신들이 학습의 대가(大家)라고 주장하였다. 그러나 전문가들은 개인의 학습능력을 평가하는 구체적인 기준은 제시하지 못했다.

결론적으로, 전문가들은 자신을 평가할 때와 경영자를 평가할 때 상이한 기준을 적용하고 있었다. 그 회의에서 전문가들은 자신이 옳지 않다고 주장해 오던 평가특성을 다수 사용하였다. 예를 들면, 구체적인 자료의 뒷받침 없이 같은 주장을 되풀이하는 것이나, "동전의 앞면이 나오면 우리가 이기는 것이고, 뒷면이면 당신이 지는 것이다"라는 식의 억지 논리를 폈다. 이는 결국 "여기에 공정한 성과평가 제도의 특성이 있습니다. 여러분은 이를 따라야 합니다. 그러나 우리가 여러분을 평가할 때에는 이를 따르지 않아도 됩니다"라고 말하는 것과 같다.

이와 같은 전문가들의 행태 이면에는 다음과 같은 부정적 사고방식이 있다.

① 회사를 비판할 때, 당신이 타당하다고 생각하는 기준으로 비판하되, 그 기준이 옳고 그름을 상대가 평가하지 못하도록 교묘하게 한다.
② 비판을 좀더 자세히 설명해 보라고 요구받을 경우에는, 그 비판이 타당성이 없다고 판단할 수 있는 자료를 숨겨야 한다
③ 당신의 결론이 가지고 있는 논리적인 모순을 잘 감추어야 하며, 만약에 상대가 이 허구성을 지적하면 무조건 부인해야 한다

물론, 이런 규칙들을 전문가에게 설명한다면, 그들은 그 규칙들이 잘못된 것이라고 할 것이다. 이 규칙들이 자신의 행동을 설명한다는 것은 받아들일 수 없기 때문이다. 그러나 앞서 제시된 토론에서도 전문가들은 위와 같은 모순된 논리를 사용했다.

생산적인 사고방식을 학습하는 방법

만약 방어적 사고방식이 일반화되었다면, 개인의 태도와 몰입에 초점을 맞춘 혁신은 진정한 변화를 이끌어내지 못한다. 앞의 예에서 보듯이, 새로운 조직구조나 경영체제를 창조하는 것은 불가능한 것이다. 문제는 사람들이 진정으로 자신들의 성과를 개선하고

자 노력하고 경영진이 '올바른' 행동을 격려하기 위해 구조를 바꾸려할 때조차 사람들은 여전히 방어적 사고에 갇혀 있다는 사실이다. 그들은 이 사실을 알지 못하거나, 안다고 해도 다른 사람의 탓으로 돌린다.

그러나 어떤 조직이건 이런 악순환을 깨뜨릴 수 있다. 방어적 사고가 강하기는 하지만, 사람들은 진정으로 자신이 의도한 바를 만들어 내려고 노력하기 때문이다. 그들은 유능하게 행동하는 것에 가치를 둔다. 사람들은 자신에 대한 자부심이 있어서 일관성 있게 행동하고 효과적으로 성과를 올리고 싶어한다. 이런 보편적인 인간의 성향을 충분히 활용하면 직원들의 사고방식을 혁신적으로 개선하는 것이 얼마든지 가능하다. 사실상, 그들의 머리 속에 있는 행동기준을 바꿈으로써 행동양식을 재구축할 수 있다.

사람들은 자신의 행태를 보고 그 이면에 있는 사고방식을 확인하는 방법을 배운다. 그들은 자신이 주장하는 행동 이론과 실제 행동이 일치하지 않으며 무의식적으로 행동을 구상하고 실행한다는 사실을 알 수 있다. 마침내 사람들은 개인과 집단이 조직적인 방어를 어떻게 하는지, 그리고 이러한 방어적 행동이 어떻게 조직의 문제를 야기하는지를 학습할 수 있게 된다.

이러한 학습 과정을 시작해 보면, 조직적인 방어 행동을 감소시키고 극복하는 데 필요한 사고방식이 전략, 재무, 마케팅, 생산 등 경영 부문에서 생산적인 아이디어를 도출하는 것처럼 '힘든 사고 과정'라는 사실을 발견하게 될 것이다. 예를 들면, 정교한 전략

분석은 타당한 자료를 수집하고, 주의깊게 분석하며, 그 자료로부터 나온 추론을 지속적으로 검증한다. 무엇보다 결론을 검증할 때가 가장 까다롭다. 그래서 훌륭한 전략가들은 자신의 결론이 모든 종류의 비판적 질문에 견딜 수 있다고 확신한다.

인간 행동에 관한 추론도 생산적으로 이루어지려면 역시 어렵다. 분석 수준이 또한 높아야 한다. 인적자원 프로그램은 더 이상 안이한 사고에 의존하는 것이 아니라, 다른 분야의 경영학처럼 자료를 바탕으로 하고 분석적이어야 한다.

물론, 이것은 컨설턴트들이 자신을 당황하게 하고 위협하는 문제에 직면하였을 때, 사용하는 종류의 사고는 아니다. 그들이 수집한 자료는 객관적이지 않으며 그들의 추론은 명시적이지도 않다. 그들의 결론은 대개 자기 만족적이며 타인이 검증하기에 곤란하며, 결과적으로 변화하기 어려운 '자기폐쇄적'인 성향을 가진다.

어떻게 하면 조직이 이 상황을 전환시켜 조직 구성원이 생산적으로 사고하도록 가르칠 수 있을까? 첫번째 단계는 최고경영자들이 자신이 사용하는 행동 이론을 비판적으로 검토하고 바꾸는 것이다. 고위 경영자가 스스로 방어적으로 사고하여 생산적이지 못한 결과를 초래한다는 사실을 인식하기 전까지는 진정한 발전이 이루어지기 어려우며, 어떠한 변화 활동도 단순한 일과성 유행에 그치게 된다.

변화는 위에서부터 시작되어야 한다. 왜냐하면 방어적인 고위 경영자는 아래로부터 올라오는 어떠한 변화도 무시해 버리는 사고패턴을 보이기 때문이다. 만약 전문가들이나 중간 관리자들이 자신의 사고와 행동방식을 바꾸기 시작하면, 그런 변화는 고위 경영자에게는 이상하게 보일 것이다. 그 결과 고위 경영자는 여전히 부하들이 어려운 문제를 회피하거나 은폐하기 위해 고심하고 있다고 믿는 반면, 부하들은 경영자의 그런 행동을 방어적인 행동으로 보게 되는 불안정한 상태가 된다.

고위 경영자에게 생산적으로 사고하는 방법을 가르치기 위한 핵심적인 교육은 교육 프로그램을 실제 사업 문제와 연결하는 것이다. 생산적 사고의 유용성을 바쁜 경영자에게 가장 잘 보여주는 것은 자신과 조직의 성과를 획기적으로 개선할 수 있는 방법을 가르치는 것이다. 이는 하룻밤 사이에 할 수 있는 성질의 것은 아니다. 경영자들에게 새로운 기술을 실행하기 전에 충분한 검토 기회를 주어야 한다. 그러나 생산적 사고가 성과개선으로 이어진다는 확신을 가지게 되면, 경영자들은 이를 연습 정도로 끝내지 않고 실무에 적용한다.

이 과정을 시작할 수 있도록 필자가 사용한 접근 방법은 참가자들로 하여금 기본적인 사례연구를 하게 하는 것이다. 주제는 경영자가 다루기 꺼려하거나 과거에 실패한 실제의 사업 문제로 하였다. 실제 사례를 작성하는 데는 한 시간이 채 걸리지 않았다. 그러나 그 사례는 광범한 분석의 핵심 포인트가 되었다.

예를 들면, 조직개발을 주로 하는 대형 컨설팅 회사의 최고경영자는 4개의 보고서로 제출된 다양한 사업부문간의 격심한 경쟁 문제에 시달리고 있었다. 그는 자신 앞에 닥친 문제에 지쳤을 뿐만 아니라 조직의 유연성을 저해하는 부문간의 갈등을 우려하였다. 그는 매년 이런 이견을 해소하는 데 사용하는 수십만 달러의 비용을 생각했다. 싸움이 심해질수록, 사람들은 점점 더 방어적이 되었고 조직의 비용은 증가하였다.

최고경영자는 문제점을 적시한 보고서를 다루기 위한 회의 내용을 종이 위에 기술하였다. 그는 종이를 반으로 나누어 오른쪽에는 영화나 연극 대본처럼 자신이 무슨 말을 할 것이며 부하들이 어떤 반응을 보일 것인지 회의의 시나리오를 적었다. 종이 왼쪽에는 회의하는 동안 자신이 느끼게 될 생각과 느낌을 적었다. 그러나 그는 부하들이 회의를 방해할지도 모른다는 두려움을 표현하지는 못했다.

최고경영자는 회의를 개최하는 대신, 이 시나리오를 문제를 제기한 보고서와 함께 분석하였다. 이 사례는 최고경영자가 경영진과 함께 자신의 행동방식에 관해 스스로 배울 수 있는 토론의 촉매제가 되었다.

그는 그 문제의 보고서가 종종 자신의 말을 의도와는 반대로 해석하고 있다는 사실을 발견하였다. '외교적' 수사를 통하여, 그는 문제에 대해 합의가 이루어진 체하였으나 사실 합의는 이루어지지 않았다. 그러자 의도하지 않은 결과가 초래되었다. 부하들은 확신을 가지기는커녕, '경영자의 저의가 무엇인지'를 알려고 신중하게 되었다.

최고경영자는 각 부문 책임자간의 경쟁을 다루는 방식이 완전히 모순적임을 깨달았다. 즉, 그는 한편으로는 '전체로서 조직을 생각하라'고 강조하면서 다른 한편으로는, 각 부문의 예산감축 등과 같이 경쟁적인 환경을 조성하였던 것이다.

마침내, 최고경영자는 자신이 정리한 암묵적인 평가와 원인 파악이 잘못되었음을 알게 되었다. 그가 이러한 가정을 표현한 적이 없었기 때문에, 그는 무엇이 잘못되었는지를 알지 못했던 것이다. 더 나아가, 그는 자신이 생각하는 것 이상으로 부하들은 경영자가 무언가를 숨기고 있다고 생각한다는 사실을 깨달았다.

고위 경영자들도 또한 자신의 효과적이지 못한 행동에 대해 배우게 되었다. 그들은 최고경영자의 사례연구 분석을 옆에서 거들면서 스스로의 행동을 검토하는 것을 배웠다. 또한 스스로의 사례를 작성하고 분석하면서 학습하였다. 그들은 실질적인 문제들을 우회하거나 덮어두려고 했었다는 점과 또한 이런 점을 최고경영자가 알면서도 말하지 않았다는 사실을 깨닫게 되었다. 그들 역시 비록 표현하지는 않았지만 원인 분석과 평가를 틀리게 하고 있었다. 더구나, 다른 사람들을 당황하지 않게 하려면 최고경영자로부터 받은 생각과 느낌을 숨겨야 한다는 잘못된 믿음을 가지고 있었다. 사례에 관해 토론하는 과정에서, 전체 고위 경영자 팀은 언제나 토론 불가능하였던 이런 문제들에 대해 토의할 수 있었다.

사실, 사례연구를 통해서 전에는 토론할 수 없었던 문제에 대해 이야기할 수 있다. 그런 토론은 감정적일 수도 있고 심지어는 고

통스러울 수도 있다. 그러나 이를 지속적으로 견디는 용기를 가진 경영자는 큰 보상을 받게 된다. 경영자 팀과 전 조직은 더 공개적이고 효과적이며 유연하게 행동하고 특정한 상황에 적응할 수 있는 기회를 가지게 된다.

고위 경영자가 새로운 사고기술로 교육을 받는 것은 다른 종업원들이 여전히 방어적인 사고를 가지고 있더라도 전 조직의 성과에 큰 영향을 미치게 된다. 성과평가 과정에 관한 회의를 주재한 최고경영자는 전문가들의 비판에 그들과 같은 방식으로 대응하지 않고 적절한 자료를 명확하게 제시하여 불만을 진정시킬 수 있었다. 사실, 대부분의 참가자들은 최고경영자의 행동을 회사가 스스로 지지한 종업원의 참가와 몰입이라는 가치를 추구한다는 신호로 여겼다.

물론, 이상적인 형태는 조직의 전 구성원이 생산적으로 사고하는 법을 학습하는 것이다. 이는 프로젝트 팀 회의가 열렸던 회사에서 일어났다. 컨설턴트와 관리자들은 이제 컨설턴트와 고객 관계의 어려운 문제에 어느 정도 대처할 수 있게 되었다. 생산적인 사고를 제대로 파악하기 위해서 모든 사람이 효과적으로 사고했더라면, 팀장과 프로젝트 팀간의 원래의 대화가 어떻게 진행되었을 것인지 상상해 보아라(다음 대화는 훈련이 이루어진 후 동일한 회사의 다른 프로젝트 팀에서 나의 참여하에 가진 회의의 내용에 근거하고 있다).

첫째, 컨설턴트는 컨설팅 프로젝트를 둘러싼 난제에서 자신의 역할을 기꺼이 검토함으로써 지속적인 개선을 향한 자신의 책임감을 나타내었다. 경영자와 고객들이 문제의 한 부분임을 확인하고, 그들과 마찬가지로 자신들도 문제에 일정 부분 책임이 있음을 인정하였다. 더 중요한 점은, 그들은 고객, 경영자, 전문가들의 다양한 역할을 점검하고, 자료에 반하는 평가와 원인을 확실하게 검증하는 데 경영자와 합의하였다는 사실이다. 각 개인은 다른 사람들이 자신의 사고에 질문해 줄 것을 요구했다. 사실, 그들은 모든 사람들이 의문을 제기하는 행동이 불신이나 사생활의 침해가 아니라 가치 있는 학습의 기회임을 이해하였다.

팀장이 좀처럼 '아니오'라고 대답하지 못하는 점에 대한 토론은 다음과 같은 것일지도 모른다.

전문가 1: 내가 생각하기에 팀장님이 이 사례를 다루는 방식의 가장 큰 문제는 고객이나 상사가 부당한 요구를 해올 때 '아니오'라고 말하지 못한다는 사실입니다(예를 든다).

전문가 2: 나는 또 다른 예를 하나 추가하겠습니다(두번째 예를 설명한다). 우리가 실질적으로 이 문제에 대해서 우리의 생각을 팀장인 당신에게 말하지 못했다는 점을 지적하고 싶습니다. 등 뒤에서 우리는 당신을 나쁘게 말했습니다. 당신도 알다시피 그는 정말로 겁쟁이야라는 식이었습니다. 그러나 우리는 직접 맞대고 말하지 못했습니다.

팀　　장: 여러분이 무언가 이야기해 주었다면 도움이 되었으리라는 점은 확실합니다. 여러분이 이 사실을 나에게 말하지 않는 것이 더 좋다고 내가 여러분들께 말하거나 행동으로 보인 적이 있었습니까?
전문가 3: 그런 적은 없습니다. 우리를 투덜거리는 사람으로 여기게 되지 않기를 바랐습니다.
팀　　장: 음, 나는 확실히 여러분이 투덜거린다고 생각하지 않습니다. 하지만, 다음과 같은 두 가지 생각을 해봅니다. 만약 내가 여러분의 의견을 정확하게 이해했다면, 여러분의 불만은 나 자신과 '아니오' 라고 하지 못하는 나의 무능력에 대한 불평을 포괄하는 것이라고 생각합니다. 두번째, 만약 우리가 이 문제를 미리 논의했더라면, 나는 '아니오' 라고 말하는 데 필요한 자료를 확보할 수 있었을 것입니다.

두번째 전문가가 불평을 숨기는 방법을 설명했을 때, 팀장은 그를 비판하지 않은 사실에 주목해야 한다. 오히려 팀장은 그 전문가가 공개적이라고 칭찬하고 같은 방식으로 대답했다. 경영자는 그 문제의 은폐에 자신도 일정한 역할을 하였음을 인정하는 방식을 취하였다. 문제에 관한 자신의 역할을 방어적이지 않게 성찰하고 전문가들이 스스로 불평분자로 여겨질까 두려워하는 마음을 이야기하도록 하였다. 팀장은 전문가들이 불평분자가 될 수 없다는 사실에 합의하였다. 동시에, 팀장은 불평을 덮어두는 것이 얼마나 비생산적인가 하는 점을 지적하였다.

프로젝트 팀 회의에서 해결되지 않은 또 다른 문제는 거만한 고객과 관련된 문제이다. 좀더 생산적인 대화는 다음과 같을 것이다.

팀   장: 여러분들은 고객이 거만하고 비협조적이라고 말했습니다. 고객들이 실제로 어떻게 말하고 행동하였습니까?

전문가 1: 한 고객은 나에게 월급의 값어치를 하느냐고 물었습니다. 다른 고객은 학교를 졸업한 지 얼마나 되었느냐고 물었습니다.

전문가 2: 나이가 몇이냐고 물었습니다.

전문가 3: 그것은 아무 것도 아닙니다. 우리더러 고객을 상대로 인터뷰한 결과를 잘 포장하여 보고서를 작성해 놓고서는 수수료만 챙긴다고 말했습니다.

팀   장: 우리가 너무 어려 보인다는 사실이 많은 고객들에게는 진짜 문제입니다. 그들은 이 사실에 대해 우려를 표시합니다. 그러나 나는 우리가 방어적이 되지 않고 고객들이 자신의 의견을 자유롭게 이야기할 수 있도록 하는 방법이 없나 하고 궁리를 합니다.

나를 곤란하게 만드는 점은 당신들이 고객들을 '무지하다'고 하면서 자신들은 항상 옳다고 가정한다는 사실입니다. 우리는 고객을 나쁘게 말함으로써 우리 자신을 방어하는 경향이 있다는 사실을 알게 되었습니다.

전문가 1: 맞습니다. 결국, 고객이 정말 무지하다면, 그것은 우리의 잘못이 아닙니다.

전문가 2: 물론, 그런 자세는 반학습적이고 지나치게 방어적입니다. 하지만 고객들이 학습할 수 없다고 가정함으로써 우리는 우리가 해야 할 일을 회피하고 있습니다.

전문가 3: 그리고 더 나아가 우리는 험담을 하면 할수록, 각자의 방어적 사고를 더 강화하게 됩니다.

팀   장: 자, 그렇다면 대안이 무엇입니까? 우리는 어떻게 하면 고

객으로 하여금 의사를 적극적으로 표현하게 만들어서, 거기에 필요한 생산적 해결 방안을 도출할 수 있겠습니까?

전문가 1: 우리는 진짜 문제가 우리의 나이가 아님을 알고 있습니다. 고객의 조직에 가치를 부가할 수 있느냐의 문제입니다. 고객들은 우리가 산출하는 결과를 가지고 우리를 평가합니다. 우리가 가치를 부가하지 못하면, 그들은 우리를 버릴 것입니다. 우리의 나이는 문제가 아닙니다.

팀   장: 아마도 그 점이 바로 우리가 고객에게 말해야만 하는 사실입니다.

앞의 두 예에서 전문가와 경영자는 실질적인 일을 하고 있다. 그들은 그들 자신의 집단 역학에 관해 학습하고 고객과 컨설턴트 간의 관계에서 일어나는 특유한 문제를 표현하고 있다. 그들이 얻은 교훈을 통해서 그들은 미래에 개인적으로나 팀원으로서 좀더 효과적으로 행동할 수 있을 것이다. 그들은 단순히 문제를 해결하는 것이 아니라 조직 구성원으로서의 자신의 역할을 좀더 심층적이고 짜임새 있게 개발하고 있다. 그들은 진실로 지속적인 개선의 기초 작업을 하고 있는 것이다. 그들은 학습하는 법을 배우고 있는 중이다.

Harvard Business Review, May-June 1991.

5장
창조적 마찰이 혁신의 동인

도로시 레너드(Dorothy Leonard), 수잔 스트라우스(Susaan Straus)

"혁신하라 그렇지 않으면 나오한다." 이는 오늘날의 모든 기업에 적용되는 지상 명령이다. 그러나 혁신이란 서로 다른 아이디어와 인식, 정보처리 및 판단 방식들이 맞부딪치면서 이루어지는 것이기 때문에, 혁신을 달성하는 것은 매우 어려운 일이다.

혁신을 하기 위해서는 서로 다른 방식으로 세상을 보는 다양한 사람들간의 협력이 필요한데, 자칫 서로 다른 아이디어들 간의 갈등이 건설적이지 못하고 비생산적으로 발생하는 경우가 많다. 논쟁에 사사로운 감정이 개입되면 창조적 과정은 파괴된다.

혁신을 추진할 때 성공적인 관리자는 '창조적 마찰(creative abrasion)'이라고 부르는 생산적인 과정을 통해 서로 다른 접근 방식들을 어떻게 부딪치게 할 것인가를 궁리해낸다. 우리들은 창조적 마찰을 자신의 조직에 유리하게 만드는 방법을 알고 있는 관리자들의 활동을 다년간 관찰해 왔다. 이러한 관리자들은 사람의 사고방식이 매우 다양하다는 점을 이해하고 있다. 즉, 사람에 따라 분석적이거나 직관적이고, 관념적이거나 경험주의적이며, 사교적이거나 독자적이기도 하고, 논리적이거나 가치지향적이라는 것이다.

이들은 마이어즈-브리그스 유형지표(MBTI: The Myers-Briggs Type Indicator)나 허만 두뇌우성측정도구(HBDI: The Hermann Brain Dominance Instrument)와 같은 인성 측정도구를 사용함으로써 종업원들의 사고방식을 파악하고, 행동을 개선하는 데 활용하고 있다. 이러한 도구들이 제시하는 통찰력을 살려 새로운 사고방식을 창조하고, 혁신 추진이 성과를 거둘 수 있도록 새로운 행동을 권장하는 것이다.

또한 이들은 자기 조직에 다양한 접근 방식과 시각을 의도적으로 반영시키며, 사람들에게 다른 사람의 사고방식을 존중하지 않으면 안된다는 점을 인식시킨다. 그래서 창조적 마찰의 훈련에 필요한 협력적인 업무 수행에 관한 기본 규칙을 설정한다.

무엇보다도 자신의 조직에서 혁신을 촉진하고자 하는 관리자는 자신의 행동이 창조적 마찰을 조장하는지 아니면 저해하는지의 여부를 검토해야 한다.

따라서 관리자들은 먼저 자기 자신의 사고방식이 어떠한 유형인지를 규명함으로써 종업원을 창의적으로 이끌 수 있는 리더십 유형을 형성하도록 힘써야 한다. 그런 다음 종업원 각각의 특정한 사고방식에 맞는 커뮤니케이션을 통해 상대방을 이해시키며, 다양한 사고방식을 갖고 있는 사람들을 혁신 과정에 참여시켜 자신의 의견을 개진하도록 해야 한다. 그럼으로써 서로 다른 사고방식의 교차에 의해 조성되는 에너지를 혁신 추진으로 전환할 수 있는 것이다.

창조적 마찰을 존중하라

"혁신하라 그렇지 않으면 낙오한다." 이는 오늘날의 모든 기업 경쟁에 적용되는 지상 명령이다. 그러나 혁신(innovation)이란 서로 다른 아이디어와 인식, 정보처리 및 판단 방식들이 충돌하면서 이루어지는 것이기 때문에, 혁신을 달성하는 것은 매우 어려운 일이다.

혁신을 하기 위해서는 서로 다른 방식으로 세상을 보는 다양한 사람들 간의 협력이 필요한데, 자칫 서로 다른 아이디어들간의 갈등이 건설적이지 못하고, 본질적으로 서로를 이해하지 못하는 사람들 간에 비생산적으로 발생하는 경우가 많다. 논쟁에 사사로운 감정이 개입되면 창조적 과정은 파괴된다.

일반적으로 이같은 현상에 대해 관리자들은 두 가지 반응을 나타낸다. 갈등을 싫어하거나 자기 자신의 방식만을 고집하는 관리자들은 아이디어의 충돌을 적극적으로 회피한다. 그래서 특정 유형의 사람들, 곧 자신과 비슷한 유형의 사람들을 고용한다. 이러한 사람들이 이끌어 나가는 조직은 '편안한 복제인간 증후군(comfortable clone syndrome)'에 걸리게 된다. 그것은 함께 일하는 사람들 모두가 관심거리가 비슷하고, 동일한 훈련을 받아서 생각하는 것도 같은 경우를 가리키는 말이다.

모든 아이디어가 동일한 인지 과정을 통과해야 하기 때문에 친숙한 아이디어들만이 살아남게 된다. 예를 들어 신사업 개발팀이 전적으로 같은 훈련과 같은 경험을 쌓은 사람들로만 구성된다면, 모든 아이디어에 대한 평가가 천편일률적인 가정과 분석도구로 이루어질 것이다. 이런 팀은 혁신하기 위해 노력을 해도 허사가 되기 일쑤다.

반면 다양한 사고방식을 갖고 있는 종업원들을 소중히 여기는 관리자들은 그 종업원들의 관리방법을 터득하는 데 종종 어려움을 겪는다. 그들은 다양한 사람들을 한방에 가둬 놓기만 하면 반드시 문제해결을 위한 창의적인 방법이 나오게 마련이라고 생각한다. 그들은 사고방식이 다른 사람들 사이에서는 상호이해와 존경이 이루어지기 어려우며, 그와 같은 차이는 사사로운 감정대립을 조장할 수 있다는 사실을 우습게 생각한다.

사소한 것에 신경을 많이 쓰는 사람들은 비전 따위는 우습게 여기고, 관념적인 사람들은 마냥 분석에 집착하는 사실을 개탄하며, 개인주의자들은 팀 활동이 요구하는 사항을 처리하는 것이 전적으로 시간낭비라고 생각한다. 이런 다양한 사고방식의 사람들이 함께 일할 수 있도록 하기 위해서는 어떠한 형태로든 지원이 있어야 한다.

혁신을 추진할 때 성공적인 관리자는 '창조적 마찰(creative abrasion)'이라고 하는 생산적인 과정을 통해 서로 다른 접근 방식들을 어떻게 조화시킬 것인지를 궁리해 낸다. 이러한 관리자는 사람에 따라 분석적이거나 직관적이고, 관념적이거나 경험주의적이며, 사교적이거나 독자적이기도 하고, 논리적이거나 가치지향적인 것과 같이 사고방식이 다를 수 있다는 것을 이해한다. 이를 이해하는 관리자는 조직이 하나의 팀이건, 작업 집단이건 또는 회사 전체이건간에 거기에 다양한 접근 방식과 시각 모두를 의도적으로 반영시키며, 사람들에게 다른 사람의 사고방식을 존중해야 한다는 점을 인식시킨다. 그래서 창조적 마찰의 훈련에 필요한 업무 협조의 기본 규칙을 설정한다. 무엇보다도 조직을 혁신하고자 하는 관리자는 자신의 행동이 창조적 마찰을 조장하는지 아니면 저해하는지의 여부부터 검토해야 한다.

우리는 그동안 여러 조직에서 창조적 마찰을 자신의 조직에 유리하게 만드는 관리자들의 활동을 관찰했다. 그러한 관리자들은 새로운 아이디어와 제품을 창조하기 위해, 서로 상충되는 방식으로 사고하고 행동하는 다양한 사람들을 함께 어울리도록 적극적으로 관리한다.

사람은 어떻게 사고하는가

우리가 '인지적 차이(cognitive differences)'라고 일컫는 것은 자료의 인식 및 이해, 의사결정, 문제해결, 그리고 다른 사람들과의 관계 형성에서의 다양한 접근 방식을 말한다. 이러한 접근 방식을 '선호도(preferences)'라 할 수 있으며, 기량이나 능력과는 다른 것이다. 예를 들어, 당신은 문제해결에 직관적인 접근 방법을 선호하더라도 실은 분석적으로 접근하도록 훈련받았을 수도 있다. 선호도는 경직된 것이 아니다. 대부분의 사람들은 여러 접근 방식을 혼합하여 사용하며, 편협한 인지 영역에 국한하여 살아가지는 않는다. 만일 조건이 양호하고 이해관계가 크게 얽혀 있는 경우라면, 사람들은 그들이 선호하는 활동양식 외의 다른 방식을 채택하기도 한다. 이렇게 볼 때 사람들은 모두가 그것이 좋건 나쁘건간에, 자기만의 의사결정 방식과 다른 사람들과의 상호관계에 영향을 미치는 한두 가지 방식만을 선호한다.

가장 널리 통용되고 있는 인지 분류법은 좌뇌적(left-brained) 사고와 우뇌적(right-brained) 사고간의 차이이다. 이 같은 분류는 생리학적으로 정확하다기보다는 은유적으로 의미하는 바가 크다. 일반적으로 좌뇌와 연관된 기능 모두가 뇌의 왼쪽에 있는 것은 아니며, 우뇌 기능이라는 것도 모두가 오른쪽에 있는 것은 아니다. 그럼에도 불구하고 이러한 단순한 분류가 극단적으로 다른 사고방식을 파악하는 데 유용하게 쓰인다. 문제의 설정 및 해결에 대한 분석적·논리적·순차적인 접근 방식(좌뇌적 사고)은 직관적·가치 지향적·비선형적인 접근 방식(우뇌적 사고)과는 분명히 다르다.

인지적 선호도는 일하는 방식과 의사결정 과정에서도 드러난다. '독자성'과 '협력'을 비교해 보자. 어떤 사람들은 남들과 어울려서 문제를 풀어가는 것을 선호하지만, 또 어떤 사람들은 독자적으로 정보를 수집해서 문제를 소화하고 처리하는 것을 선호한다. 각 유형의 사람들은 각기 다른 조건하에서 실력을 최대한으로 발휘할 수 있다. 감정과 사고(思考)를 비교해 보자. 어떤 사람들은 사실에 입각한 증거를 평가한 후 구조적·논리적인 과정을 통해 의사결정을 하는 반면에, 또 어떤 사람들은 자신의 가치관과 감정에 의존해 적절한 행동을 하려고 한다.

  이러한 경우는 많이 볼 수 있다. 일례로, 추상적으로 사고하는 사람들은 서적·보고서·비디오·대화와 같은 다양한 곳에서 정보를 획득한다. 그들은 몸소 체험하기보다는 무언가에 의해 배우는 것을 좋아한다. 이와 대조적으로 경험주의적인 사람들은 다른 사람이나 사물들과 직접 접촉함으로써 정보를 얻는다. 어떤 사람들은 사안의 성격과 관계없이 급히 결정짓는 것을 선호하는 반면에, 또 어떤 사람들은 제아무리 긴박한 경우일지라도 다양한 대안을 마련하려고 한다. 세부적인 것에 주력하는 사람이 있는 반면에, 거시적인 견지에서 자료가 엮어내는 관계와 형태에 주목하는 사람도 있다.

  일반적으로 사람들은 자신의 선호성향이 우대받는 직업을 선택하려고 한다. 그리고 그들의 실무 경험은 자신들이 선호하는 것들을 보완해 주며, 관련된 기량에 깊이를 더해 준다. 그렇기 때문에 회계사·기업가·사회사업가·예술가들간에 문제해결 방식이 다른 것이다. 예를 들어, 엔지니어의 경우 수치를 통해 사실을 파악한다. 그러나 직관적으로 행동하는 극작가에게 자료 수치들이 나열된 종이 한장을 제시한다면, 그것을 내동댕이칠 수도 있다. 물론 사람들의 전공 분야만을 가지고 그들이 어떤 방식으로 문제를 해결할 것인가를 판단한다는 것은, 성별이나 인종을 기준으로 그 사람을 판단하려는 것만큼이나 엉뚱한 결과를 빚을 수 있다. 어떤 직업에서건 거기에는 그 부문에서 주류를 이루는 접근 방식과 상반되는 사고방식을 가진 사람들이 항상 존재하기 때문이다.

관리자들이 부하 직원의 사고방식을 평가하는 최선의 방법은 기존에 잘 정립된 진단방식을 평가도구로 사용하는 것이다. 관리자가 제아무리 민감하고 관찰력이 뛰어나다고 할지라도 그의 감각보다는 제대로 검증된 평가도구가 더 객관적이고 더 완벽하다. 문제해결과 커뮤니케이션에 대한 인지적 접근 방식의 유형을 규명하기 위해 '인성(human personality)'에 관한 수많은 진단도구와 서술적 분석 방법들이 개발되어 왔다. 이러한 모든 평가도구들은 다음과 같은 기본적인 점에서 서로 일치한다.

- 개인의 선호도는 본질적으로 '이건 좋고, 저건 나쁘다'라고 판단할 수 있는 것이 아니다. 그것은 상황에 따라 장점이 되기도 하고 단점이 되기도 한다. 일례로 시끄러운 공개석상에서 생각을 정리하는 것을 선호하는 정치인이나 최고경영자들은 지키지도 못할 약속을 피력하기도 한다. 한편 행동에 앞서 차분히 생각하기를 선호하는 사람들은 위기상황에서는 부담스러운 존재가 될 수 있다.
- 사람들의 선호도는 어렸을 때 형성되며, 강도가 높은 것일 경우 세월이 흐르더라도 비교적 굳건하게 유지된다. 예를 들어, 확실함을 선호하는 사람이라면 애매모호한 것이나 역설(paradox)에는 좀

처럼 마음이 쏠리지 않을 것이다.
- 사람들은 자신들이 선호하는 유형을 벗어나 행동하고 사고하는 것을 배울 수도 있다. 그렇지만 그것은 오른손잡이가 왼손으로 글을 쓰는 것만큼이나 어려운 일이다.
- 다른 사람들이 선호하는 것을 이해하면 그들과의 커뮤니케이션과 협력에 도움이 된다.

관리자들은 마이어즈-브리그스 유형지표(MBTI: Myers-Briggs Type Indicator)나 허만 두뇌우성측정도구(HBDI: Herrmann Brain Dominance Instrument)와 같이 신뢰성 있는 도구를 사용함으로써 종업원들이 측정결과를 수용하고, 이를 그들의 사고방식과 행동을 개선하는 데 활용한다는 사실을 알 수 있다(177쪽 부록 1, 2 참조).

개성을 살리는 전뇌적(全腦的)팀

새롭게 이해해도 새로운 행동이 나오지 않는다면 모든 평가활동은 무의미한 것이다. MBTI나 HBDI 같은 도구들은 사람들이 자신과 다른 사람을 이해하는 데 도움을 준다. 관리자들의 당면 과제는 이러한 도구를 통해 얻을 수 있는 통찰력을 살려서 새로운 방식들을 창조하고, 혁신을 위한 노력이 성과를 거두는 데 도움이 될 새로운 행동을 이끌어내는 것이다.

자기 자신을 알라

먼저 자기 자신을 이해해야 한다. 자신의 유형(style)을 규명하고 나면, 자신의 선호도가 무의식중에 자신의 리더십 유형 및 커뮤니케이션 형태를 형성하는 데 어떠한 영향을 주는지를 알게 된다. 관리자는 자신의 유형이 종업원들로부터 이끌어내고자 하는 창의력을 억제하고 있다는 놀라운 사실을 깨닫게 될 수도 있다. 고도로 창의적인 조직의 관리자 두 사람이 경험했던 사례를 살펴보자.

두 사람 모두 부하직원들과 반목을 빚고 있었으나, 그 이유는 서로 달랐다. MTV네트워크의 부사장인 쇼(Jim Shaw)는 우뇌형 조직에 몸담고 있는 좌뇌형 인물이다. 그의 말을 들어보자.

나는 여기에 있는 우뇌형의 창의적인 몽상가들을 언제나 꿈꾸는 사람들로 여겨왔다. 그런데 내가 깨닫게 된 것은 몽상가가 비전을 제시하기만 하면 나는 "당신이 그걸 하려면 A를 해야 하고, 그 다음으로 B를 해야 하며, 그런 연후에 C를 해야 한다. 또한 당신을 도와줄 사람이 없고 업무도 연결되어 있지 않으니 D와 E도 하지 않으면 안된다"고 말하곤 했다는 사실이다. 나는 창의적인 사람에게 그런 말은 꿈을 버리라는 것과 같다는 사실을 알게 되었다. 내 입에서 그런 소리가 너무 쉽게 나오면 몽상가는 그것을 자신에 대한 공격으로 여기게 된다. 나는 해야 할 일을 처음부터 모두 제시해서는 안 된다는 사실을 알게 되었다. 나는 내 생각을 불쑥 입 밖에 낼 수 없었는데, 이는 내가 반대만을 일삼는 사람으로 비쳐질 수 있기 때문이었다. 나는 정보를 단계적으로 알려준다면, 창의적인 몽상가들에게 내가 원하는 것의 절반 정도는 전달할 수 있다는 것을 깨닫게 되었다.

닛산 디자인(Nissan Design)의 사장인 허시버그(Jerry Hershberg)는 위의 예와는 정반대의 문제에 부딪혔다. 허시버그는 그 자신이 개인적으로 혐오하는 구조를 오히려 간절히 바라고 있는 종업원들이 있다는 사실을 알게 되었다. 이 사실을 깨닫기 전에는 사원들에게 정보를 쏟아놓고 창의력이 발휘되기를 기대했다. 요컨대, 그는 자기 자신이 종업원일 경우 윗사람이 해 주었으면 하고 바라는 관리 방식으로 종업원들을 관리하고자 했다. 그런데 그의 지시가 있을 때마다 "좋습니다. 그러나……"라는 반응을 보이는 종업원이 있다는 것을 알게 되었다.

처음에 그는 그러한 반응을 혁신에 반대하는 것이라고 해석했다. 그러나 그는 일부 종업원들은 문제를 이해하고 제시된 아이디어들에 대해 논리적인 접근 방식을 구성하기 위해 더 많은 시간을 가지기를 원한다는 사실을 깨닫게 되었다. 시간을 좀더 준다면 그들은 프로젝트의 시행을 위해 알차고, 유용하고, 통찰력 있는 계획을 내놓았을 것이다.

아이러니컬하게도 종업원들이 주저했던 것은 그 아이디어를 반드시 성공시키겠다는 굳은 의지 때문이었다. 그들은 가능한 한 최선의 결과가 이루어지기를 바랐던 것이다. 허시버그는 그들의 기여가 그 자신이나 회사 내의 다른 우뇌형 인물들의 기여에 못지 않게 중요하다는 사실을 깨닫게 되었다.

쇼와 허시버그는 그들 자신의 인지적 선호도가 무의식중에 그들의 리더십 유형과 커뮤니케이션 형태를 형성하는 데 영향을 주고 있음을 깨닫게 되었다. 사실 그들의 무의식적인 반응은 그들이 종업원들로부터 이끌어 내고자 했던 창의성을 죽여 버리는 결과를 초래했던 것이다. 그리고 여기서 주목해야 할 것은 좌뇌적 관리자가 창의적인 몽상가의 유연한 접근 방식을 인정하는 것과 우뇌적인 관리자가 논리적인 사람들의 기여를 인정하는 것 모두 중요하다는 사실이다. 창의성은 어느 한쪽에서만 일방적으로 창출되는 것이 아니기 때문이다.

혁신적인 조직을 만들기 원한다면, 인지 선호도가 다른 사람들을 고용하고 함께 일하면서 승진시켜야 한다. 자신의 약점을 보완하는 한편, 자신의 강점을 최대한 활용하려면 자신의 선호 경향을 이해해야 한다. 자신과 선호 경향이 다른 사람들의 기여를 인정하는 데 가장 큰 장애 요인은 자신의 에고(ego)이다. 어려운 문제에 봉착했다고 생각해 보자. 누구에게 도움을 청할 것인가? 보통 나와 호흡이 맞거나 내가 의견을 존중하는 사람을 찾게 된다. 그러나 그러한 사람들은 마음을 진정시켜 줄지 몰라도 새로운 아이디어를 개발하는 데는 도움을 주지 못한다.

평소에 나와 상반되는 경향을 보였던 누군가에게, 좀처럼 내 아이디어나 견해를 인정해 주지 않는 누군가에게 문제를 제시했다고 생각해 보자. 그로부터 건설적인 피드백을 얻어내려면 용기와 요령이 필요할 수도 있겠고, 그 과정 자체가 불쾌할 수도 있다. 그러나 거기서 얻는 피드백이 해결책의 질을 향상시켜 줄 가능성이 크다. 게다가 그동안의 의견 차이가 사사로운 감정이 아니라 명백히 지성적인 것에 기인했다는 것을 서로 깨닫게 됨으로써 앞으로는 동료와 좀더 긴밀한 협력관계를 형성할 수 있다.

황금률[1]을 잊어버려라

남들이 나를 대해 주기를 바라는 것처럼 남을 대하려고 하지 마라. 효과적인 커뮤니케이션을 위해서는 발신자가 아니라 수신자에게 초점을 두어야 한다. 다양한 인지 환경하에서는 이쪽에서 보내는 메시지가 반드시 그대로 수신되는 것은 아니다. 어떤 사람들은 사실·수치·통계에 대해 긍정적인 반응을 보인다. 또 어떤 사람들은 이야기를 선호한다. 그런가 하면 도표로 제시되는 것을 가장 잘 이해하는 사람들도 있다. 정보가 제대로 전달되려면 받는 사람이 선호하는 '언어'로 전달되어야 한다.

예를 들어, 한 부서를 대상으로 사무실 배치를 개방적으로 구성하도록 설득한다고 가정해 보자. 분석적인 성향의 사람들을 설득하려면 전문가들이 수행한 조사를 통해 도출된 통계를 근거 자료로 제시하고, 개방적인 건축 양식이 커뮤니케이션의 효과를 증진시킨다는 사실을 증명해야 할 것이다.

---

[1] 역주: 황금률(golden rule)이란 남에게 대접을 받고자 하는 대로 너희도 남을 대접하라는 뜻임.

행동지향적인 사람들을 설득하려면 실행과 관련된 구체적인 질문, 즉 사무실 개조에 어느 정도의 시일이 걸리는가? 정확하게 어떤 종류의 가구들이 필요한가? 음향 면에서는 어떤 효과가 나타나는가? 등에 대한 해답을 줘야 할 것이다. 인간지향적인 사람들을 설득하려면, 개방적인 사무실이 사람들의 상호관계에 어떤 영향을 미치는가? 그것이 동기부여에는 어떻게 작용하는가? 그와 같은 구조 속에서 사람들이 행복해 하는가? 등에 대한 해답을 줘야 할 것이다.

미래지향적인 시각을 가진 사람들을 설득하려면 새로 제안된 사무환경을 설명하는 그림과 도표들이 필요할 것이다. 이와 같이 자기 자신이 선호하는 메시지의 전달방식과 상관없이, 그 메시지를 받는 사람의 특정한 사고방식에 맞도록 메시지를 꾸민다면 상대방의 설득과 이해에 도움이 될 것이다.

전뇌적팀을 창조하라

시간이 흐르면서 형성되든, 당초 구상된 바에 따라 형성되든간에 회사나 집단의 문화는 어떤 특정한 인지방식에 의해 지배될 수 있다. IBM은 '빅 블루(Big Blue)'로 통하던 시절, 하나의 통일된 이미지를 세계적으로 부각시켰다. 디지털 이퀴프먼트(Digital Equipment)는 자사의 엔지니어링 문화를 자랑스러워했다. 그러나 이와 같은 동질성은 효율적인 기능화를 가져오는 반면, 문제나 시장기회에 대한 다양한 접근을 억제하기도 한다.

강한 기업문화를 가진 회사들은 실제로 매우 창의적이지만, 그 창의성이라는 것이 예상할 수 있는 영역에 국한된다. 이를테면, 재치있는 마케팅이나 기발한 엔지니어링 같은 것이다. 시장 환경이 변화하여 그런 회사가 다른 방법으로 혁신을 해야 하는 상황이 되면, 그들은 반드시 새롭게 대응하는 방법을 배워야 한다. 그러자면 문제해결을 위해 우뇌나 좌뇌 중 한쪽이 아니라 뇌 전부를 사용하는 다양한 접근 방식을 채택해야 한다.

다양한 공구를 생산하는 대규모 회사에서 승승가도를 달리던 존(John)이 저지른 너무나 일반적인 실수를 예로 들어보자. 그는 전뇌적(whole-brained) 팀의 필요성을 깨닫지 못했기 때문에 그의 경력 개발을 위한 중요한 기회를 놓치고 말았다. 신제품 개발팀의 책임자로 임명된 존의 과제는 3~6년 후에 출시할 제품과 서비스에 대한 아주 혁신적인 아이디어를 만들어 내는 것이었다. '내가 깜짝 놀랄 것을 만들어 보라' 는 것이 최고경영자의 말이었다.

채용 재량권을 부여받은 존은 가장 유능하다고 생각되는 경영학 석사 3명을 영입했다. 그들은 곧 산업분석을 수행하였으며, 자신들이 최근에 배운 재무분석기법을 활용해 기존 제품들의 시장성을 평가했다. 존은 팀 구성을 마무리한 후 팀원들의 이력서를 살펴보았다. 그들은 모두가 우수한 인재였으며, 그중 두 사람은 엔지니어였다. 존은 흐뭇했다. 그렇게 똑똑하고, 좋은 훈련을 받았으며, 명확하게 사고하는 사람들로 팀을 구성했으니 틀림없이 매우 혁신적인 아이디어를 회사에 내놓을 수 있을 것이라고 생각했다.

　다양한 아이디어를 발굴할 수 있도록 우뇌형 사람들도 활용하라는 충고를 무시하고, 그는 계속 좌뇌형 인재만을 끌어들였다. 18개월이 지나자 그의 팀은 충분한 논의를 거쳐 체계적인 재무 및 기술상의 위험 분석 결과를 근거로, 기존에 제기되어 진행하고 있던 새로운 프로젝트들을 모조리 폐기해 버렸다. 그러나 이 팀의 구성원들은 새로운 아이디어라고는 하나도 내놓지 못했다. 최고경영자는 놀라지도 좋아하지도 않았으며, 그 팀은 2주년을 앞두고 해체되었다.

　이와 대조적으로, 성공한 기업가인 밥(Bob)은 새로운 벤처사업을 시작하면서 그와 사고방식이 비슷한 사람들만으로 일을 해 보려는 강한 충동을 억제했다.

　그는 기존의 사업 경험을 통해 분석 지향적인 자신의 스타일 때문에 가장 창의적인 사람들을 더러 멀리하게 되는 경우가 있다는 사실을 알고 있었다. 그럼에도 불구하고, 그는 하마터면 열성적이고 경험이 풍부한 관리자인 인사부장 월리(Wally)를 해고할 뻔했다. 몇 달을 함께 일하면서 월리가 못마땅하게 여겨졌다. 왜냐하면, 그는 예산회의에는 무관심하였으며, 밥이 대수롭지 않은 것으로 인식하는 일들, 이를테면, 탁아소, 자율근로시간제(flextime), 복리후생 같은 것에만 관심이 있었다.

　그러나 그를 해고하기에 앞서 밥은 사고방식이라는 관점에서 관리팀을 평가해 보기로 결정하였다. 그 결과 월리야말로 밥이 그의 작은 회사를 키워 나가는 데 있어서 필요한 유형의 사람이라는 것을 깨닫게 되었다.

월리는 관리팀에 반드시 있어야 할 중요한 요소를 제공하고 있었는데, 그것은 기업체와 종업원들 사이에 야기될 문제들을 미리 예견하고 사전에 방지하는 데 필요한 인간적인 감수성이었다. 그래서 밥은 월리와 타협하는 요령을 익혔다. 그는 월리와 함께 일했던 성공담에 관해 이렇게 말했다. "내 자신이 자랑스럽게 여겨진다. 나는 회의가 시작되면 우선 5분 정도 농담을 했다." 비록 월리와의 협력으로 노조 문제가 완전히 해소된 것은 아니었지만, 경영진에 대한 종업원들의 반감을 최소화함으로써 분규를 수월하게 해결할 수 있었다.

혁신을 성공적으로 추진했던 전뇌형 팀의 사례는 많이 있다. 제록스의 팔로알토연구소(Xerox PARC)에서는 사회학자들이 컴퓨터 과학자들과 함께 일하고 있다. 또 사람들이 만나서 서로 어울릴 수 있는 가상세계에 대해 연구하는 컴퓨터 과학자 페이블 커티스(Pavel Curtis)는 지역사회(community society)의 형성 과정에 대해 연구하는 인류학자와 함께 일했다. 그 결과 커티스가 만들어 낸 가상 공간은 과학자들이 단독으로 설계한 경우보다 훨씬 더 인간미가 있었다.

또 다른 예는 PARC PAIR(PARC Artist In Residence) 프로그램인데, 이 프로그램을 통해 컴퓨터 과학자와 예술가들은 함께 연구하면서 상대방의 세계에 대한 인식과 표현에 영향을 주고 있다.

멀티미디어 기술에 전념하는 캘리포니아의 두뇌 집단인 인터벌 리서치(Interval Research)의 소장인 리들(David Liddle)은 단기간의 안식년 휴가를 갖는 여러 분야의 지도자들을 자기 연구소에 초빙하고 있다. 그 목적은 문제해결의 아이디어와 접근 방식들의 융합을 촉진하기 위한 것이다. 이같은 상호교류의 결과, 인터벌 리서치는 몇 가지 우수한 혁신 프로그램을 추진할 수 있었다.

허시버그는 설계사들이 짝을 이루어 작업할 수 있게끔 닛산 디자인(Nissan Design)의 인사채용에 전뇌 원리를 도입하고 있다. 다시 말해서, 순수한 색채와 리듬의 자유를 살리는 데 능한 설계사를 고용하고 나면, 그 다음에는 분석을 좋아하면서 기능에 주안점을 두는 아주 합리적인 설계사를 채용하는 것이다.

한 조직의 인지 접근 방식이 완전히 동질적이라면 매우 효율적일 수 있다. 그러나 제록스 PARC, 인터벌 리서치, 닛산 디자인의 사례에서 보듯이, 팀의 구성원이 아무리 뛰어날지라도 혁신적인 문제해결은 전적으로 다른 시각과 맞부딪칠 때 향상된다.

미운 오리새끼를 찾아라

새로운 사람을 채용할 형편이 못되는 상황인데, 회사는 진부한 사고방식에서 헤어나지 못하고 있다고 가정해 보자. 엄격하게 통제되고 보수적인 유럽 화학회사의 미국 자회사 최고경영자가 경험한 것을 예로 들어보자.

자회사의 기업전략이 미국에서 효과를 제대로 발휘하지 못하고 있는 데도 불구하고, 본사에서는 자회사의 최고경영자에게 똑같은 것을 수행할 것을 계속 강요하고 있었다.

그 최고경영자는 미국 자회사가 급격하게 변하는 시장에서 어려움을 겪고 있기 때문에 새롭게 접근해야 한다는 사실을 잘 알고 있었다. 그러나 그의 측근 참모들은 유럽의 상급자들처럼 한결같이 좌뇌형 인물들이었기 때문에 새로운 방안을 찾아내려는 그의 노력에 동조하려 들지 않았다.

그러나 이 최고경영자는 포기하지 않고 종업원들의 인지 선호도를 테스트했다. 그는 측근 참모들의 한 직급 아래 관리층에서 그가 필요로 하던 인지적 차이를 발견했다. 그들은 수적으로는 적지만 매우 역동적이었다. 그러나 그들은 사고 형태가 달랐기 때문에 승진대열에서 밀려난 사람들이었다. 이 회사에서는 우뇌형 인물들이 도움이 되기는 하지만 최고경영층에 기용할 인재는 못된다고 간주하고 있었다. 그들은 일정 수준에 이르면 더 이상 승진하지 못했다.

이 최고경영자는 그러한 관행을 바꿔 놓았다. 그는 우뇌형 관리자 세 사람을 선임부사장과 부서장 자리로 승진시켰는데, 그 직위는 좌뇌형 인물들이 독점해 온 자리였다. 새로 기용된 임원들은 최고경영자의 혁신 의도를 강력히 지지하면서, 기업을 위한 새로운 접근 방식을 개발하는 데 협력하였다. 그들은 본사와의 효과적인 커뮤니케이션이 자회사의 성공을 위해 매우 중요하다는 사실을 잘 알고 있었다. 그래서 유럽에 있는 사주(社主)의 인지구조형에 알맞도록 새로운 아이디어를 짜내기 위해 노력하였다. 과거와 같이 변화의 필요성과 새로운 아이디어를 시도해야 함을 역설하는 것이 아니라, 문제해결을 위한 방안으로 그들의 아이디어를 제시한 것이다.

그들은 충분한 조사를 거친 양적 자료와 예상되는 경비절감 및 수익성을 산출한 자료를 근거로 자신들의 주장을 뒷받침하면서, 다른 회사들이 동일한 접근 방식을 통해 성공을 거둔 사례를 제시했다. 그리고 성공을 위해 수행해야 할 구체적인 단계들을 자세하게 설명했다.

2년 내에 미국 자회사는 대대적인 조직 재설계 작업에 들어갔는데, 조직내 서비스에 외부의 경쟁 방식을 도입하자는 급진적인 의견도 반영되었다. 그 결과 조직내 서비스의 질은 급격히 향상되었으며, 혁신을 위한 다른 노력들도 좋은 성과를 거두었다.

창조적인 과정을 관리하라

관리자는 상호간의 갈등을 창조적인 것으로 만들어야 한다. 전뇌형 팀의 구성원들은 서로를 잘 이해하지 못하며, 서로를 싫어할 수도 있다. 다양성이 풍부한 팀을 성공적으로 이끌어가는 관리자는 흔히 진단적 분석 결과를 공동으로 조사하는 방법을 통해 처음부터 구성원들이 서로의 차이점을 인정하도록 하는 데 시간을 많이 할애한다. 또한 당면 과제를 해결하기에 앞서 공동 작업을 위한 지침서를 작성한다. 인지 방식의 규명이나 지침서 작성에 난

처함이나 어려움을 느끼는 관리자들은, 그런 과정을 잘 해결하는 훈련을 받은 사람들로부터 도움을 받을 수 있다.

일반적으로 사람들은 공동 작업을 위한 규칙을 만드는 것을 좀 바보스럽다고 느낀다. 물론 사람들은 자신이 집단 역학을 다루는 데 여러 해 동안 충분히 경험을 쌓아 왔다고 생각하게 마련이다. 바로 거기에 문제가 있다. 모두가 오랫동안 역기능적인 행동을 해 온 것이다.

우리는 어머니 슬하에서 진리보다도 정중함을 존중해야 한다고 배운다(16세가 될 때까지 예의상 하는 거짓말의 요령을 익히지 않는 사람이 어디 있겠는가). 사람들은 어떤 주장에 감정이나 열정이 개입되어 있다고 느끼면 그 주장을 깎아 내리는 경우가 많으며, 자신이 무시당하고 있다고 느끼면 관여하지 않으려 한다. 즉, 자신의 사고방식이 환영받지 못할 경우 사람들은 회의가 진행되는 동안 뒷전에 물러나 있게 된다. 그러나 이러한 행동은 워낙 일반적이어서 보통 주의를 끌지 못한다.

그러나 이와 같은 형태를 방치함으로써 치러야 하는 대가는 너무나 크다. NBC 방송의 쌍방향 미디어(interactive media) 담당 부사장인 밥 마이어즈(Bob Meyers)는 이 점을 스포츠에 비유하여 설명한다. "예를 들어, 미식축구팀에는 여러 유형의 선수들을 써야 한다. 작고 마른 선수는 공을 차는 역할만을 할 수 있다. 그는 마치 그 팀에 속하지 않는 사람인 것처럼 여겨질 수도 있다. 그는 다른 포지션에 있는 덩치 큰 선수에게 용감하게 맞설 수 없다. 그러나 그가 맡은 역할은 몸집이 크지 않아도 된다. 그는 다만 자신이 가장 잘 해 낼 수 있는 일을 하는 것이다. 팀은 작고 마른 친구가 할 수 있는 역할을 인정해야 하며, 그렇지 않을 경우 그에게서 얻을 수 있는 것은 아무 것도 없다는 사실을 알아야 한다."

창조적 마찰 과정을 관리한다는 것은 모든 사람들이 참여해서 자신의 의견을 개진하도록 해야함을 의미한다. 이를 위해서는 단순하면서도 강력한 기법이 도움이 될 수 있다. 첫째, 그룹의 공동 목표를 항상 주지시킴으로써 무엇 때문에 함께 일하고 있는가를 분명히 해야 한다. "만약 그 목표가 공동 책임과 일정표를 수반하는 현실적인 것이라면, 사람들은 서로의 차이점을 존중하는 것이 바람직하다는 사실을 이해하게 된다"고 한 관리자는 말했다.

둘째, 운영 원칙을 명백히 해야 한다. 효과적인 운영 원칙은 언제나 단순하고 명확하며 간결해야 한다. 일례로, 어떤 집단은 의견 대립을 효과적으로 조율하기 위해 다음과 같은 원칙을 설정했다.

> 상대방이 누구인지, 문제가 무엇인지에 상관없이 누구나 의견을 달리 할 수는 있지만, 그 누구도 이유 없이 반대할 수는 없다. 그리고 누군가가 반대할 경우 다른 사람들은 모두 이를 경청하고 이해하기 위해 노력해야 하며, 그것을 정당한 것으로 취급해야 하고, 만일 그것에 반대하는 경우에는 반대 이유를 분명히 해야 한다.

어떤 원칙들은 '금기사항들을 논의하라' '가정(假定)을 증명하라' '집에서의 일을 끝내고 정시에 도착하라'와 같이 아주 간단한 것도 있다.

셋째, 상상력을 살린 대안들을 도출하기 위한 발산적(divergent) 토론과 함께, 대안을 선택하고 그 실행을 계획하기 위한 집중적(convergent) 토론에 충분한 시간을 할애하는 의사일정을 미리 설정해야 한다. 혁신에는 이같은 두 유형의 토론이 모두 필요하지만, 반대를 위한 반대를 하는 사람들은 어느 관리자가 지적했듯이 '서로를 미칠 지경에 이르게 한다.' "애매한 것을 좋아하는 사람들에게 A와 B 가운데 어느 쪽이 좋으냐고 물으면 'C는 어떠냐'고 반문해 온다"는 것이 또 다른 관리자의 말이었다.

한편, 토론이 빨리 끝나기를 원하는 사람들은 핵심이 없는 토론을 들으면서 앉은 자리에서 몸을 뒤틀 것이다. 게다가 만일 하나의 접근 방식에만 치우친 토론으로 변질될 경우에는, 받아들일 수 없거나 실행할 수 없는 새 제품이나 서비스 또는 변화를 채택할 위험성이 있다.

이러한 두 가지 유형의 토론에 공평하게 시간을 배정한다면, 당장 결정을 내리고 싶어 마냥 시계를 들여다보는 결단형과 창의성을 살리기 위한 모든 수단이 검토되기를 바라는 애매모호형 양측의 불만을 억제해 줄 수 있을 것이다. 만약 결단형 구성원들이 대세를 잡게 된다면, 시간 촉박과 일정을 들먹이면서 다른 사람들을 침묵으로 몰아넣는 경우가 발생할 수 있다. 그들은 최선의 대안이 아니라 실행 가능한 차선의 대안을 선택할 것이다. 반면 결단성이 덜한 구성원들이 대세를 잡게 된다면, 그 집단은 영영 결론을 내지 못하게 될 수도 있다. 혁신에는 발산적 사고와 집중적 사고, 그리고 자유로운 의견교환(brainstorming)과 행동 계획이 모두 필요하다.

갈등을 일반화하라

다양한 인지적 선호도는 어떠한 집단에서건 커다란 긴장을 조성할 수 있지만, 혁신을 위해서는 무엇보다도 아이디어의 융합이 필요하다. 대부분의 신제품들은 서로 분리되어 있는 독립된 부분이라기보다는 하나의 시스템을 이루고 있기 때문에, 신제품 개발 프로젝트의 경우 똑같은 말로부터 서로 다른 메시지를 받거나 동일한 사건을 놓고 서로 다르게 관찰하는 사람들간의 상호협력 없이는 개발 과정을 효과적으로 진행할 수 없다. 서로 다른 사고방식과 커뮤니케이션 방식에 대한 이해가 혁신 과정에 가장 크게 기여하는 점은, 지적인 의견 대립이 개인 감정으로 변질될 수 있는 소지를 없앤다는 것이다.

의료기기 회사에서 혁신적인 신제품 관리팀을 이끌었던 제품 관리자의 경험을 살펴보자. 신제품 관리팀은 불과 14개월 안에 새로운 외과기구를 설계해서 납품을 꼭 해야 할 입장에 처해 있었기 때문에 빨리 단결해야 했다. 그러나 설계 담당자들은 마케팅 담당자들이 잘못된 방향으로 이끌고 있다고 생각했으며, 제조 담당자들은 설계 담당자들이 두 개의 부품을 놓고 선택을 미루고 있는 것을 이해하지 못했다. 그와 같은 불화는 감정적인 것으로 발전해 "당신들은 언제나……" 하는 것에서 시작해 "무책임한 무지"를 언급하는 상황에까지 이르게 되었다.

두달이 지난 시점에서 그 관리자는 팀을 해체하고 처음부터 새로 시작해야 하는 것이 아닌가 하는 생각이 들었다. 그러나 그의 상사인 마케팅 담당 부사장이 최종 기한을 연장해 줄 리가 없다는 것을 그는 알고 있었다. "나는 필사적이었습니다"라고 그는 그 당시를 회고했다. "나는 마지막으로 함께 일하기 위한 노력을 한 번만 더 시도해 보기로 결심했습니다."

그는 인지 선호도 진단을 위한 회의를 포함해서 회사 외부에서 회동하는 방법을 시도하였다. 회사로 돌아온 후, 팀 구성원들은 의견 및 사고방식의 차이를 표현하는 데 있어 외부에서 배운 새로운 용어들을 사용했다. "처음에는 농담으로 그러한 용어를 사용했다. 그러다 보니 관점을 달리 해서 서로를 볼 수 있게 되었고, 화도 내지 않게 되었다."고 관리자는 회고했다. 결국 그 팀은 최종 기한을 지킬 수 있었으며, 더욱 중요한 것은 몇몇 구성원들이 제품의 후속 작업 팀에 자진해서 참여하였다는 점이다. 공동 작업에 대한 적극적인 참여는 회사에 더욱 큰 가치를 창출해 주었다. 즉, 프로젝트의 구성원들이 여러 제품라인으로 분산되었다면 흩어져 버리고 말았을 중요한 기술 지식들이 작은 그룹 안에 함께 보존된 것이다. 게다가 그 팀의 일부를 계속 유지함으로써 파생제품을 신속하게 개발할 수 있었다.

인지 선호도를 이해하지 못하는 사람들은 갈등을 감정적으로 받아들이거나 회피하고, 아니면 이 두 가지 반응을 동시에 보이는 경향이 있다. 이러한 사람들은 다른 사람의 접근 방식이 잘못을 고치려 하지 않는 완고함이 아니라, 단지 예상할 수 있는 차이에 불과하다는 사실을 인식함으로써 문제점을 해소시킬 수 있다.

일례로 바이어콤(Viacom)사에서는 접근 방식이 다른 두 관리자 때문에 기획회의가 교착상태에 빠졌던 적이 있었다. 한 관리자는 다른 관리자가 제시하는 아이디어를 무조건 거부했다.

그러자 아이디어를 제시하던 한 관리자는 갑자기 자기 이마를 탁 치며, "오! 알겠어요. 당신은 좌뇌형이군요. 내게 기어를 바꿀 30분의 여유를 주면, 곧 돌아오겠습니다. 그런 다음 다시 해 봅시다"라고 했다. 좌뇌형 관리자는 웃으면서 이에 동의했으며, 회의가 속개되었을 때 그 제안자는 좌뇌형 사람들이 선호하는 양적 자료들을 가지고 한결 일관성 있고 논리적인 설명을 했다. 이와 같이 효과적인 상호 커뮤니케이션을 확립함으로써 당면 문제에 대한 공동 이해가 가능했으며, 궁극적으로는 문제를 해결할 수 있었다.

문제를 보는 시각이 다를 수 있다는 사실을 이해하는 것이 곧 거기에 동의함을 의미하지는 않는다. 그러나 사고방식이 다양하다는 사실을 이해한다는 것은 어느 하나의 방식이 다른 것보다 본질적으로 나은 것은 아니라는 사실을 인식하는 것이다. 모든 사고방식은 혁신 과정에 긍정적인 시각을 갖게 해주며, 마찬가지로 부정적인 시각을 갖게 하기도 한다. 냉철한 논리학자, 자유분방한 창의성 있는 과학자, 그리고 감상적인 자유주의자의 모습은 어느 정도 현실에 근거를 두고 있다.

만약 사람들이 다른 시각이 지닌 본질적인 가치를 부분적으로나마 수용한다면, 의견 차이에 대해 개인 감정을 덜 개입시키면서 적대감 없이 토의하고 타협이나 합의에 이를 수 있을 것이다. 전혀 다른 세계관을 수용함으로써 자신의 세계관을 확장시킬 수 있는 가능성에 대해 개방적인 자세가 되는 것이다. 즉, 서로 다른 사고방식이 교차할 때 발생하는 반응에 대응하기 위한 준비를 더욱 잘 할 수 있게 된다.

까다로운 창조적 마찰 관리

지금까지 살펴본 인성 분석 유형은 도움을 줄 수 있는 하나의 방편에 불과하며 거기에는 여러 가지 한계점이 있다. 진단도구는 사고방식과 커뮤니케이션의 선호도와 같은 인성의 한 측면만을 측정한다. 능력이나 지능은 측정하지 않으며 성과에 대한 예측도 하지 않는다. 마이어즈-브리그스 유형지표(MBTI)와 허만 두뇌우성측정도구(HBDI) 중 어느 것도 용기, 호기심, 성실성, 감정이입 또는 추진력과 같이 혁신의 성공을 위해 중요한 속성들을 측정하지는 못한다.

선호도는 비교적 안정된 것이지만 삶의 체험을 통해 변화될 수 있다. 예를 들면, MBTI를 여러 해에 걸쳐 반복적으로 적용한 결과, 사람들은 자녀를 갖게 되면 사고형(thinking style)에서 감정형(feeling style)으로 변화하는 경향이 있음이 밝혀졌다. 그러나 MBTI와 HBDI에 의한 조사 결과들은 대체로 사람들의 지배적인 선호도가 다양한 상황과 사회 환경을 거친다고 해도 비교적 일관성있게 유지된다는 사실을 보여준다.

이들 진단도구 활용에는 한 가지 중요한 주의사항이 있는데, 그것은 훈련받은 사람들만이 이를 활용해야 한다는 점이다. 그것은 진단 결과가 잘못 해석될 수 있을 뿐만 아니라(예컨대, 선호도에 대한 중립적인 표현으로 의도된 것이 '옳은' 또는 '잘못된' 행동으로 판정되어 버릴 수도 있다), 사람들의 사생활을 침해하는 결과를 가져오거나 그들을 어떤 고정형으로 낙인찍는 데 잘못 사용될 수도 있기 때문이다.

인간은 복잡함을 단순화하여 다른 사람을 이해하려는 경향이 있기 때문에, 사람들의 언어, 옷차림, 행동에 기초하여 그의 유형을 판단하는 경우가 많다. 이러한 경향은 심리학 연구에 바탕을 둔 것이지만, 잘못 사용될 경우에는 위험한 결과를 초래할 수가 있다. 신뢰성 있는 구조적 진단이 아닐 경우 그 판단은 피상적이며 결함이 있을 수 있다. 그리고 시간과 자원을 상당히 투입하지 않고서는 '창조적 마찰'을 기대할 수는 없다.

현대 경영의 패러독스 중 하나는, 자연의 순환보다 훨씬 빠른 속도로 기술적·사회적 변화가 이루어지고 있음에도 불구하고 사람들의 인성은 달라지지 않았다는 점이다. 사람들은 자신이 선호하는 독특한 문제해결 접근 방식을 가지고 있다. 그렇다면 이제 와서 그러한 차이를 이해하는 것이 관리자들에게 그토록 중요해진 까닭은 무엇인가? 그것은 오늘날의 복잡한 제품들이 본질적으로 서로를 이해하지 못하는 개개인의 전문지식이 통합되어 만들어지기 때문이다.

오늘날의 급격한 변화 속도는 개개인에게 함께 일하는 능력을 신속하게 개발할 것을 요구하고 있다. 마찰을 관리해서 창의력으로 전환시키지 않을 경우, 그것은 개인과 조직의 건설적인 추진력을 위축시킨다. 그러나 적절하게 조절한다면, 서로 다른 사고방식의 교차에 의해 조성되는 에너지는 혁신에 박차를 가할 수 있게 해 줄 것이다.

부 록

1. 마이어즈-브리그스 유형지표

마이어즈-브리그스 유형지표(MBTI: Myers-Briggs Type Indicator)는 세계에서 가장 널리 활용되고 있는 인성평가도구이다. 모녀지간인 딸 마이어즈(Isabel Myers)와 어머니인 브리그스(Katherine Cook Briggs)가 공동으로 고안한 MBTI는 융(Carl Jung)의 이론을 바탕으로 한 것이다. 마이어즈와 브리그스는 제2차 세계대전 중에 이것을 개발했는데, 개인적인 선호도를 파악할 수 있다면 전쟁수행에 적합한 직업을 찾으려고 처음으로 직업전선에 뛰어드는 사람들에게 도움이 되지 않을까 하는 가정에서 만들었다. MBTI는 표준적인 검사 기준에 부합하는 것이며, 1994년에 실시했던 조사에서는 세계적으로 250만 명 이상의 사람들이 이를 이용한 것으로 밝혀졌다. MBTI는 경력관리 상담뿐만 아니라 기업, 심리학, 교육 등에서 널리 활용되고 있다. MBTI는 16개의 인성 유형 매트릭스를 만들어내기 위해 서로 다른 4쌍의 속성을 사용하고 있다.

- 외향성(Extraversion) 대 내향성(Introversion). 첫번째 쌍은 사람들이 어디에 관심을 두는가를 살펴본다. 이 E/I 항목의 초점은 정신적 에너지의 원천에 있다. 외향적인 사람들은 다른 사람들로부터 에너지를 얻는 데 반해, 내향적인 사람들은 자기자신으로부터 에너지를 얻는다. 이들 각자는 상대편이 선호하는 활동조건을 대체로 무기력하다고 생각한다.

- 감각(Sensing) 대 직관(Intuition). 두번째 쌍은 사람들이 정보를 어떻게 흡수하는가를 규명한다. 감각형(Sensors)(S)은 그들의 오감을 통해 자료를 수집하지만, 직관형(iNtuitives)(N)은 패턴, 관련성, 육감과 같이 간접적인 지각에 의존한다. 예를 들어, 똑같은 그림을 놓고 논평할 때, S형은 붓 놀림이나 그림속 인물의 왼쪽 뺨에 있는 상처에 대해 이야기하는 반면, N형은 그림 속 인물의 걱정스런 눈빛에 주목해 그가 어려운 시대에 살았다거나 공황의 고통을 당했다고 언급할 것이다.
- 사고(Thinking) 대 감정(Feeling). 세번째 쌍은 일단 정보가 수집되고 나면 어떤 식으로 의사결정을 하는가를 규명한다. 사고형(T)은 진실과 거짓에 대한 스스로의 평가를 의미하는 논리와 '객관적' 기준에 입각해서 의사결정을 하는 경향이 있다. 감정형(F)은 옳고 그름에 대한 내적 감각을 의미하는 가치관에 입각한 의사결정을 하기 위해 감정적 지능을 사용한다.
- 판단(Judging) 대 지각(Perceiving). 네번째 쌍은 외부세계에 대한 사람들의 지향 방법을 설명한다. 판단형(J)은 신속한 결정을 선호한다. 그들은 이용할 수 있는 자료에 입각하여 재빨리 결론을 내리고 행동을 취한다. 지각형(P)은 결정에 필요한 정보를 충분히 수집했다고 생각될 때까지 결정을 미룬다. 판단형은 확실성을 열망하지만, 지각형은 애매함을 좋아한다.

MBTI에서 분류한 인성 유형에 대한 설명은 다음 매트릭스와 같다.

		감각형(S)	
		사고(T)	감정(F)
내향적 사람 (I)	판단 (J)	ISTJ 진지하고, 조용하며, 집중과 철저함을 통해 성공을 얻어낸다. 실용주의적이고, 질서를 지키며, 사무적이고, 논리적·현실적이며, 믿을 만하다. 책임을 진다.	ISFJ 조용하고, 우호적이며, 책임감이 있고, 양심적이다. 임무 수행을 위해 헌신적으로 일한다. 철저하고, 수고를 아끼지 않으며, 정확하다. 충실하며, 이해심이 많다.
	지각 (P)	ISTP 냉정한 방관자. 조용하고, 무뚝뚝하며, 분석적이다. 보통 비인격적 원칙, 기계적인 것들이 어떻게, 왜 작동하는가에 관심을 갖는다. 독창적 유머가 번득인다.	ISFP 충실한 추종자. 소극적이고, 말없이 우호적이며, 민감하고, 친절하며, 자신의 능력을 내세우지 않는다. 불화를 기피한다. 일을 하는 것에 대해 느긋해 하는 경우가 많다.
외향적 사람 (E)	판단 (J)	ESTJ 실용주의적이고, 현실적이며, 사무적이고, 사업이나 기계학에 대한 자질을 타고 났다. 이용가치가 없어 보이는 주제에는 흥미가 없다. 활동을 구성하여 운영하기를 좋아한다.	ESFJ 다정하고, 말이 많으며, 인기 있고, 양심적이며, 천성적으로 협조적이다. 조화를 필요로 한다. 격려받을 때 최선의 실력을 발휘한다. 추상적인 사고나 기술적 주제에는 별로 흥미가 없다.
	지각 (P)	ESTP 사무적이고, 걱정하거나 서두르지 않으며, 닥치는 대로 무엇이든지 즐긴다. 좀 무뚝뚝하거나 둔감하다고 할 수 있다. 떼어놓거나 붙여 놓을 수 있는 실물들이 가장 취향에 맞는다.	ESFP 사교적이고, 태평하며, 수용적이고, 우호적이며, 남들을 재미나게 해준다. 스포츠와 물건을 만드는 것을 좋아한다. 이론을 습득하기보다 사실을 기억하기가 쉽다고 느낀다.

		직관형(N)	
		사고(T)	감정(F)
내향적 사람 (I)	판단 (J)	INTJ 보통 독창적인 정신을 갖고 있고 자신의 아이디어와 목적을 위해 힘차게 추진력을 발휘한다. 회의적이고, 비판적이며, 독자적이고, 단호하며, 흔히 완고하다.	INFJ 참을성과 창의성, 필요하거나 원하는 것은 무엇이든지 하고자 하는 의욕으로 성공한다. 조용한 가운데 힘이 있고, 양심적이며, 남을 걱정한다. 확고한 원칙 때문에 존경받는다.
	지각 (P)	INTP 조용하고, 무뚝뚝하며, 개인 감정을 나타내지 않는다. 이론적이거나 과학적인 주제를 좋아한다. 주로 아이디어에 흥미를 갖는 것이 보통이며, 파티나 잡담에는 별로 흥미가 없다. 관심사가 뚜렷하다.	INFP 학습, 아이디어, 언어 그리고 자신의 독자적 프로젝트에 주의를 기울인다. 지나치게 많은 일을 떠맡는 경향이 있지만, 어떻게든지 그것을 해낸다. 우호적이지만 지나치게 열중한다.
외향적 사람 (E)	판단 (J)	ENTJ 재빠르고, 영리하며, 여러 가지에 능하다. 재미삼아 문제의 어느 한 측면을 거론하는 경우도 있다. 도전적인 문제를 푸는 데 능하지만 일상적인 과제는 소홀히 할 수도 있다.	ENFJ 호응적이며, 책임감이 있다. 다른 사람들이 생각하거나 원하는 것에 대체로 진정한 관심을 느낀다. 사교적이며, 인기가 있다. 칭찬과 비판에 민감하다.
	지각 (P)	ENTP 따뜻하고, 솔직하며, 결단력 있는 지도자형. 추리와 재치있는 이야기를 요하는 일에 대체로 능하다. 특정 분야에서 경험을 습득하는 것 이상으로 일에 대한 적극성을 보이는 수도 있다.	ENFP 매우 열광적이고, 대담하며, 영리하고, 상상력이 풍부하다. 흥미가 있으면 거의 무엇이든지 할 수 있다. 재빨리 해결책을 찾아내며 문제처리를 돕는다.

2. 허만 두뇌우성측정도구

허만(Ned Herrmann)은 GE의 관리자로 있으면서 허만 두뇌우성측정도구(HBDI: The Herrmann Brain Dominance Instrument)를 창안하여 발전시켰다. 그는 GE 내의 대규모 집단들을 대상으로 연구를 시작해서, 20년 넘게 몇만 건의 조사를 실시하였으며, 교육검사 서비스(Educational Testing Service)를 비롯한 여러 저명한 정신측정 연구기관들과의 협력을 통해 자료의 타당성을 확인해 왔다.

HBDI는 우뇌적 사고와 좌뇌적 사고의 어느 쪽을 선호하며, 관념적 사고와 경험적 사고의 어느 쪽을 선호하는지를 측정한다. 이러한 선호도들은 특정 직업과 부합하는 경우가 많다. 예컨대, 엔지니어는 자신을 한결같이 분석적·수학적·논리적인 것으로 규정하여, 연속체(continuum)의 왼쪽 끝에 갖다 놓는다. 이와는 대조적으로, 예술가들은 자신을 정서적·공간적(spatial)·미학적인 것으로 규정하여 연속체의 오른쪽 끝에 갖다 놓는다.

다음 도표는 서로 다른 선호도가 네 개의 상이한 4분면(quadrant)으로 어떻게 결합되며, 서로 다른 인지 선호도를 가진 팀들을 분석하는 데 이 도표를 어떻게 사용할 수 있는지 보여준다.

합성도 1 : 동질적 팀

아래의 도표는 그룹내 모든 사람이 정확성을 강조하면서 문제와 도전에 접근한다는 것을 보여 준다. 엔지니어인 팀 구성원들은 일을 정확하게 하는 방법을 알고 있다. 그들이 수행하는 일은 질적으로 우수하지만, 함께 일하는 데 어려움을 겪는다. 그들은 자기만의 일 수행 방식을 갖고 있으며, 설정된 표준에서 벗어난 것은 배척한다. 회사의 한 기능조직으로서 이 팀은 오랫동안 회사 안에서 안주할 수 있었다. 최근에 회사가 구조조정을 하여 다른 기능조직들이 엔지니어링을 아웃소싱할 수 있게 되면서, 이 팀의 구성원들은 어려운 처지에 놓이게 되었다.

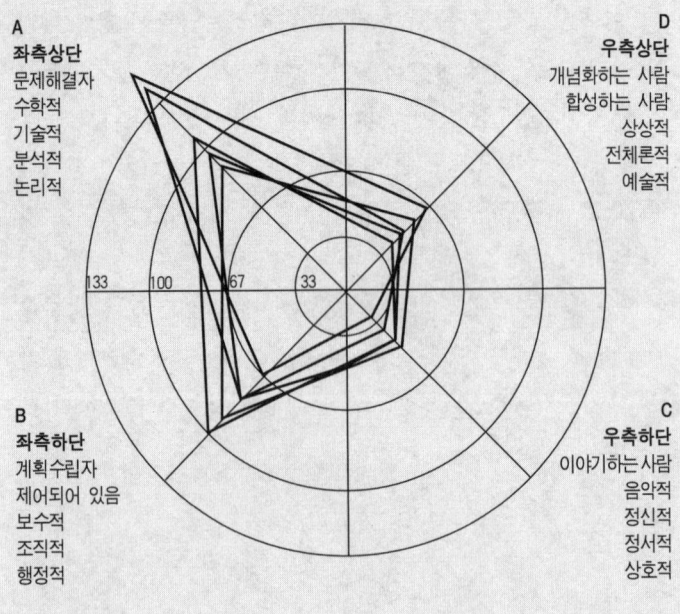

합성도 2 : 이질적 팀

경영서비스 집단에는 정보기술·우편실·구내식당의 관리자들이 포함된다. 비록 구성원들은 품질지향과 같은 목표를 함께 추구하고 있지만, 광범위한 업무상의 문제들에 직면한다. 관리자의 지배적 사고 방식은 우측 하단의 사분원에 속한다. 관리자는 천성적으로 편의를 도모하는 사람으로서, 사람들을 개발하고 감정이입적으로 그들의 이야기에 귀를 기울이며 부하들 사이에서 존경심을 유발한다. 그리고 관리자는 조각나고 비능률적이었던 기능들을 통합시켰다. 구성원들은 서로를 자산으로 여기며 그룹의 다양성을 누리면서 자신의 일에 매우 긍지를 느낀다.

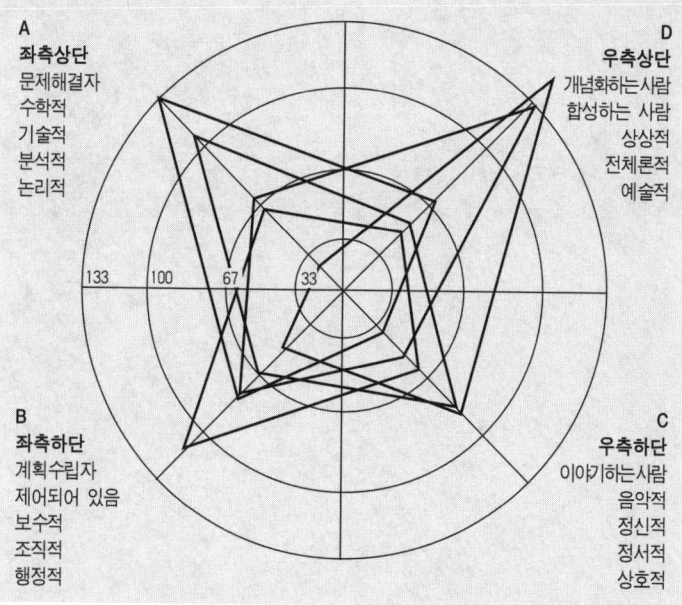

Harvard Business Review, July-August 1997.

6장
경험을 통한 학습의 도구 : 학습용 역사서

아트 클라이너(Art Kleiner), 조지 로스(George Roth)

우리 개인의 삶을 반추해 보면, 경험이 때로는 최고의 스승임을 알 수 있다. 이러한 사실은 기업의 경우에도 마찬가지로 적용된다. 그러나 제품의 실패, 경영감축의 위기 또는 합병과 같은 중대한 사건을 치른 직후에 많은 기업들이 잠시 흔들리다가도 얼마 후에는 그 교훈을 망각해 버린다. 그래서 실수는 반복되지만 세련된 의사결정은 반복되지 못하는 경우가 많다. 가장 큰 문제는 낡은 사고방식들이 전혀 논의되지 못한 채 계속 존재함으로써 위기를 거듭 불러온다는 점이다.

개인적으로는 무엇이 잘못되었고 또는 무엇이 옳았는지 알고 있었을 것이다. 그렇지만 각 개인의 통찰력이 공유되는 예는 극히 드물다. 따라서 그것이 분석되어 조직내로 흡수되는 일도 극히 드물 수밖에 없다. 달리 말하면, 기업에서 경험이 훌륭한 스승의 역할을 할 수 있는 경우에도 그 경험은 단지 개인적인 교훈에 머물 뿐이다. 왜 그럴까? 그 이유는 관리자들이 조직의 경험을 포착하고 그 경험에서 얻는 교훈을 보급하고 또 그 교훈을 효과적인 행동으로 전환시킬 만한 도구를 가지지 못했기 때문이다.

이러한 문제를 해결하기 위해 사회과학자들, 기업의 관리자들과 기자들로 구성된 연구 그룹은 MIT에서 '학습용 역사서(learning history)'라고 하는 하나의 도구를 개발하고 시험해 왔다. 그것은 어느 한 기업이 최근에 겪은 중요한 사건을 이야기 식으로 기록한 것인데, 그 내용의 대부분은 다음 두 개의 칸으로 구성되어 있다.

하나의 칸에는 관련된 많은 에피소드들이 관련 사건에 연관되었거나, 그 사건에 의해 영향을 받은 사람 또는 그 사건을 옆에서 지켜본 사람들에 의해 기술되었다. 다른 칸에서는 외부인들과 사내 인재를 훈련시키는 학습 역사가들이 역사서에서 계속 반복되는 주제를 밝혀내고, 의문을 던지고, 토론 안된 쟁점을 제기하였다. 학습용 역사서는 관련 사건에 참여한 사람들과 그 사건에서 교훈을 배울 수 있는 사람들에게 집단 토의할 기반을 제공해 줌으로써 과거의 경험을 스승으로 만드는 효과적인 수단이 될 수 있다.

우리는 실패의 경험이 단지 말로만 전달되던 공동체의 옛 관행을 문서화한 이 도구가 신뢰를 쌓고 중요한 쟁점을 제기하고 기업의 부문간에 지식을 이전하며 일반화할 수 있는 경영 지식축적에 기여할 수 있다고 믿는다.

경험을 살리지 못하는 조직학습

경험이 때로는 최고의 스승이라는 속담이 있다. 이러한 속담은 우리 개인의 삶에서는 진리로 통한다. 그러면 기업의 경우는 어떨까? 제품의 실패, 무모한 역경 돌파, 경영감축의 위기 또는 합병과 같은 중대한 사건을 치른 직후에 많은 기업들은 잠시 흔들리다가도, 얼마 후에는 그 교훈을 망각해 버리고 만다. 그래서 실수는 반복되지만 세련된 의사결정은 반복되지 못한다. 여기서 가장 큰 문제는 실수를 초래한 낡은 사고방식들이 전혀 토의되지 못한 채 계속 존재함으로써 위기를 거듭 불러온다는 점이다.

그러나 당시 관련자들에게 중요한 사건들에 대해서 물어보면, 그들은 종종 무엇이 잘못되고 또는 무엇이 옳았는지 정확히 알고 있다고 말할 것이다. 그들은 신제품이 실패한 이유는 마케팅 부문의 어느 누구도 제조 부문에서 하는 말을 귀담아 듣지 않았거나 그 반대였기 때문이라고 할지 모른다.

또는 신제품 매출이 급증한 것은 연구개발 부문이나 유통 부문의 종업원들이 결국에는 협력해서 함께 보조를 맞추었기 때문이라고 할지 모른다. 이러한 각자의 견해는 일견 타당하지만, 스무고개를 풀어 가는 것처럼 정답에 도달하기 위한 매우 제한된 하나의 실마리에 불과하다. 만약 각자의 견해가 모두 긴밀하게 통합된다면, 조직 전체적으로 무엇이 일어났는지, 그것이 왜 일어났는지, 그리고 다음에는 무엇이 일어날 것인지를 배울 수도 있다.

그러나 이들의 통찰력이 공개되어 공유되는 예는 극히 드물다. 그래서 개인의 통찰력이 기업 차원에서 분석되고, 논의되며, 조직에 흡수되는 것도 극히 드물 수밖에 없다. 달리 말하면, 기업에서 경험이 좋은 스승의 역할을 할 수 있는 경우에도 그 경험은 단지 개인적 교훈으로 국한될 뿐이다. 그 이유는 조직의 구성원들이 행동은 집단적으로 하지만, 학습은 개인적으로 하기 때문이다. 이 점이 오늘날 조직학습의 중심 논리이지만, 바로 실패 요인이기도 하다.

이러한 상황이 초래된 이유는 관리자들이 조직의 경험을 포착하고 그 경험에서 얻은 교훈을 보급하고, 또 그 교훈을 효과적인 행동으로 전환시킬 만한 도구가 없기 때문이다. 기업을 뒤흔든 중대한 사건에 관한 정보와 의견을 수집하기 위해 종업원들을 대상으로 한 조사가 종종 이용되지만, 종합된 자료가 종업원들이 의미 있게 사용할 수 있는 형태로 그들에게 다시 피드백되는 경우는 거의 드물다.

베스트프랙티스(best-practice)를 살펴보더라도 역경을 극복할 수 있었던 숨겨진 논리와 투쟁담뿐만 아니라 종업원들이 교훈을 얻을 수도 있는 실수는 아예 무시되어 버린다. 일어난 대형 사건을 이해하기 위해 때때로 경영 컨설턴트들을 초청하지만, 그들의 보고서는 직접 그 사건을 체험한 종업원들로부터 거의 호응을 받지 못한다. 이유는 그 보고서가 경영 컨설턴트들을 고용한 상급 관리자들을 겨냥해 작성되었기 때문이다. 일단 경영 컨설턴트들이 떠나고 나면 과거의 교훈도 그들과 함께 슬그머니 사라지고, 종종 다른 기업에 팔리기도 한다.

학습의 제도화를 위한 새로운 방법 : 학습용 역사서

그러면, 조직은 어떻게 과거의 경험에 대하여 전조직원들이 집단적으로 숙고하게 하고 또 그들 모두의 생각과 행동이 한곳에 더욱 집중되고 활성화되도록 만들 수 있을까? 달리 말하면, 조직은 과거의 교훈을 어떻게 처리해야 보다 효과적인 행동으로 전환시킬 수 있겠는가?

이러한 문제들에 자극받은 사회과학자들, 기업의 관리자들 그리고 기자들로 구성된 연구 그룹이 MIT의 조직학습센터(Center for Organizational Learning)에서 지난 4년 동안 집단 학습이라는 수수께끼를 풀기 위한 도구를 개발하고 시험했다. 우리는 그 해결책을 '학습용 역사서(learning history)' 라고 부른다(198쪽 부록 참조).

학습용 역사서는 가장 기초적인 용어를 사용하여 어느 한 기업에서 최근에 발생한 중요한 에피소드들을 이야기 체로 기술한 것이다. 예컨대, 기업 변신을 초래한 사건, 새로운 선도 사업, 조직에 널리 알려진 혁신, 성공적인 제품 출시, 또는 대폭적인 인력 감축처럼 깊은 상처를 남긴 사건 등이 실린다. 이 자료의 분량은 20~100쪽인데, 거의 매쪽마다 두 개의 칸으로 작성되어 있다.

오른쪽 칸에는 관련된 사건들을, 사건에 연관되었거나, 그것에 의해 영향을 받았거나 또는 사건을 옆에서 지켜본 사람들이 기술한다. 또 관리자들, 공장의 일선 작업자들, 비서들 그리고 고객들, 광고 문안 작성자들이나 공급업자들과 같은 외부인들이 자신들과 관련된 사건의 부분을 이야기한다. 이들의 이야기는 직접 인용하되 이름은 밝히지 않고 직위만 표시한다.

왼쪽 칸에는 다른 사항들이 기술된다. 그 내용 중에는 학습 역사가들(learning historians)에 의한 분석과 논평이 포함되어 있다. 학습 역사가 팀은 잘 훈련된 몇 명의 내·외부인으로 구성되어 있다. 이들은 기업의 인적자원 부서나 조직의 효과성 제고 업무와 관련된 스탭에서 차출된 내부의 관련 직원과 조직학습을 전문으로 하는 외부의 경영 컨설턴트들 그리고 교수들이다.

이 팀은 오른쪽 칸에 실을 이야기를 선정하기 위해서 수백 시간에 걸친 인터뷰 자료를 정리한다. 그 과정에서 팀은 왼쪽 칸에 기재할 문안을 생각해 낸다. 이 문안에는 이야기에서 계속 반복되는 주제를 밝혀내고, 이야기의 가정과 함축적 의미에 대해 질문을 던지고, 오른쪽 칸에 실린 인용들의 이면에 숨겨진 토론되지 않은 쟁점들을 제기한다.

학습용 역사서가 일단 완성되면, 그것은 수록된 사건에 관계했던 사람들과 그 역사서를 통해 배울 수 있는 사람들을 대상으로 한 집단 토의용 기초자료로 사용된다. 예를 들면, 어느 한 부문의 성공적인 제품 개발에 관한 학습용 역사서는 새로운 신제품을 개발하려는 다른 부문에서 대화를 유발시키는 데 활용될 수 있다. 이 학습용 역사서를 다른 부문의 구성원들에게 읽혀서 호기심을 불러일으키거나 마음에 들거나 또는 그들을 사로잡는 부분을 표시하도록 한다.

그들은 소그룹별로 모임을 갖고 앞선 부문이 성공할 수 있었던 사고의 과정에 대해 깊이 있는 대화를 나눈다. 이 모임의 목적은 새로운 행동을 계획할 때 직면하게 될 중요한 선택 사항들을 좀 더 잘 이해할 수 있도록 하는 데 있다. 이처럼 학습용 역사서는 제품개발의 과정과 같은 하나의 과정으로 볼 수 있다(반면에 전통적인 경영 컨설팅 보고서들은 종종 조직 전체에 배포되어 일부는 읽히지만 대부분은 서가에 꽂혀진 장식품으로 전락하고 만다).

제품에 관한 학습용 역사서의 '함께 이야기하는' 형식이 독특한 것으로 보일지 모르지만, 실제로는 옛날 공동체의 구전(口傳)이라는 오랜 관습에 기반을 두고 있다. 문명이 시작된 이후 부족민들은 불 주변 같은 곳에 모여 중요한 사건에 관한 이야기들, 이를테면 전쟁, 지도자의 교체 또는 자연 재앙 등에 대하여 이야기해 왔다.

이러한 모임에서는 많은 사람들이 자신의 관점이라고 할 수 있는 기억을 더듬어 이야기하고, 또 학습 역사가라고 할 수 있는 무당(shaman)이 그 이야기에 대해 논평을 하여 이야기의 요점을 밝히는 발견 과정(discovery process)을 이끌었을 것이다. 부족민들은 지향하는 공동목적을 지닌 다면적인 이야기를 들었을 것이다. 따라서 그들은 하나의 사건을 다같이 경험하고 그 의미를 집단으로 학습하게 된다. 이것은 부족민들이 그 의미를 함께 창조하는 것을 뜻한다.

이처럼 끊임없이 지속되는 구전의 형식을 기업의 상황에 적용해도 효과를 거둘 수 있을까? 몇 가지 잠정적인 결과들에 따르면 그 대답은 긍정적이다. 지금까지 15건이 넘는 학습용 역사서 프로젝트가 주로 미국 대기업에서 실행되었는데, 회사의 최근 역사에서 중요한 논쟁 거리가 되었던 사건들을 이해하고자 하는 데 그 목적이 있었다.

한 사례에서 보면, 어느 자동차 업체의 상품화 팀이 상업화 속도와 품질 수준의 내부 기록을 깨뜨린 적이 있다. 그 다음에 만들어진 학습용 역사서에 따르면 신기록을 가능케 했던 요인은 새로운 기능횡단적인 상호관계였음이 드러났다.

또 다른 학습용 역사서의 사례에서는 포춘 선정 50대 기업 중 한 회사에서 일어난 기업 변신 노력이 조사되었다. 이 회사는 기반이 확립된 여러 사업 단위를 없애고, 다른 일부 사업 단위들을 통합하였으며, 새로운 여러 사업 단위들을 신설하였다. 그러한 기업 변신의 결과 수천 명의 종업원들은 새로운 조직 문화에 대한 과제와 그 문화 속에서의 관리자 역할에 대한 과제를 푸는 데 노력하게 되었다. 학습용 역사서는 관료적 유산이 남아 있는 회사에서 기업가적으로 행동하는 방법을 포함하여, 전 조직이 대처해야 할 미지의 도전 과제를 밝힘으로써 많은 종업원들이 문제를 해결해 나가는 데 도움을 주었다.

학습용 역사서의 효과성

우리는 일반적으로 학습용 역사서가 여러 가지 긍정적인 효과를 가진다는 사실을 알아냈다. 첫째, 가장 중요한 것은 학습용 역사서가 신뢰를 구축한다는 점이다. 과거에 무시를 당했지만 자신들의 의견이 옳다고 믿는 종업원들은 자신들의 의견이 보고서에 기록된 것을 보았을 때(그 의견을 누가 언급했는지 상관 없이) 그 의견이 인정되고 있다고 느끼게 된다.

소외되었다고 느꼈던 종업원들은 자신과 회사의 좀더 나은 미래를 개척하고자 노력하는 과정에서 혼자가 아니라는 사실을 믿게 된다.

결국 학습용 역사서를 통한 집단 토의는 집단적으로 반성할 수 있는 새로운 기회를 제공해 준다. 집단 토의는 종업원의 관심, 두려움과 가정들을 둘러싼 불투명한 점들을 제거하는 데 도움을 줌으로써 종업원 상호간의 신뢰도를 높여 준다. 신뢰의 증진은 학습, 특히 집단 학습에 좀더 공헌할 수 있는 여건을 조성해 준다. 학습에는 솔직하게 아이디어를 공유하는 것이 필수적이기 때문이다.

둘째, 학습용 역사서는 종업원들이 이야기하고 싶어하지만 자신 있게 공개적으로 거론하기 어려운 쟁점을 제기하는 데 특히 효과적이다. 학습용 역사서는 오른쪽 칸에 관련자들의 논평을 익명으로 싣고 또 왼쪽 칸에 날카로운 시사점을 담고 있기 때문에 거론하기 어려운 쟁점들에 대하여 좀더 공개적으로 대화할 터전을 제공해 준다. 한 제조업체 산하의 두 공장 간에 오랫동안 지속된 경쟁 관계를 부각시킨 어느 학습용 역사서에서는 양쪽이 공동으로 생산하는 기계의 품질을 떨어뜨리면서까지 실제로 어떻게 결탁해서 경쟁 관계를 계속 유지하는지를 보여주고 있다.

셋째, 학습용 역사서는 회사의 한 부문에서 다른 부문으로 지식을 이전시키는 데 성공적이었음이 입증되었다. 학습용 역사서의 독자들은, 다른 사람들이 배웠지만 새로운 상황에서는 적합하지 않을 수도 있는 교훈을 단지 복제하지 않았다. 오히려 그러한 교훈으로 이끌어 가는 추론 과정과 계기를 깨닫고 그 통찰력을 자신의 창의력을 발휘하는 데 적용해 나갔다.

이러한 현상을 보여주는 한 예로서, 미국 중서부에 있는 어느 한 정유 공장의 학습용 역사서를 생각해 보자. 여러 해 동안 그 공장의 관리자와 종업원들은 운영 비용을 통제할 좀더 나은 방법을 모색해 왔지만 아무 소용이 없었다. 다기능 팀이 과열된 압축기가 원인이라고 문제의 진상을 규명하자 비로소 문제 해결의 돌파구가 열렸다.

압축기에 대한 해결책을 논의하고, 계획하고 또 실행하는 과정에서 그 팀은 정유공장이 안고 있던 여러 장비의 문제들을 해결하는 데 도움을 주는 새로운 유지·보수 전략을 개발했으며 결국 150만 달러의 비용을 절감할 수 있었다. 그러나 난관 극복에 관한 학습용 역사서의 목적은 본래 기술적인 해결책을 서술하기 위한 것이 아니라 혁신적인 해결책들이 조직 내부에서 만들어질 수 있다는 것을 보여주기 위한 것이었다. 그래서 20쪽 분량의 보고서가 600명에 달하는 그 공장의 종업원들과 이 회사의 많은 해외 정유공장에 배포되었다.

이 정유 회사의 한 관리자는 "학습용 역사서가 제조 활동에서 사전 예방적인 노력을 하는 데 매우 중요하였다"고 술회하였다. 또한 "학습용 역사서는 장비 운전자나 관리자 모두에게 좀더 사전 예방적인 활동에 참여하는 것이 성공의 요인이었으며, 스스로 거기에 기여해야 한다는 사실을 인식시킨 방법이었다. 그후 2년 동안 우리는 중요한 순간마다 다시 학습용 역사서를 참조하였다. 그리고 우리는 정유공장에서 50건 이상의 혁신을 이룩했다"고 언급하였다.

마지막으로, 학습용 역사서는 경영 관련 지식, 즉 무엇이 효과적이고 또 비효과적인지를 알 수 있는 일반화 가능한 지식을 확보하는 데 도움을 준다. 학습용 역사서는 하나의 사건을 분석할 목적을 띠기도 하지만, 학습용 역사서 자체에서 얻는 교훈이 종종 그 분석을 대신하기도 한다.

그 예로서, 재무적 수익이나 기술적 목표의 달성과 같은 '눈에 보이는' 결과들(hard results)이 기업 문화와 같은 '눈에 보이지 않는' 쟁점들(soft issues)에 의존한다는 반복되는 교훈을 들 수 있다.

최근까지 쓰여진 학습용 역사서를 살펴보면, 기업의 리엔지니어링, 재설계 또는 변신 작업에서 가장 중요한 성공 요인은 확실히 조직 내에서 구성원간의 상호작용이 잘 이루어지는 것임을 알 수 있다. 그것은 많은 경우 상호작용을 지휘하는 리더들의 겸허함과 개방성에 달려 있다. 학습용 역사서에는 다른 반복되는 주제들이 많이 실려 있기 때문에 사실 이들 학습용 역사서는 언젠가 경영 대학과 도서관에 교과서나 논문들과 함께 비치될지도 모른다. 그래서 학습용 역사서들은 경영학을 발전시키려는 사람들에게 통찰력을 제공하는 하나의 원천으로서 사용될 수 있을 것이다.

학습용 역사서가 실험 단계의 수준에서 벗어나고 있다는 사실은 의심할 여지가 없다. 몇 년 후 우리가 학습용 역사서의 과정을 거친 기업을 다시 방문할 때 이 경영 도구의 유효성에 대해 좀더 많이 알게 될 것이다. 옛날 공동체의 구전이라는 전통에 뿌리를 둔 이 새로운 학습용 역사서가 과연 계속해서 기업들에게 영향을 미칠 수 있을까? 그 대답은 경험을 통해서만 얻을 수 있을 것이다. 결국, 경험은 우리 개인적인 삶이나 조직의 삶 어디에서이든 최고의 스승이 될 수 있다.

부 록

학습용 역사서의 단계적 창출 과정 : 오토코사

다음은 가칭 엡실론(Epsilon)이라는 승용차의 성공적인 출시에 대해 기술하고 있는 1996년에 발간된 한 학습용 역사서에서 발췌한 것이다. 이 승용차는 우리가 오토코(AutoCo)라고 부르기로 한 대규모 자동차 업체의 작품이다.

우리가 엡실론 프로젝트에 대한 학습용 역사서를 만들어 달라는 부탁을 받은 것은 본래 오토코사의 다른 자동차 개발팀이 엡실론의 제품화 과정 및 경영관리상에서 이룩한 혁신을 학습하고 또 그 혁신을 개선하도록 도움을 주려는 데 목적이 있었다. 예컨대, 엡실론은 예정보다 1주일 앞서 시장에 등장했는데, 자동차 산업에서는 아직 알려지지 않은 사실이었다. 또 엡실론은 자동차 디자인을 최종 마무리하기 위해 책정된 예산 6,500만 달러 중 1,500만 달러만 사용하였다. 고위 경영진은 어떻게 그럴 수 있었는지 그리고 회사의 다른 부문들도 그러한 성공의 과정을 대리 체험할 수 있을지를 알고 싶어했다.

이러한 특별 문서작성을 위해 몇 명의 저자들과 오토코사의 훈련 및 개발 그룹 소속 직원 3명으로 구성된 학습용 역사서 팀이 결성되었다. 우리는 3개월 동안 당시 엡실론 프로젝트와 관련된 45명, 즉 기술자에서 비서, 그리고 고위 경영진까지 면담했다. 그 다음에 우리는 또다시 3개월 동안 수천 쪽의 면담 자료를 뒤지면서 의미있는 대표적인 인용구를 찾았고, 가장 적절히 이야기 줄거리를 구성하였다. 또한 왼쪽 칸에서 해명될 중심 주제를 추출하였고, 모든 인용구를 원래의 피면담자들에게 확인해 본 다음 마침내 89쪽짜리 책을 엮어냈다.

다음에 게재된 글은 엡실론 프로젝트의 중요한 교훈을 적절히 포착하고 있기 때문에 학습용 역사서에 실었다. 엡실론의 출시가 성공적일 수 있었던 주된 이유는 엡실론 팀이 오토코사의 규칙과 절차들을 계속해서 파괴하고 새롭게 다시 만들었기 때문이었다. 그러나 이러한 사업의 성공도 조직 내에 갈등과 혼란을 일으켰다. 실제로 경험한 사람들이 발생한 사건에 대해 각자 다른 의견을 말하는 것을 듣는다고 생각하면 이와 같은 상황이 이해될 것이다.

오토코사의 학습용 역사서는 회사를 위한 중요한 메시지를 담고 있다. 예를 들어, 오토코사의 규칙을 파괴하는 것이 엡실론 성공의 한 가지 이유였다면, 이들 규칙의 기능은 무엇이었다는 말인가? 규칙을 변화시킨다는 것은 상급 관리자들에서부터 그 아래의 모든 종업원들에게까지 각각 다른 의미를 가질 것이다. 이러한 이유로 학습용 역사서는 상급 관리자들이 그것을 읽고 토론하고 수용하기 전까지 회사 내에 배포되지 않았다. 실제로 한 고위 경영자는 관리자들이 대규모 조직 내에서 일어나는 상충되는 욕구를 관리하는 역할의 중요성을 인식하고, 학습용 역사서가 욕구관리를 학습하는 데 도움이 될 수 있다고 언급하면서 학습용 역사서의 서문 작성을 끝맺었다.

그후 오토코사의 종업원 수백 명은 소집단으로 나뉘어져 학습용 역사서를 토론하였고, 내부의 경영 컨설턴트들이 이 토론을 촉진시켰다. 학습용 역사서는 제품 창조라는 일종의 '도전적인 여행길'에 오른 팀들에 의해 계속 사용되고 있다.

오토코사의 학습용 역사서 사례

A → **엡실론 프로젝트 : '적색경보보다 더 나쁜 상황'**

엡실론 제품 출시팀은 자신들의 새로운 경영관리 방법을 실행하면서, 자신들이 오토코사의 기업 문화에서 소외되어 있다는 것을 느끼게 되었다. 그들은 상급 관리자들이 때로는 자신들에게 갈채를 보내고, 때로는 자신들을 지원하고, 때로는 자신들을 무시하고, 또 때로는 자신들의 노력을 헛되게 만들기도 하였음을 느꼈다. 그러는 동안에 몇몇 상급 관리자들은 엡실론 팀이 그들만이 신봉하는 접근 방법에 빠져있다고 인식했다. 이것은 마치 엡실론 사업의 리더들이 오

B → 토코사의 나머지 모든 조직이 알지 못했던 성과달성 방법을 자신만은 안다고 느꼈던 것과 흡사했다. 이 문제는 부품에 대한 현안, 문제점 및 긴급 변경사항들을 기록한 기술 보고서인 변화 요청서 (change requests : CRs)를 둘러싸고 불거져 나왔다. 여기에 나타난 요구 사항이 일시에 524가지나 되어 종래 전형적인 자동차 출시의 경우에 많아야 200가지였던 요구사항을 훨씬 웃돌았던 것이다.

| 다른 집단들에게 측정 기준이 무엇을 의미하는지 그리고 그것이 어떻게 사용되는지를 함께 인식하도록 요구했었 | 기술자(engineer) : 과거에 기술자들은 자신들의 문제점을 기록한 비밀 업무 일지를 보유하고 있었을 것이다. 우리가 어떤 문제를 공개할 수 있으려면 우리 자신이 그 문제에 대한 해답을 알고 있어 |

> 가? 이것은 공정 혁신을 추구하는 집단들에게 무엇을 요구하는가?

C ──▶

야 한다. 변화 요청서를 공개해 보아야 보상도 받지 못한다고 말하지만, 이것만이 공개하지 않는 이유는 아닐 것이다.

보통 한 기업 내에서도 똑같은 문제를 해결하기 위해 두 명 이상이 노력하고 있을 것이다. 그러나 그 문제를 추적하여 공유하는 문서가 없기 때문에 각자 서로 무엇을 하는지 우리는 파악하지 못할 것이다. 내가 금속판과 관련된 어떤 문제를 해결하기 위해 연구하고 있다고 하자. 그러나 내가 변화 요청서에 그러한 문제를 적어서 공개하지 않았기 때문에 다른 종업원들은 금속판에 문제가 있는 것조차 알지 못할 것이다. 나는 그 문제가 금속판에 영향을 주었는지조차 몰랐을 수도 있다. 내가 마침내 나의 해결책을 상세히 작성했을 때, 다른 종업원들은 "잠깐만 기다려라. 우리는 해결책을 활용할 줄 모른다"고 말할 수도 있다.

우리는 새로운 과정을 통해 변화 요청서를 좀더 신속히 공개하도록 고무받았다. 그에 따라 이제는 모든 사람이 서로의 문제를 제때에 알게 됨으로써 하나의 해결책을 바탕으로 함께 작업할 수 있게 되었다. 이것은 프로그램 관리자가 우리에게 우리 자신의 문제를 처리하도록 권한을 위임해야 함을 의미한다.

여기에서 엡실론 팀에 소속되지 않았던 한 관리자는 명백하면서도 새로운 스트레스의 징후들을 느끼고 자신의 당혹스러움을 표현하고 있다.	상급 관리자 : 우리는 제조 작업에서 녹색으로 시작해서 노란색이 되고 또 빨간색이 되기도 하는 측정 기준을 가지고 있다. 나는 엡실론 프로그램이 '자주색'이라고 말했다. 그것은 빨간색보다도 더 나쁘다는 것을 뜻한다. 나는 무엇이 준비되었는지 또는 준비되지 않았는지 그리고 언제 준비되어야 하는지를 95% 정도로 정확히 제시할 수 있는 독특한 능력이 있다. 내가 보기에 엡실론 프로젝트는 준비가 안되었다. 엡실론의 프로젝트는 한마디로 구제불능이었다. 그래서 나는 엡실론 출시 일자를 연기하도록 권고했다.
D➔ 왜 엡실론 팀의 관리자들은 현안을 보고할 때 자신들의 전략과 행위를 설명하기 어려웠는가?	엡실론 팀 관리자 : 나는 처음에 우리의 변화 요청서상의 요구 건수에 대해서 실제로 바람직하다고 느꼈다. 이러한 요구 사항들을 발견하고 그 해결책을 모색한다는 것이 환상적이기까지 했다. 나는 "기술자들에게 현안을 기록하도록 권장함으로써, 실제로 작업 속도를 높일 수 있으며 보다 양질의 제품을 얻게 될 것이다."라고 부사장에게 말했다. 또한 "이것이 바로 우리 시스템상의 변화인데, 우리는 그것이 지속되기를 원한다. 우리는 기술자가 문제를 일찍 작성해서 알린다고 해서 처벌받아서는 안

된다."는 말도 했다. 그 부사장은 고개를 끄덕이면서 경청을 했다. 그러나 회의가 끝난 후, 그는 여전히 그 프로그램이 통제되고 있지 않다고 말했다.

E → 부사장의 입장에서는 엡실론 프로젝트가 '통제되고 있지 않은 상태'는 아니었다.
F → 이 프로젝트는 단순히 변화시에 통상적으로 일어나는 확대와 축소의 과정을 거치고 있었다.

부사장 : 모든 사람이 따르려고 하는 윤리관이 있는데, 그것은 변화하기에 적합한 시기가 있는가 하면 또 적합하지 않은 시기도 있다는 사실이다. 제품과 공정을 최적화해서 고품질의 제품을 출시하는 것이 중요하다. 이것이 바로 엡실론 팀이 나아가야 할 방향이다. 그러나 엡실론 팀은 그런 방향으로 작업하고 있지 않다. 기술자들은 바람직하거나 적절하다는 이유로 무엇인가를 계속 바꾸는 데 대부분의 시간을 소모하고 있다. 제조 활동에서도 몇 가지 변화를 추진하고 있다. 그래서 여러분들은 최근의 실패, 문제점, 적합성 및 제품 마무리와 같은 문제로 일종의 전투를 계속하고 있다. 제조 부문에서는 변화 요구건수를 줄여 달라는 상당한 압력이 들어오고 있다.

    1년 후 변화 요구 건수가 상당히 증가함에 따라 프로그램 관리자와 자동차 출시 관리자는 절차상의 변화에 착수했다. 기술자들에게
G → 다른 모든 일을 중단하고 변화 요구사항을 해결하도록 통보했다. 기술자들이 1주일 동안 집중적으로 문제 해결에 나선 결과 공개된 변화 요구 건수가 350건에서 50건으로 급격히 줄었다. 그때 비로소

프로그램의 평판이 높아졌다. 프로그램 관리자는 자신이 프로그램을 확고히 통제하고 있음을 보여주었다.

그러나 얄궂게도 문제를 일찍 해결한 것처럼 보였기 때문에, 감추어져 있던 변화 요구사항들이 나중에 다시 부상했을 때는 오히려 문제 해결이 지연될지도 모른다.

사전에 다른 조직과 팀 외부의 구성원들에게 어떤 종류의 동의나 지원(buy-in)을 요청하는 것이 적절한가?

기술자 : 그러나 경영진이 그러한 접근 방식을 택했을 때, 당신은 기술자들이 문제를 숨기도록 몰아가게 된다. 아무도 자신이 해결책을 가지고 있지 못하는 한 변화 요청서를 작성하지 않을 것이다. 왜냐하면 그렇지 않아도 기술자들은 감독자가 1주일에 3번씩이나 찾아와서 공개된 변화 요구사항에 대해서 물어보았고, 거기에 답변해야 한다는 사실을 알기 때문이다. 기술자는 변화 요구사항을 나에게 말하지 않을 것이다. 따라서, 우리의 현안 공개 방식은 다시 과거의 '은폐' 체제로 돌아가 버렸다.

물리학에는 하나의 행동이 동일한 힘의 반작용을 일으킨다는 것을 말해주는 법칙이 있다. 이 법칙이 경영 활동의 행동 영역에도 적용될 것인가? 변화 요구사항을 줄이라는 압력에 대해 당신은

엡실론 팀 관리자 : 그때부터 우리는 우리의 현안에 대해 비공식적으로 말하려고 애썼다. 그러나 그것은 당신들이 실제로 원하는 것이 아니었다. 당신들은 쟁점이 생겼을 때 모든 사람에게 그것을 알려주는 적절한 공식 시스템을 진정 원했다. 일단 회사 전체가 현안이 존재하고 그것이 문제라는 사실을 알게 되면,

어떤 반응을 보일 것인가?	모든 종업원들은 "이제 그것이 나에게 어떻게 영향을 미칠 것인가?"를 생각할 수 있다. 따라서 모든 사람이 문제해결을 위해 함께 노력할 수 있다. 나는 부사장에게 다시 가서, "이 공개 시스템의 마력은 우리가 모든 것을 파악할 수 있다는 것이며, 그 의미는 우리가 문제를 파악한 날부터 모든 사람이 그 문제를 알게 된다는 것이다"라고 말했다. 그는 그것이 대단한 생각인 것 같다고 말했지만, 여전히 현안이 공개되는 것을 원치 않았다.

A. 학습용 역사서에 서술된 짧은 이야기는 소설이나 영화 제목 같이 독자를 사로잡거나 또는 어쩌면 흥미를 유발할 수도 있는 제목으로 시작된다. 우리는 학습이 하나의 유인 과정이며, 그 과정의 참여자들이 능동적인 지적 역할을 하도록 끌어들일 필요가 있다고 믿는다. 이것은 주입식 과정과는 정반대인데, 주입식 과정에서는 참여자들이 여러 가지 교훈을 주입받는 동안 수동적인 상태에 놓이게 된다.

B. 처음의 소개글은 한 칸으로 된 서문으로 시작되는데, 이 서문에서는 다음에 기술될 에피소드의 단계를 설정하고 있다. 본 사례에서 독자들은 엡실론과 오토코사가 변화 요청서에 대해 시종일관 의견이 엇갈린다는 것을 알게 된다. 변화 요청서는 자동차 디자인이 변경될 필요가 있다는 점을 시스템에 경고하는 기술자들이 작성하는 공식 보고서이다. 학습용 역사서의 서문은 항상 아무도 반론을 제기할 수 없는 기업의 성과나 사실에 근거하고 있다. 이 서문은 독자들에게

언급될 에피소드가 주목할만한 가치가 있음을 알려준다.

C. 오른쪽 칸에는 직책이나 직위만을 밝힌 참여자들이 에피소드 중에서 자신과 관련된 부분을 언급한다. 인용구들은 선별되는데, 그 이유는 인용구들이 이야기를 극적으로 전개시키고 에피소드에 대한 중요한 관점들을 극명하게 나타내주기 때문이다. 본문에서 한 기술자는 엡실론 기술진으로 하여금 전통적인 변화 요청서 방식에 도전하도록 만드는 가정과 태도를 밝히면서 자신의 견해를 제시한다.

D. 왼쪽의 칸은 학습 역사가들이 제출한 논평, 통찰력 및 질문을 담고 있다. 이들 논평은, 독자들이 회사의 중대한 사건이 지니고 있는 의미에 대해 이야기하기 위해서 나중에 소집단별로 모여 보다 심도있는 대화를 유발시키도록 설계된다.

E. 이 학습용 역사서에서는 엡실론 팀 구성원들에 대한 최초의 인터뷰가 소개되었다. 그들은 프로젝트에 소속되지 않은 오토코사의 관리자들이 보이는 반응에 대해 이야기했기 때문에, 부사장과 같은 그러한 몇몇 관리자들과 인터뷰하는 것이 필요하게 되었다. 이렇게 하는 것은 외부 관리자들이 보는 관점들을 학습용 역사서에 포함시키고 또 공정하게 접근하도록 보장하기 위해서였다.

F. 이 논평은 부사장의 말이 지니고 있는 함축적인 의미에 대해 독자가 주목하도록 유도한다. 즉, 부사장은 엡실론 팀의 견해에 대해 동의하지 않았지만, 이를 직접 말하지도 않았다. 이처럼 일반적으로 밖으로 표현되지 않는 반대는 중요한 변화를 수반하는 사건에서 종종 발생한다. 학습용 역사서는 이러한 '무언의' 갈등들을 표면화시키고 풍부

한 토의 재료로 만들 수 있다. 그렇게 함으로써 학습용 역사서는 조직 구성원들로 하여금 다른 견해들이 존재하는 이유를 이해하고 또 종종 평가할 수 있도록 도움을 준다.

G. 이야기 전개에서 변화가 필요할 때에는 한 칸의 전문(소文)을 중간 삽입글로 사용한다. 이 전문은 조직 구성원들이 계속 숙고하고 있음을 보여주고, 뒤에서 인용된 말들의 배경을 설명해 준다. 지금의 사례에서는 이를테면 엡실론 팀이 변화 요구 사항들을 과거의 방식으로 처리하는 시스템으로 아무 불만없이 되돌아가는 것의 의미에 대한 배경을 말해준다.

H. 학습용 역사서는 회사의 특별한 경험들을 이해하는 데 도움을 줄 수 있다. 또한 학습용 역사서는 독자들이 좀더 넓은 시야에서 조망할 수 있도록 설계되기도 한다. 이것은 독자들이 보다 크고 일반화될 수 있는 교훈을 체험하도록 하는 데 그 목적이 있다. 여기에서 물리 법칙이 언급되는데, 이것은 외관상 보기에 작은 변화들이 전체 시스템에 충격을 줄 수 있는 통찰력을 불러일으키기 위함이다.

Harvard Business Review, September-October 1997.

7장
지식을 창조하는 연구개발

존 실리 브라운(John Seely Brown)

앞으로 연구개발 부서에서 만들어야 할 가장 중요한 발명품은 기업 그 자체가 되어야 한다. 급격한 기술 변화에 보조를 맞추고 점점 증가하는 경영환경의 불확실성에 대응하려면, 연구개발 부서는 단순히 혁신적인 신제품을 만드는 것 이상의 역할을 해야 한다. 즉, 기업이 지속적으로 혁신할 수 있도록 새로운 기술과 조직구조를 고안해야 한다. 다시 말해, 기업의 연구개발은 혁신을 재창조하는 것이어야 한다.

이 글에서 제록스사의 팔로알토 연구소(Palo Alto Research Center : PARC) 소장인 브라운(John Seely Brown)은 연구개발 활동의 역할에 대한 독특한 비전과 이러한 비전을 깨닫기까지 PARC에서 행했던 많은 노력들에 대해 들려주고 있다. PARC의 연구원들은 새로운 기술이나 제품뿐만 아니라 새로운 직무 수행 방식에 대한 연구도 수행했다. 그들은 기업내 모든 부문에서 부분적인 혁신(local innovation)이 자연스럽게 발생하도록 기술의 새로운 용도를 고안했다. 그리고 기술 및 조직혁신을 창출하기 위한 새로운 기법을 연구하는 과정에서 타부서는 물론 고객과도 공동으로 작업을 수행했다.

이러한 노력들은 연구개발에 대한 네 가지 원칙들을 새롭게 정의하고 따랐기 때문에 가능했다. 첫째, 새로운 직무 수행 방식에 대한 연구는 새로운 제품에 대한 연구 이상으로 중요하다. 둘째, 혁신은 어디에나 존재한다. 문제는 혁신을 어떻게 이끌어낼 것인가에 있다. 셋째, 연구개발만으로는 혁신을 가져올 수 없다. 혁신을 위해서는 공동의 노력이 필요하다. 넷째, 연구개발의 궁극적인 혁신 파트너는 고객이다.

  제록스사는 새로운 원칙에 입각하여 연구개발 활동을 수행함으로써 주력 제품 개발에 매우 큰 도움을 받았을 뿐만 아니라, 회사 내부에 한정되지 않고 외부에서도 광범위하게 적용될 수 있는 새롭고 독특한 혁신 방법론을 개발할 수 있었다. 브라운은 제록스사와 같이 기술 집약 사업을 수행하는 기업뿐만 아니라 업종에 관계없이 모든 기업은 궁극적으로 이러한 네 가지 원칙에 따라야 한다고 주장한다. 즉, 성공적인 기업이 되고자 한다면 사람들이 실제로 직무를 수행하는 방식이 무엇이며, 기술은 효과적인 직무 수행에 어떠한 도움을 줄 수 있는가에 대해 이해해야 한다. 그리고 어떠한 환경하에서 모든 종업원들이 담당 분야에서 지속적으로 혁신할 수 있는지에 대해서도 알아야 한다. 또한 기존의 기업 관행이나 고정관념에 대해 다시 생각해 보아야 하며, 고객들이 지금까지 미처 알지 못했던 욕구도 찾아내야 한다. 이상과 같이 성공적인 기업이 되려면 반드시 기업을 재창조하는 연구 활동을 수행해야 한다.

연구개발의 새로운 지평

앞으로 연구개발 부서에서 만들어야 할 가장 중요한 발명품은 기업 그 자체가 되어야 한다. 급격한 기술 변화에 보조를 맞추고 점점 증가하는 경영환경의 불확실성에 대응하려면, 연구개발 부서는 단순히 혁신적인 신제품을 만드는 것 이상의 역할을 해야 한다. 즉, 기업이 지속적으로 혁신할 수 있도록 새로운 기술과 조직구조를 고안해야 한다. 다시 말해, 기업의 연구개발은 혁신을 재창조하는 것이어야 한다.

제록스사는 팔로알토 연구소(Palo Alto Research Center : PARC)에서의 연구개발 경험을 통해 이같은 교훈을 매우 힘겹게 얻을 수 있었다. 제록스사는 1970년에 컴퓨터 공학, 전자, 재료 공학 분야에서의 첨단 연구를 수행하기 위해 PARC를 설립했다. PARC의 연구원들은 그후 10여년 동안 개인용 컴퓨터(PC) 혁명과 관련된 기초 연구 분야에서 많은 혁신을 이루어냈다.

하지만, 이러한 혁신 결과들을 이용하여 PC를 상업화하는 데 성공한 것은 제록스사가 아니라 다른 회사들이었다(236쪽 부록 1 참조). 이 과정에서 제록스사는 '미래 대응에 서투른 기업'이라는 좋지 못한 평판을 얻게 되었으며, PARC도 뛰어난 연구 활동을 수행하기는 하나 사업과는 관계없는 연구소라는 평판을 듣게 되었다.

그러나 이러한 견해는 PARC가 지난 20년 동안 혁신을 이루어내기 위해 거쳤던 새로운 접근 방법을 무시한 측면이 있다. 예전부터 PARC는 다음과 같은 근본적인 질문을 제기해 왔다. "극심한 경쟁과 끊임없는 기술 혁신으로 대변되는 경영환경하에서 기업의 연구개발이 담당해야 할 역할은 무엇인가?" "대기업이 최신 혁신들을 자기 것으로 잘 흡수하고, 그러한 혁신들을 신속하게 신제품으로 연결시키려면 무엇을 해야 하는가?" 그러나 대부분의 기업들은 최근에 와서야 이러한 질문에 대한 답을 얻고자 노력하고 있다.

이러한 질문에 대한 가장 일반적인 대답은 연구개발 부서의 주 관심사를 획기적인 혁신에서 점진적인 혁신으로, 그리고 기초연구에서 응용연구로 전환시키는 것이다. 그러나 PARC는 이와는 다른 접근법, 즉 일반적인 관심사를 모두 포함시켜 획기적인 혁신과 기초연구 등 각 방법의 가장 효과적인 특징들을 결합한 새로운 접근법을 채택했다. PARC는 이를 '탐색적 연구(pioneering research)'라 부른다.

탐색적 연구는 최상의 응용 연구와 같이 기업이 직면한 가장 시급한 사업상의 과제를 해결하는 것과 밀접하게 연관되어 있다. 또한 탐색적 연구는 최상의 기초 연구와 같이 새로운 해결책, 그리고 때로는 매우 혁신적인 해결책을 찾기 위해 사업상의 과제를 기본적으로 재정의하기도 한다. 제록스사는 탐색적 연구를 강조함으로써 기술과 혁신이 의미하는 바, 그리고 실질적으로는 연구개발 그 자체가 의미하는 바를 재정의할 수 있었다(237쪽 부록 2

참조). 제록스사가 재정의한 새로운 원칙들은 다음과 같다.

1. 새로운 직무 수행 방식에 대한 연구는 새로운 제품에 대한 연구 이상으로 중요하다.

전통적으로 기업들은 연구개발을 새로운 기술과 제품의 원천으로 생각해 왔다. 그러나 PARC에서는 조직 관행의 새로운 표준을 고안해 내는 연구도 매우 중요하다고 믿고 있다. 이는 기술이 소프트웨어나 하드웨어 같은 물건을 만들어 내는 것으로 인식되는 전형적인 관점을 넘어, '실제로 사용할 수 있는 기술'에 대한 연구라고 부르는 새롭고 효과적인 직무 수행 방법을 창출할 수 있는 가능성에 대해 연구하는 것을 의미한다. 이러한 연구 활동들은 언제 어디서나 컴퓨터를 이용할 수 있게 하거나, 모든 일상 생활에 정보기술을 폭넓게 적용하는 것과 같이 정보기술 분야의 획기적인 혁신을 이루려는 기업에게 필수적이다.

2. 혁신은 어디에나 존재한다. 문제는 혁신을 어떻게 이끌어낼 것인가에 있다.

기업이 연구개발 활동의 초점을 제품뿐만 아니라 조직 관행에도 두기 시작한다면, 그 즉시 다른 원칙을 명확하게 이해할 수 있을 것이다. 즉, 혁신은 연구개발 부서의 전유물이 아니란 것이다. 혁신은 종업원들이 문제에 직면하거나 예상하지 못한 상황에 처한 경우, 또는 그들의 일반적인 직무 수행 방식이 잘못된 경우 등

기업 활동의 모든 측면에서 발생할 수 있다. 그러나 문제는 이러한 부분적인 혁신을 이끌어 내는 방법이 무엇이며, 그것을 전체적인 효율 향상을 위해 활용할 수 있는 방법이 무엇인가에 대해 알고 있는 기업이 거의 없다는 것이다.

PARC에서는 생산 현장에서 종업원들과 함께 이러한 혁신을 가져오는 과정에 대해 연구하고, 이를 통해 교훈을 얻을 수 있는 방법을 개발하기 위해 노력하고 있다. 제록스사는 이러한 노력을 통해 지금까지 혁신의 장애물로 여겨져 온 조직규모를, 새로운 기술과 직무 수행 방식을 창출할 수 있는 원천으로 전환시키기를 원하고 있다.

3. 연구개발만으로는 혁신을 가져올 수 없다. 혁신을 위해서는 공동의 노력이 필요하다.

기업은 혁신으로부터 무엇인가 배우기에 앞서, 혁신을 조직 전체로 확산시키기 위해서는 어떻게 해야 하는가에 대해 다시 생각해 보아야 한다. 새로운 기술과 직무 수행 방식을 창출하는 것은 혁신의 중요성에 대해 공감대를 지니고 있는 파트너와 함께 공동으로 노력할 때 가능해진다.

다시 말해, 조직 구성원들은 새로운 기술, 시장 기회, 그리고 전체 사업을 바라보는 시각을 왜곡시키는 낡은 사고방식을 타파해야 한다. 다른 한편으로는 이러한 공동 노력을 위해 획기적인 혁신의 중요성을 인식시키는 새로운 방안을 찾아야 한다. 즉, 기업은 연구개발 활동을 통해 조직과 사업에 대한 새로운 사고(思考) 모델을 구축해야 한다.

4. 연구개발의 궁극적인 혁신 파트너는 고객이다.

실제로 활용할 수 있는 기술의 개발, 부분적인 혁신의 창출, 조직의 새로운 사고모델의 공동 구축 등과 같이 제록스사가 추구하는 모든 활동들은 고객에게 직접 적용할 수 있는 것이다. 사실 제록스사의 미래 경쟁 우위는 정보기술 관련 제품들을 단지 고객들에게 판매하는 데 있는 것이 아니다. 그것은 고객의 현재와 미래 욕구를 충족시킬 수 있는 기술과 직무 수행 방식을 통해 고객과 함께 제품을 공동으로 만들어내는 데 있다. 따라서 연구개발이 담당해야 할 역할은 고객들이 자신의 잠재 욕구를 파악하고, 지속적인 혁신 능력을 향상시킬 수 있도록 도와주는 방법과 도구를 개발하는 것이다.

PARC는 이러한 새로운 원칙들이 의미하는 바를 이제 막 연구하기 시작했을 뿐이다. 이들 원칙에 기초한 PARC의 연구개발은 좀더 흥미로운 실험일 뿐이며, 아직은 연구개발의 새로운 방향을 제시한 것에 지나지 않는다. PARC는 첨단 정보기술에 중점을 두면서, 동시에 혁신 과정에서의 인간 및 조직적 장애물에 대해 연구하고 있다. 그리고 사람들이 혁신적인 신기술과 직무 수행 방식의 잠재성을 이해하는 데 도움이 될 수 있는 새로운 기법들을 시험하고 있다.

제록스사는 새로운 원칙에 입각하여 연구개발 활동을 수행함으로써 주력 제품 개발에 매우 큰 도움을 받았을 뿐만 아니라, 회사 내부에 한정되지 않고 외부에서도 광범위하게 적용될 수 있는 새롭고 독특한 혁신 방법론을 개발할 수 있었다.

제록스사와 같이 기술과 관련된 사업을 수행하는 기업뿐만 아니라 업종에 관계없이 모든 기업은 궁극적으로 위에서 언급한 원칙을 따라야 한다. 즉, 성공적인 기업이 되고자 한다면 사람들이 실제로 직무를 수행하는 방식이 무엇이며, 기술은 효과적인 직무 수행에 어떠한 도움을 줄 수 있는가에 대해 이해해야 한다. 그리고 어떠한 환경하에서 모든 종업원들이 담당 분야에서 지속적으로 혁신할 수 있는지에 대해서도 알아야 한다. 또한 기존의 기업 관행이나 고정 관념에 대해 다시 생각해 보아야 하며, 고객들이 지금까지 미처 알지 못했던 욕구도 찾아내야 한다. 이상과 같이 성공적인 기업이 되려면 반드시 기업을 재창조하는 연구개발 활동을 수행해야 한다.

정보기술, 보이는 것과 보이지 않는 것

연구개발에 대한 우리의 새로운 접근법에 의하면, 연구개발을 위해서는 기술을 지금까지와는 다른 특별한 시각에서 볼 수 있어야 한다. 정보기술이 급격히 발전하고 새로운 정보기술의 응용이 수월해짐에 따라, 다음과 같은 두 가지 현상이 나타날 것이다. 첫째, 더욱더 많은 정보기술들이 우리가 일상적으로 사용하는 사무용 기기에 활용될 것이며, 둘째, 사용자들은 자신의 욕구를 더욱 더 잘 충족시킬 수 있는 적절한 제품을 사용할 수 있게 되리란 것이다.

이러한 두 가지 현상은 역설적인 결과를 가져올 것이다. 즉, 모든 곳에 정보기술이 활용되고 사용자들은 자신의 직무 수행 방식에 보다 적합한 정보기술 관련 제품을 활용할 수 있게 됨에 따라, 정보기술 그 자체는 겉으로 드러나지 않게 될 것이다. 그리고 정보화 시대에는 한 가지 기능만을 수행하는 정보기술 제품은 점차 사라지게 될 것이다.

복사기의 예를 들어보자. 칼슨(Chester Carlson)이 50여년 전에 건식(乾式) 복사기를 발명한 이래, 복사기 기술은 거의 유사한 형태를 유지해 왔다. 기존의 대다수 복사기들은 광렌즈를 통해 복사하고자 하는 이미지를 투사한 후, 투사된 이미지를 복사지에 인화하는 방식을 이용했다. 그러나 정보기술과의 결합에 따라 복사기도 매우 빠른 속도로 변화하고 있다.

최근에 출시된 복사기에는 복잡한 정보처리 장치가 부착되어 있다. 제록스사의 최신 복사기에는 근거리 통신망에 연결되는 30여 가지의 마이크로프로세서가 부착되어 있다. 이들 마이크로프로세서는 복사기의 운영 상태를 지속적으로 점검하고 소모된 부분을 보충함으로써, 복사기의 신뢰성을 증가시키고 일관된 품질 상태를 유지할 수 있게 해 준다. 또한 복사기 사용과 관련된 정보를 사용자에게 제공함으로써 보다 쉽고 편하게 사용할 수 있게 해 준다(240쪽 부록 3 참조). 제록스사는 이러한 혁신들을 이루어 냄으로써 지난 10년 동안 일본업체들과 성공적으로 경쟁할 수 있었으며, 빼앗겼던 시장을 다시 찾아올 수 있었다.

그러나 이러한 변화들은 단지 시작에 불과하다. 복사기에 첨단 정보기술이 활용되면서, 복사기는 서비스나 제품 디자인 개선에 필요한 정보를 수집하는 센서의 역할도 할 수 있게 되었다. 예를 들어, 제록스사는 최근에 출시한 신제품에 '원격 쌍방향 커뮤니케이션(Remote Interactive Communication : RIC) 시스템'이라는 새로운 기술을 적용했다.

RIC는 복사기에 부착된 전문가 시스템으로서 복사기의 상태를 점검하고, 인공지능 기술을 활용하여 언제 고장이 발생할 것인가를 예측하는 시스템이다. 일단 RIC가 고장이 발생할 시기를 예측하면 그 정보는 제록스사의 지사에 자동적으로 전달되며, 고장의 원인이 분석된다. 보다 자세한 분석은 지사의 컴퓨터에 의해 행해지며, 예상된 고장 시기가 도래하기 전에 수리 인력을 파견할 수 있도록 일정 계획이 수립된다.

아마도 고객들은 RIC를 그저 복사기에 절대 고장이 나지 않게 해주는 기술로만 받아들일 것이다. 그러나 제록스사에게 RIC는 보다 나은 서비스의 제공뿐만 아니라 고객의 소리를 청취할 수 있는 새로운 도구로서의 의미를 지닌다. RIC를 통해 여러 해 동안 실제 기업 환경에서 복사기가 사용되어 온 상태를 수집함으로써, 궁극적으로는 그 정보를 차세대 복사기 설계를 위한 지침으로 활용할 수 있다.

RIC는 사용자가 겉으로 볼 수 없는 정보기술이 어떻게 복사기를 변화시켜 왔는지를 보여주는 한 예일 뿐이다. 그러나 이러한 기술 변화의 궁극적인 결론은 한 가지 기능, 즉 복사 기능만을 수행하는 복사기가 사라지게 되었다는 것이다. 최근 제록스사는 다기능 사무기기를 출시했는데, 이 제품은 광렌즈를 이용한 기존의 복사 방식 대신에 디지털 방식을 활용하고 있다.

이 방식은 복사할 대상의 이미지를 디지털화하여 컴퓨터에 저장시켜 놓았다가 추후에 필요하면 언제든지 다시 인쇄할 수 있게 해 주는 기능을 갖추고 있다. 앞으로는 마치 현재의 팩시밀리처럼, 디지털 복사기를 이용하여 한 곳에서 자료를 저장해 놓았다가 다른 곳에서 그 자료를 인쇄할 수 있게 될 것이다. 또한 일단 자료를 디지털화시키면, 인쇄하기 전에 그 자료를 저장하고 편집하는 것 등이 가능해질 것이다. 이렇게 되면 복사기와 컴퓨터, 프린터, 팩시밀리 같은 기타 사무기기들간의 구별이 없어지게 될 것이며, 사용자의 다양한 욕구를 충족시켜 줄 수 있는 다기능 기기가 사용될 것이다.

복사기에 일어난 이러한 변화는 결국 모든 사무기기에서도 나타날 것이다. 모든 분야에 컴퓨터 기술이 적용됨에 따라 복사기뿐만 아니라 문서 보관함, 탁상용 컴퓨터, 화이트 보드, 전자메모 등이 하나로 통합되어 관련 기술은 더욱 보이지 않게 될 것이다. 또한 현재 사용되고 있는 책이나 보고서, 그리고 기타 서류 등의 많은 부분을 대체하게 될 것이다. 더욱이 컴퓨터 기술이 발전함에 따라 현재보다 훨씬 폭넓게 적용될 수 있는 새롭고 유연한 정보기술이 개발될 것이다.

그 결과, 기술의 유연성은 더욱 높아져 사용자들은 자신의 특정한 필요에 따라 보다 적합한 기술을 이용할 수 있게 될 것이며, 이는 흔히 말하는 매스 커스터마이제이션(mass customization)을 가능하게 해 줄 것이다. 제록스사는 이미 소프트웨어 설계 분야에서 이러한 개발에 착수했다.

컴퓨터 기술이 향상됨에 따라 '객체 지향 프로그래밍'(PARC에서는 이미 1970년대에 개발됐다)과 같은 새로운 기법을 활용한 소프트웨어 설계가 가능하게 되었다. 예전에는 사용자들이 자신의 필요에 따라 정보 시스템을 변경하거나 재설계하기 위해 전문 프로그래머의 도움을 받아야 했지만, 이제는 객체 지향 프로그래밍을 활용함으로써 사용자가 직접 손쉽게 처리할 수 있게 되었다. 기술적인 관점에서만 본다면, 객체 지향 프로그래밍은 기존의 프로그래밍 기법보다 비효율적이다. 하지만 이 방법은 계속적으로 변화하는 조직의 요구에 더욱 잘 부합할 수 있는 유연성을 지니고 있다.

사실 멀지 않은 장래, 아마 10년 이내에 정보기술은 흙처럼 흔히 볼 수 있는 일반적인 것이 될 것이다. 그러나 정보기술이 제품의 형태로 나타나기 위해서는 업무에 직접적으로 활용할 수 있는 기술을 구체화시키기 위한 노력을 공급자와 고객이 공동으로 수행해야 한다. 이렇게 될 경우 제품화된 정보기술은 눈에 보이지 않을 것이다. 정보기술은 업무 그 자체에 녹아들어갈 것이기 때문이다. 그리고 기업들은 제품이 아니라, 사용자들이 자신의 욕구를 파악할 수 있도록 도와주고 그들에게 가장 적합한 제품을 고안해주는 전문성을 판매하게 될 것이다. 즉, 우리의 제품은 고객들이 원하는 것이 될 것이다.

팔로알토(PARC)의 연구개발 철학

급속한 기술 발전에 따라 정보기술 관련 제품의 확산과 매스 커스터마이제이션이 가능해졌다. 그러나 중요한 것은 기술 그 자체가 아니라 기술이 지원하는 직무 수행 방식이다. 향후 조직은 더 이상 정해진 기술에 따라 직무 수행 방식을 결정할 필요가 없을 것이다. 오히려 사람들이 실제로 직무를 수행하는 방식에 맞추어 정보 시스템을 설계할 수 있게 될 것이다.

이것은 지난 10년 동안 PARC에서 추진한 중요한 연구 중 일부를 인류학자들이 담당했던 이유이기도 하다. PARC의 인류학자들은 공급업체에 전표를 발급하는 회계부서 직원, 복사기 수리 담당 기술자, 신제품 설계자, 심지어 제록스사의 복사기를 처음 사용하는 사람에 이르기까지 기업 전반에 걸쳐 이들의 직무와 그 수행 방식에 대해 연구했다. 이러한 연구를 통해 제록스사는 혁신의 속성, 조직학습, 그리고 바람직한 제품설계 등에 관한 기본적인 통찰력을 얻을 수 있었다.

PARC는 인류학적인 관점에서 직무에 대한 연구를 시작하면서, 기술을 직무에 적용하기 이전에 사람들이 자신의 직무를 어떠한 방식으로 수행하는지를 명확하게 이해하고자 했다. 대부분의 사람들은 직무를 규정하는 공식적인 절차나 정확한 조직 구성도만 있으면 종업원들, 특히 매우 반복적인 일을 담당하는 종업원들이 어떠한 일을 수행하는지를 알 수 있다고 생각한다. 그러나 PARC의 인류학자인 서치먼(Lucy Suchman)은 1979년에 제록스사의 회계부서 직원들을 연구한 결과 전혀 예상치 못했던 흥미로운 사실을 발견했다.

서치먼이 직원들에게 어떠한 방식으로 직무를 수행하는지에 대해 물었을 때, 그들의 대답은 업무 매뉴얼에 나타난 공식적인 절차를 따른다는 것이었다. 그러나 그들의 직무 수행 과정을 직접 관찰한 결과, 실제로는 전혀 공식적인 절차를 따르지 않고 있었다. 대신 그들은 업무 매뉴얼에는 나와있지 않지만 직무를 수행하는 데는 매우 효과적이라고 인정되고 있는 비공식적인 방법들을 활용하고 있었다. 사실 이들은 예상치 못한 어려움에 대처하고 문제점을 조속히 해결하기 위해 새로운 방법들을 지속적으로 고안해 왔던 것이다.

 미처 이러한 사실을 인식하지 못하고 있다하더라도, 그들은 다른 사람들이 생각하는 것처럼 단순히 반복적인 일만 수행하는 것이 아니라, 훨씬 더 혁신적이고 창의적인 방법으로 직무를 수행하고 있었다. 서치먼은 공식적인 직무 수행 절차는 종업원들이 실제로 직무를 수행하는 방식과는 거의 관련이 없다는 결론을 내렸다.

 대부분의 종업원들은 특정 업무의 목표를 이해하기 위해 공식적인 절차를 활용한다. 그러나 사람들은 목표 달성을 위해 직무를 수행하는 과정에서 직면할 수 있는 예상치 못한 상황에 대처하기 위해 새로운 직무 수행 방식을 고안해 낸다. 이와 같은 비공식적인 활동들은 종업원들이 준수해야 하거나 관리자들이 감독해야 하는 규정된 절차에 포함되지 않은 것들이기 때문에 대부분 눈에 보이지 않는 상태로 존재한다. 그러나 이러한 비공식적인 직무 수행 방식의 고안을 통해 조직은, 경험이나 변화를 통해 효과를 얻는 것처럼, 예상하지 못했던 문제에 대처할 수 있는 유연성을 갖출 수 있다.

 만일 부분적인 혁신이 우리가 생각하는 만큼 중요하고 도처에서 발생하고 있다면 대기업일수록 혁신의 잠재성은 클 것이다. 단, 대기업이 그러한 혁신을 활용하고 혁신으로부터 무엇인가를 배우려고 할 경우에만 그렇다. 하지만 불행하게도 부분적인 혁신의 중요성을 이해하고 이를 필수적인 업무활동으로 인정하는 기업은 거의 없다.

대부분의 경우 종업원들이 직무 수행 과정에서 얻은 아이디어들은 조직 전체적인 차원에서는 활용되지 못하고 있다. 이러한 아이디어들은 개인의 직무를 쉽게 수행하는 데 활용되거나 소규모의 동료 집단에서 비공식적으로 공유되고 있을 뿐이며, 그 이상으로 확대되는 경우는 드물다. 이러한 현상은 오늘날 대부분의 정보 시스템이 공식적인 직무 절차에 기초를 두고 있기 때문에 더욱 심화되기도 한다. 그 결과 조직학습을 위한 중요한 원천이 무시되거나 활성화되지 못하고 있다.

PARC는 기업 전체에 점진적인 혁신을 가져올 수 있는 새로운 용도의 기술을 개발하기 위해 노력하고 있다. 또한 종업원들이 그때그때 상황에 적절히 대응책을 만들어 내고, 그러한 대응책들이 모여 조직 전체의 지식기반을 형성할 수 있는 직무 환경을 조성하는 데 힘쓰고 있다.

이를 위한 한 가지 방법으로 종업원들이 손쉽게 프로그래밍을 할 수 있는 도구를 개발하였다. 이 도구를 통하여 종업원들은 자신의 업무에 적합하게 정보 시스템이나 컴퓨터 프로그램들을 직접 조정할 수 있다. 한 가지 예를 들어보자.

나의 부하 여직원은 사무실에서 사용하고 있던 전자달력 프로그램을 보다 효과적으로 사용할 수 있는 아이디어를 많이 갖고 있었다. 그녀는 매일매일 전자달력을 사용하면서 새로운 아이디어를 계속해서 추가하고자 했다. 그러나 종종 프로그램이 그것을 제대로 표현하지 못했다. 이러한 문제를 해결하기 위해서는 새로운 전자달력 프로그램을 개발하는 방안을 생각할 수 있다. 그러나 우리는 이러한 방안 대신, 사용자 맞춤 프로그램(Customized User-System Program : CUSP)이라는 프로그램 언어를 만들어 각자 자신이 원하는 대로 전자달력 프로그램을 수정해서 사용할 수 있도록 했다.

영국 캠브리지에 있는 EuroPARC에서도 이와 유사한 부분적인 혁신을 이루었다. 이 연구소의 연구원들은 '버튼(Buttons)'이라는 첨단 소프트웨어를 개발했는데, 이 소프트웨어는 컴퓨터 코드들을 정형화하고 패키지화함으로써 컴퓨터 교육을 거의 받지 못한 사람이라도 쉽게 시스템을 수정할 수 있게 한 것이다. 비서, 사무원, 기술자 등 어떠한 직무에 종사하는 사람이라도 '버튼'을 이용함으로써 자신만의 소프트웨어를 만들 수 있었다. 그리고 전자우편 기능을 통해 그 소프트웨어를 동료들에게 보낼 수 있었으며, 다른 사람으로부터 받은 '버튼' 시스템을 자신의 필요에 맞게 수정할 수도 있었다. 이와 같이 '버튼'이라는 소프트웨어의 개발은 사람들이 부분적인 혁신을 전파하고 활용하는 것을 용이하게 해 주었다.

또한 새로운 기술들은 조직학습에 매우 큰 도움이 되었다. 예를 들어보면, 1984년 제록스사의 한 서비스 부서는 교육 프로그램의 효과를 향상시킬 수 있는 방법에 대한 조사를 PARC에 의뢰한 적이 있었다.

복사기 수리를 담당하는 14,500명의 서비스 기술자들을 교육시키려면 많은 비용과 시간이 소요된다. 더욱이 신제품을 신속히 출시할 수 있는 능력은 서비스 기술자들에게 신제품과 관련된 기술을 교육시키는 데 걸리는 시간에 따라 좌우된다. 이러한 이유로 이 서비스 부서는 기존의 강의식 교육을 더 빨리 할 수 있게 해주는 일종의 전문가 시스템을 개발해 줄 것을 PARC에 요청했다.

PARC는 예전에 서비스 기술자로 근무한 적이 있는 인류학 전공의 연구원을 파견하여, 실제로 그들이 어떠한 방식으로 직무를 수행하고 있는지를 파악하도록 했다. 여기서 실제적인 직무 수행 방식이란 그들 또는 그들의 관리자가 말하는 방식이 아니라, 그들이 실제로 하고 있는 직무 수행에 필요한 기술을 배우는 방식을 말한다. 그는 서비스 부서에서 교육 프로그램을 이수한 후, 현장에서 실제로 수리 업무를 수행하면서 기술자들과 그들의 업무에 대한 면담을 했다.

이러한 면담 결과, 서비스 기술자들은 공식적인 교육 과정이 아니라 현장에서 문제를 해결하고 동료들과 비공식으로 얘기하는 과정에서 대부분의 기술을 습득한다는 사실을 알게 되었다. 즉, 지속적인 교육에 가장 큰 영향을 미치는 요소는 커피를 마시거나 점심을 먹으면서, 또는 동료들과 어려운 문제를 해결해 나가는 과정에서 나누는 대화였다.

어떤 의미로는 이러한 대화들이야말로 기술자들이 직무 수행을 위해 활용하는 진정한 전문가 시스템이다. 그들은 과거의 문제와 그 문제의 원인을 잘 보관하고 있는 저장소이며, 현재 직면한 문제에 대한 이론을 구축하는 설계사이다. 또한 문제의 해결책을 제시하는 해결사이기도 하다.

이러한 대화 분위기를 조성하고 상호간의 지속적인 대화를 통해 문제를 해결함으로써 그들은 매우 중요한 기업 자산이라 할 수 있는 강력한 조직 지식을 축적해 왔다.

이러한 연구 결과에 따라 PARC는 서비스 기술자들의 직무와 교육 프로그램을 평생교육이라는 관점에서 재검토했다. 기술자 개인뿐만 아니라 전체 기술자 집단의 전문성 구축을 위해 필수적인 동료간의 대화를 어떻게 지원하고 확대해 나갈 것인가? 그리고 이를 첨단 사무기기의 개발을 담당하고 있는 설계자와 같이 대화를 통해 큰 효과를 얻을 수 있는 회사내 다른 집단으로 확대할 수 있는 방안은 없는가? PARC는 이러한 질문의 해답을 찾기 위해 노력했다.

이를 위한 방안으로 PARC는 서비스 기술자들과 나머지 종업원들을 연계시킬 수 있는 첨단 멀티미디어 시스템을 개발했다. 이러한 시스템을 활용함으로써 기술자들은 과학자들이 자신의 논문을 배포하는 것과 같이 유용한 이야기들을 전세계에 전파할 수 있었다. 또한 다른 사람의 경험을 통해 새로운 지식을 받아들이고 널리 확산시킬 수 있었다.

이렇듯 비공식적인 전문성이나 직무상의 지식을 포함하고 있는 개인적인 경험을 널리 확산시킴으로써 종업원들이나 기업은 자신의 역량을 향상시킬 수 있었다.

공동으로 혁신을 창출하라

　서비스 기술자의 교육과 관련된 PARC의 새로운 접근법은 탐색적 연구의 좋은 사례이다. PARC는 모든 사람들이 인식하고 있던 실질적인 기업 문제를 다른 각도에서 접근하고 재검토함으로써 예전에는 누구도 생각하지 못했던 해결책을 제시할 수 있었다. 그러나 PARC는 어떻게 하면 문제 인식에 대한 새로운 시각을 다른 사람에게 전파하여 새로운 접근법의 중요성을 인식하게 만들 것인가라고 하는 또 다른 과제에 직면하게 되었다.
　새로운 혁신을 전파하기 위한 기존의 접근법은 혁신의 전파를 단순히 정보 이전의 문제로 취급한다. 기존 접근법에서는 주전자로 컵에 물을 따르듯 새로운 지식을 사람들의 머리에 쏟아 붓는 데 초점을 두고 있다. 그런 종류의 전파는 점진적인 혁신에 있어서는 효과가 있을 수 있다. 그러나 기술, 제품, 업무 프로세스 또는 사업상의 문제 등을 근본적으로 재정의하고자 하는 탐색적 연구에서는 별다른 효과를 얻지 못한다.
　사람들에게 새로운 시각에 대해 단순히 설명하는 것만으로는 충분하지 않다. 오히려 사람들이 새로운 시각의 효과와 가능성을 직접 느낄 수 있게 해 주어야 한다. 사람들의 머리에 지식을 쏟아 붓는 대신에 그들이 새로운 시각을 갖도록 도와주어 새로운 각도에서 세상을 볼 수 있게 해야 한다. 이를 실천에 옮기기 위해서는 사람들이 새로운 혁신의 의미를 실제로 경험할 수 있도록 해 주는 새로운 전파 기법이 필요하다.

디지털 복사 방식의 개발이라는 혁신이 제록스사에게 주는 전략적 의미를 생각해 보자. 얼마전까지 제록스사는 광렌즈를 이용한 건식 복사라는 특정한 기술에 의존해 왔으며, 제록스사의 종업원들은 정보기술이 기존 복사기를 더욱 값싸고 성능 좋은 것으로 만들어 주는 수단이라고 생각했다.

그러나 그들은 정보기술이 복사기뿐만 아니라 일반적인 사무정보기기에 이르기까지 폭넓게 적용될 수 있다는 사실을 미처 깨닫지 못했다. 이에 PARC는 종업원들이 복사기에 대해 갖고 있는 기존 생각을 바꿀 수 있는 방안을 찾고자 했다. 즉, 그들이 복사기에 대해 가지고 있는 생각의 한계를 좀더 확장시키기 위해 제록스사의 기업전략실과 공동으로 연구에 착수하였다.

최초로 시도했던 방법은 고위 관리자들을 위한 비디오를 만드는 것이었다. 그 비디오에는 기술에 대한 풍부한 지식을 가지고 있는 PARC의 연구원들의 토론 내용이 담겨 있었다. 그 내용은 디지털 복사 기술이 종업원들의 직무 수행에 얼마나 큰 도움을 줄 수 있는가, 즉 디지털 복사 기술의 잠재력에 관한 것이었다. 그들은 기술에 대해 단순히 토론만 한 것이 아니라 그것이 직무 수행에 어떻게 영향을 줄 수 있는지에 대한 시범도 보여 주었다. 즉, 그들은 기술 자체에 대한 설명뿐만 아니라 그 기술이 실제로 어떻게 사용될 수 있는지를 보여주려고 했던 것이다.

PARC는 그 비디오를 기술 개발 이전에 그 기술이 어떻게 사용될 수 있을 것인가를 상상할 수 있게 하는 매체로 활용하고자 했다. PARC는 고위 관리자들에게 비디오를 보여 줌으로써, 그들의 직관력과 상상력을 이끌어낼 수 있었다.

한편 고위 관리자들은 새로운 기술을 이해할 수 있었을 뿐만 아니라 사업에 대한 새로운 사고모델을 구축할 수 있었다. PARC는 새로운 기술의 용도와 그것이 기업에 주는 의미가 무엇인지에 대한 관람자들의 아이디어가 제시될 때 비로소 비디오가 완성된다는 의미에서, 그 비디오를 '미완성 자료'라고 불렀다.

고위 관리자들은 중요한 연구 파트너였지만, 연구 파트너가 그들에게만 국한된 것은 아니었다. PARC는 혁신에 걸림돌이 될 수 있는 기업문화적 요소를 파악하기 위해 하위 관리자들에 대한 연구도 실시했다.

이 연구 프로젝트는 제록스사와 같은 대규모 조직에서 혁신을 창출하는 사람들이 '배신자'로 불리는 경우가 많다는 사실에 초점을 두고 시작되었다. PARC는 조직 규모가 신제품 개발과 같은 혁신 과정에 장애 요인으로 작용하는 이유를 파악하기 위해 일부 신제품 개발 프로그램에 대한 연구에 착수하였다.

PARC는 이러한 연구를 통해 기업 내에서 새로운 아이디어가 어떻게 버려지고 있는지를 파악함으로써, 바뀌어야 할 기업문화의 특성이 무엇인지를 알고자 했다. 그리고, 지금까지 혁신을 억눌러 온 기본적인 가정(假定)에 도전함으로써, 종업원들이 창의적인 아이디어를 마음껏 표출할 수 있는 환경을 조성하고자 했다.

고객은 혁신의 궁극적 파트너

공동 연구의 궁극적인 파트너는 고객이어야 한다. 지금까지 기술한 내용의 최종적인 결론은 현재 고객이 필요로 하는 것에서 한 걸음 더 나아가, 앞으로 고객이 필요로 하게 될 기술과 업무 시스템을 반드시 고객과 함께 만들어내야 한다는 것이다.

이는 기존의 시장조사 활동과 반드시 구별되어야 한다. 대부분의 시장조사는 특정 제품이 이미 존재하거나 고객들은 자신이 원하는 것이 무엇인지 이미 알고 있다는 가정하에서 이루어진다. 그러나 PARC는 아직 존재하지 않는 시스템과 명확히 정의되지도 않은 욕구에 초점을 두고 있다. 우리는 고객들이 잠재된 욕구를 깨달을 수 있도록 도와주고 그러한 욕구를 충족시켜 줄 수 있는 시스템을 만들 수 있기를 원한다.

이러한 취지에서 PARC는 '익스프레스(Express)'라는 프로젝트에 착수했다. 이 프로젝트의 목적은 혁신 과정에 고객을 직접 참여시킴으로써 새로운 기술들을 신속하게 '상품화'하는 것이었다. 이 프로젝트 수행에는 PARC와 제록스사의 인력으로 구성된 소규모 팀과 제록스사의 고객인 신텍스(Syntex)사 종업원들이 공동으로 참여했다.

신텍스사에서는 1,000명 이상의 연구원들이 미국 식품의약국 (Food and Drug Administration : FDA)의 승인을 받을 수 있는 신약 개발을 위해 연구개발 활동을 수행하고 있다. 이러한 연구 활동 결과 신텍스사에는 매년 30,000건 이상의 임상보고서(臨床報告書)가 만들어진다. 그래서 익스프레스 프로젝트팀은 PARC가 개발한 핵심 기술을 적용하여 수많은 임상보고서를 효과적으로 관리할 수 있는 시스템을 개발하고자 했다.

신텍스사의 종업원들은 새로운 기술을 배우기 위해 많은 시간을 PARC에서 보냈으며, 제록스사의 연구 인력들도 신텍스사의 업무 프로세스에 대해 집중적으로 연구했다. 프로젝트팀은 신텍스사의 주요 요구 사항과 PARC의 기술이 이러한 요구 사항을 충족시킬 수 있는지의 여부를 파악한 후, 표준 시스템을 만들기 위한 공동 작업을 수행했다. 그 결과 새로운 문서처리 시스템을 개발하였다. 이 시스템은 문서의 교환·번역·인식 기술을 활용하여 신텍스사의 임상보고서를 검색·분류·보관·배분할 수 있도록 한 것이다. 신텍스사는 이 새로운 시스템 개발을 통해 임상보고서의 효율적 관리라는 과제를 해결할 수 있었으며, PARC는 전체 제약업체에게 제공할 수 있는 시스템을 만들 수 있었다.

PARC는 익스프레스 프로젝트를 고객과 공동 연구를 수행한 대표적인 사례로 활용하고 있다. 우선 익스프레스 프로젝트팀의 공동 연구 과정을 비디오테이프에 담아 팀 구성원들 간의 상호작용 과정을 이해할 수 있는 자료로 활용했다. 그리고 공동 연구에 대한 보다 심층적인 연구를 수행했다.

PARC는 이 프로젝트를 통해 공동 연구에 대한 중요한 교훈을 얻을 수 있었으며, 이 가운데 가장 주의를 기울여야 할 점은 프로젝트팀 구성원들 간에 목표나 과정에 대한 공감대가 형성되기까지는 많은 시간이 걸린다는 점이었다. 이는 마치 다양한 부서의 인력으로 구성된 팀의 대부분이 프로젝트가 끝날 때까지도 상호간의 견해 차이를 조정하지 못하는 경우가 종종 발생하는 것과 유사하다. PARC는 이러한 팀 구성원들간의 견해 차이가 제품개발에 상당한 걸림돌이 된다고 믿고 있다.

따라서 향후 최대의 연구 과제는 정보기술을 활용하여 조직 내에서 공감대 형성을 촉진할 수 있는 방안을 모색하는 것이다. 이러한 방안의 하나로 PARC는 고객들이 첨단 프로그래밍 기법을 활용하여 자신의 필요에 맞추어 시스템을 신속히 수정하고, 스스로 새로운 시스템을 고안하는 데 도움을 줄 수 있도록 첨단 컴퓨터 시스템을 갖춘 실험실을 만들고자 한다. 이는 새로운 시스템이나 제품을 실제로 만들기 전에 그것의 효과를 모의실험하는 데 목적이 있다. 이러한 계획이 실현되면 고객들은 신제품 개발 부서나 마케팅 부서와 공동으로 작업함으로써 제품이 개발되기 전에 새로운 시스템 환경에 접해 볼 수 있으며, 자신의 요구 사항에 맞도록 시스템을 수정할 수 있다.

아직까지 이러한 실험실은 존재하지 않는다. 하지만 머지않아 루카스필름(Lucas-film)과 같이 멀티미디어 컴퓨터-애니메이션 스튜디오를 갖춘 실험실을 보유한 기업들이 많이 등장하게 될 것이다. 이 실험실에서는 최첨단 애니메이션 기법을 이용해 신제품에 대해서 정교한 시뮬레이션을 해 볼 수도 있을 것이며, 신제품이 고객에게 얼마나 유용한가를 조사할 수도 있을 것이다. 현재 수년이 소요되는 신제품 개발은 그때가 되면 몇 주 혹은 몇 일 만에 끝낼 수 있는 간단한 작업이 될 수도 있을 것이다.

  이렇게 되면 지속적인 혁신이나 고객 지향 기업과 같은 용어는 우리에게 새로운 의미로 다가올 것이다. 그리고 연구개발 활동과 기업 전체에 대한 변혁은 완성 단계에 이르게 될 것이다.

부 록

1. PARC : 컴퓨터 혁명의 진원지

1970년에 제록스사의 전임 회장인 피터 맥컬러프(C. Peter McColough)는 컴퓨터와 전자공학 분야에서의 기초 연구와, 그가 정보의 구조라고 불렀던 '복잡한 조직에서는 정보를 어떻게 사용하는가?'에 대한 연구를 수행하기 위해 PARC를 설립했다. PARC는 세계적인 컴퓨터 과학자들을 고용하여, 그들의 아이디어를 마음껏 펼칠 수 있도록 무제한의 자금을 제공했다.

PARC에서의 과학적인 성과는 즉시 나타났다. 1970년대에 걸쳐 PARC 연구원들은 PC 혁명의 주춧돌이 된 일련의 컴퓨터 기술혁신들을 이루어냈다. 즉, 그래픽 인터페이스 환경을 구축하여 컴퓨터 사용을 용이하게 해 주는 비트맵(bit map) 방식의 표시 장치, 분산 컴퓨팅 환경을 위한 근거리통신망, 다중화면활성화 기법, 마우스를 이용한 포인트 앤드 클릭 편집, 그리고 최초의 객체 지향 프로그래밍 언어인 '스몰토크(Smalltalk)' 등을 만들어냈다.

지금까지 제록스사가 PC 산업에서 선두 기업으로 군림한 적은 없었다. 그럼에도 불구하고 PARC는 제록스사에게 전략적인 사업 분야를 제공하는 역할을 담당해 왔다. PARC는 1973년에 최초의 레이저 프린터 시제품을 개발했으며, 제록스사는 1990년까지 레이저 프린터 사업 분야에서 수십 억 달러 규모의 매출을 올릴 수 있었다. 그리고 근거리통신망과 컴퓨터 인터페이스 설계 분야에서 PARC가 이루어낸 혁신들은 제록스 복사기와 프린터에 효과적으로 활용되었으며, 이는 1980년대에 제록스사가 일본 경쟁업체들의 도전을 물리칠 수 있었던 핵심 성공요인이 되었다.

1970년대에 PARC의 과학자들은 기술에 대한 비전을 가지고 있었으며, 기술과 직무간의 상호관계에 대한 연구의 비중을 높여왔다. 1990년대 들어서는 기존의 연구 인력인 컴퓨터 과학자, 물리학자 및 엔지니어 이외에 인류학자, 사회학자, 언어학자 및 심리학자들이 PARC의 연구 수행 과정에서 중요한 역할을 하고 있다. 그리고 컴퓨터 과학 분야의 연구원 대부분은 어떻게 하면 정보기술이 조직간의 공동 작업을 효과적으로 지원할 수 있는가라고 하는 '컴퓨터 지원 협력 작업' 분야에 연구의 초점을 두고 있다.

로버트 하워드(Robert Howard)

2. PARC가 젊은 연구원들에게 보낸 편지

젊은 연구원들에게

우리 PARC는 인력을 채용할 때 기술적 전문성이나 지적 우수성보다 더욱 중요하게 여기는 판단 기준을 가지고 있습니다. 그것은 바로 직관입니다. 잘 연마된 직관과 그것에 대한 확고한 믿음은 여기서 수행하는 연구에 필수적인 도구가 될 것입니다.

연구에 대한 우리의 접근 방법은 '뿌리까지'라는 의미를 가지고 있는 그리스어에서 파생된 '근본적(radical)'인 방식입니다. 우리 연구원들은 근본적인 변혁을 가져올 수 있는 기초적인 질문에 대한 해답을 찾고 있습니다. 우리의 경쟁 우위는 컴퓨터와 그것의 사용에 대한 새로운 접근 방법을 개발하고, 이를 신속하게 시장에 적용할 수 있는 능력에 달려 있습니다.

이것이 현재의 기술을 개선하고 발전시키는 데 초점을 두고 있는 대부분의 기업 연구소들과 PARC가 다른 점입니다. 만일 여러분이 다른 연구소에서 일하게 된다면, 아마 프로젝트에 착수하는 순간에 여러분의 연구가 언제, 어떠한 효과를 가져올지를 잘 알 수 있을 것입니다. 여러분이 연구하는 문제는 잘 정리되어 있을 것이며, 여러분은 현재의 컴퓨터 기술을 잘 계획된 경로에 따라 한 단계씩 개선하는 데 기여할 수 있을 것입니다.

하지만 여러분이 우리 연구소에서 일하게 되면, 여러분은 어떠한 계획된 경로도 접할 수 없을 것입니다. 여러분이 맡은 연구 과제는 여러분 스스로 풀어야 하는 것입니다. 일단 프로젝트에 착수하게 되면, 처음에 예상하지 못했던 방향으로도 연구를 진행할 수 있어야 합니다. 새로운 접근 방법을 찾으려면 위험을 감수해야 하며, 일반적으로 인정되고 있는 방법이나 신념에서 탈피해야 합니다. 여러분이 어떠한 방향으로 연구를 이끌어야 하는지 알 수 없을 때에는 깊은 불안과 좌절의 시기도 겪게 될 것입니다.

이것이 바로 여러분이 직관을 따르는 것이 왜 그토록 중요한가에 대한 이유입니다. 깊이 있는 직관을 갖고 그 직관을 신뢰하며 그것을 어떻게 활용해야 하는지 알고 있을 때, 여러분은 인내심을 가질 수 있으며 여러분 스스로 미지의 영역을 개척할 수 있을 것입니다. 문제의 근원에 이르기까지 연구를 수행할 수 있는 능력이 있느냐 없느냐에 따라 좋은 연구원과 세계적인 연구원이 구분됩니다. 좋은 연구원은 예측할 수 있는 미래에 대응하는 데 그치지만, 세계적인 연구원은 질적으로 완전히 새로운 것을 만들어 냅니다.

우리가 여러분에게 기대하는 또 하나의 특성은 현실 세계에 존재하는 실질적인 문제를 해결하기 위해 노력하는 것입니다. 우리의 주된 관심은 기술을 실제로 활용하는 데 있으며, PARC의 연구원이라면 사람들이 일하고, 생각하고, 교류하며, 창조하는 방식을 제품에 함축시킬 수 있는 아이디어를 찾는 데 모든 정열을 바칠 수 있어야 할 것입니다.

제록스사의 관리자들과 연구원들은 연구의 결실을 얻기 위해 강한 관계를 형성하고 있습니다. 우리는 지난 몇 년간 연구원들과 타부서원들 사이에 원활한 대화를 위해 새로운 창구들을 개설했습니다. 특히 기업전략실원들과 연구원들은 공동으로 토론하고 정보를 교환할 수 있는 기회를 자주 가져왔습니다. 디지털 복사 기술이 등장하고 디지털 형태로 작성되는 문서에 대한 관심이 높아지면서, PARC가 담당하는 역할의 전략적 중요성은 더욱 커졌습니다. 기존에 정보 시스템과 복사기로 구분되어 있던 제록스사의 사업 부문이 합쳐짐에 따라, PARC의 전문성은 예전보다 훨씬 광범위한 영역에서 활용되고 있습니다.

지금은 시스템 연구 분야에 종사하면서 경력을 쌓을 수 있는 좋은 시기입니다. 새로운 기법과 기술의 등장으로 인해 사용자들은 컴퓨터의 활용 범위를 확대할 수 있게 되었으며, 이는 새로운 방법으로 컴퓨터를 이용할 수 있는 가능성을 증대시키고 있습니다.

만약 여러분이 PARC에서 일하게 된다면, 여러분은 예정된 목표에 도달할 수 있는 안일한 접근 방법에서 탈피해야 할 것입니다. 그러나 여러분은 자신의 개인적인 연구 성향을 주장할 수 있는 기회를 갖게 될 것입니다. 그리고 여러분 없이는 존재할 수 없는 새로운 미래를 창조할 기회도 갖게 될 것입니다.

감사합니다.

기업담당 부사장 존 실리 브라운(John Seely Brown)
연구운영담당 부사장 프랭크 스콰이어스(Frank Squires)

3. 제록스사가 복사기를 재설계한 과정

1980년대 초에 제록스사의 복사기 사업은 커다란 난관에 직면했다. 애프터서비스에 대한 요청이 증가하고 많은 고객들이 신형 복사기의 신뢰성에 대해 문제를 제기하고 있었다. 불평은 최고조에 이르렀다. 제록스사는 중소형 복사기 시장에서의 기회를 적시에 포착하지 못했다. 그 결과 캐논사와 같은 일본 경쟁 업체들이 제록스사의 시장을 잠식해 들어오고 있었으며, 복사기 품질에 대한 평판도 계속해서 악화되었다.

그러나 일부 고객들을 면담한 결과, 신뢰성 문제는 그리 우려할 만한 수준은 아닌 것으로 판명되었다. 복사기 고장이 예전보다 자주 발생하는 것도 아니었으며, 사실 대부분의 애프터서비스 요청은 불필요한 것이었다. 그러나 고객들은 복사기 사용이 점점 어려워지고 있다고 느끼고 있었다. 복사기를 사용하여 업무를 수행하는 것이 어렵게 되자, 그들은 복사기의 신뢰성이 낮다고 여길 뿐이었다.

문제의 근원은 복사기 설계에 있었다. 전통적으로 제록스사의 복사기 설계자들은 대부분의 엔지니어와 마찬가지로 복사기를 아무나 사용할 수 없는 제품으로 만드는 데 주력했다. 그들은 고장이 발생할 수 있는 가능성을 미리 예상한 다음, 해당 기능을 복사기 설계에서 아예 제외해 버리거나 아니면 고장이 발생했을 때의 조치 내용을 담고 있는 설명서를 만들었다.

그러나 새로운 기능들이 계속해서 추가됨에 따라 더욱 많은 설명이 필요해졌다. 복사기의 기능이 더욱 복잡해짐에 따라, 새로운 사용자에게 특정한 조치 방법에 대해 설명하는 것은 더욱 힘들게 되었다. 고객들은 새로운 사용법을 익히기 위해 많은 시간을 들여 사용 설명서를 찾아보아야 했다. 또한 용지가 걸리거나 토너에 문제가 발생했을 때에는 복사기에 고장 번호가 표시되는데, 사용 설명서에서 해당 번호에 대한 조치 내용을 찾아보려면 더 많은 시간을 들여야 했다.

대부분의 사용자들은 복사기를 사용하는 과정에서 고장이 발생하면, 해결 방안을 찾지 못해 그대로 방치하는 경우가 많았다. 이러한 상황을 모르는 그 다음 사용자는 복사기가 고장났다고 생각하고 서비스 요원을 부르는 악순환이 계속되었다.

이러한 문제를 해결하기 위해서는 복사기 설계를 바꿔야 할 필요성이 있었다. 그러나 이러한 판단에 대해 조직 구성원들의 호응을 이끌어내기란 쉽지 않았다. 특히, 제록스사의 복사기에 사용상 매우 심각한 문제가 있다는 주장은 복사기를 설계한 개발부서의 커다란 반발에 부딪혔다. 그러나 결국 개발부서는 복사기 설계에 어떠한 문제가 있는지를 테스트하기로 결정했다. 하지만 개발부서는 여전히 기계의 고장은 설계상의 잘못이 아니라 사용자의 실수 때문이라고 생각했다. 개발부서에서 실시한 테스트에는 사람들이 실제로 어떤 방식으로 복사기를 사용하는지에 대한 내용이 포함되어 있지 않았다.

그래서 PARC의 인류학자들은 PARC에서 사용하고 있는 신형 복사기 중 한 대에 비디오카메라를 설치하고, 연구원들이 복사하는 과정을 직접 관찰하기로 했다. 그 결과 PARC의 인류학자들은 복사기에 문제가 발생하면 고장을 해결하기 위해 조치 방법을 찾으려고 노력하다가, 그것이 실패하자 때로는 실망하고 때로는 화를 내기도 하는 사람들의 모습을 살펴볼 수 있었다.

그 비디오테이프를 통해 제록스사의 복사기에 심각한 문제가 있다는 사실에 반발하던 사람들을 누그러뜨릴 수 있었으며, 문제의 핵심을 파악할 수 있었다. 또한 복사기 같은 기계를 사용하는 사람들은 일상에서 사람들간에 대화를 나누는 것처럼 설명서를 통해 기계와 대화를 한다는 사실을 알 수 있었다. 그러나 복사기를 아무나 사용할 수 없게 만드는 전통적인 설계 방식 탓에, 사용자들이 복사기에서 사용법을 찾기란 거의 불가능했다.

제록스사는 새로운 각도에서 설계 방식을 검토하기로 했다. 고장이 나지 않는 복사기를 설계하기 위해 노력하는 대신, 고장은 피할 수 없는 것으로 생각하기로 했다. 그 결과 사람들이 대화를 통해 오해를 푸는 것처럼, 사용자들이 고장을 해결하는 데 도움이 되도록 복사기를 설계할 수 있었다. 즉, 사용자들이 현재의 상태를 쉽게 알 수 있고 고장이 났을 때 어떠한 조치를 취해야 하는지를 즉시 알 수 있도록 복사기를 설계했다.

이러한 새로운 설계 원칙은 제록스사의 최신 기종인 10시리즈와 50시리즈 복사기에 적용되었다. 이 복사기에는 기존 복사기에 부착되어 있던 사용 설명서가 없다. 그 대신 화면에 각 사용 절차나 기능에 대한 설명이 나타나도록 했다. 일단 고장이 나면, 화면에는 즉시 고장난 부분과 해결 방법에 대한 설명이 표시되었다. 그리고 사용자들은 화면에 나타난 정보를 이용해 자신이 하고자 하는 일을 쉽게 할 수 있었다. 이러한 새로운 설계 방식에는 컴퓨터의 그래픽 사용자 접속 기술(graphic user interface)에 대한 PARC의 연구 결과가 많은 도움이 되었다.

이러한 혁신의 효과는 매우 컸다. 예전에는 용지가 걸렸을 때 이것을 제거하는 데 평균 28분이나 걸렸지만, 새로 설계된 복사기에서는 20초밖에 걸리지 않았다. 그리고 고객들은 고장이 발생해도 쉽게 고칠 수 있게 되었기 때문에, 고장에 대해 별로 개의치 않게 되었다.

Harvard Business Review, January-February 1991.

8장
가치를 창조하는 전문적 지능

제임스 브라이언 퀸(James Brian Quinn), 필립 앤더슨(Philip Anderson),
시드니 핑클스타인(Sydney Finkelstein)

오늘날 한 기업의 성패는 기업이 보유한 물질적 자산보다는 지적 및 시스템적 역량에 좌우된다. 이러한 차원에서 인간의 지능을 관리하고 이를 유용한 상품이나 서비스로 전환하는 방법이 최근 중요한 관리 기법으로 부상하고 있다. 그러나 놀랍게도 그동안 이러한 방향으로는 노력이 그다지 기울여지지 않았다.

새로운 경제 환경에서는 그것이 서비스업이든 제조업이든 전문적 지능(professional intellect)이 대부분의 가치를 창출한다는 사실을 생각해 보면 이를 등한시해왔다는 것은 무척 놀라울 뿐이다. 심지어 다음과 같은 기본적인 질문들에 대해서조차 기업의 관리자들은 체계적인 답변을 하지 못하고 있다. 즉, "전문적 지능은 무엇인가?" "전문적 지능을 어떻게 개발할 수 있는가?" "어떻게 전문적 지능을 이끌어 낼 수 있는가?" 등에 대해서 정확히 이해하지 못하는 것이다.

필자들에 따르면 한 조직에 존재하는 전문적 지능은 인지적 지식(cognitive knowledge, 즉 know-what), 진보적 기술(advanced skills, 즉 know-how), 시스템적 이해(systems understanding, 즉 know-why), 자발적 창조력(self-motivated creativity, 즉 care-why) 등 4가지 수준에서 이루어진다고 한다. 이 중에서 가장 중요한 전문적 지능은 자발적 창조력으로서 조직문화에서 흔히 찾아볼 수 있다. 이를 육성하는 조직체가 현재의 급속한 환경 변화 속에서 보다 큰 결실을 맺을 수 있을 것이다.

필자들은 이러한 전문적 지능을 개발하기 위해서 최고의 인재채용, 전문적 기술의 집중적 훈련, 전문가적 도전의 지속적인 증대, 그리고 객관적 성과평가 및 그에 따른 인재선별 등을 가장 좋은 방법들로 제기하고 있다.

또한 그들은 메릴린치(Merrill Lynch)사, 노바케어(Novacare)사와 같은 다양한 회사들에 대한 심도 있는 사례연구에 의해 새로운 소프트웨어, 유인 체계 및 조직 설계 등을 연계하여 어떻게 전문적 지능을 조직 내에서 이끌어낼 수 있었던 지를 잘 보여주고 있다.

뛰어난 채용, 교육훈련 및 동기부여 조치 등을 통해서도 전문적 지능이 잘 활용될 수 있지만, 조직체들이 전통적인 계층구조에서 전환하여 자체내 지적 네트워크를 창출하는 경우 조직의 전문적 지능이 가치를 창출하는 토양을 마련할 수 있다고 필자들은 주장한다. 이와 아울러 목적에 맞도록 고안된 소프트웨어 시스템에 의해 지원될 때 조직은 전문적 지능을 최대한으로 축적·집중·활용할 수 있다고 말하고 있다.

전문적 지능이란 무엇인가

후기산업사회에서는 한 기업의 성패가 물질적 자산보다는 지적 및 시스템적 역량에 따라 좌우된다. 인간의 지능을 관리하고 또 그것을 유용한 제품과 서비스로 전환하는 능력이 빠른 속도로 현대의 중요한 경영능력이 되고 있다. 그 결과 지적 자본, 창의성, 혁신, 학습조직 등에 대한 관심이 더해 가고 있으나 놀랍게도 전문적 지능(professional intellect)을 관리하는 방법에 대해서는 별다른 관심이 집중되지 않고 있다.

전문적 지능이 신경제하에서 대부분의 가치를 창출한다는 점을 고려할 때 이러한 무관심은 특히 놀라운 것이다.

전문적 지능의 이점은 대규모 서비스 산업들, 예컨대 소프트웨어·의료·금융·통신·경영자문 등에서 두드러지게 나타나고 있다. 그러나 제조업에서도 전문 지식인들은 연구개발·생산과정설계·제품설계·물류관리·마케팅 또는 시스템관리 등을 통해 대규모의 가치를 창출하고 있다. 그러나 전문적 지능의 중요성이 증대되고 있음에도 불구하고 '전문적 지능이 무엇이며, 그것을 활용하는 방법은 무엇인가?'라는 기본적인 질문에조차 체계적인 답변을 할 수 있는 경영자는 거의 없다.

진정한 전문가는 끊임없이 수정·발전하는 일단의 지식체계에 능통한 사람이다. 조직에 존재하는 전문적 지능은 그 중요도에 따라 다음 네 가지 수준에서 작용한다.

① 인지적 지식(cognitive knowledge, 즉 know-what)은 전문가들이 광범위한 훈련과 인증(certification)을 통해 성취한 분야에서 기본적으로 숙달된 실력이다. 이러한 지식은 상업적인 성공을 위해 필수적이지만 충분하지는 않다.

② 진보적 기술(advanced skills, 즉 know-how)은 '교과서적 학습'을 효과적인 실행으로 전환시켜 준다. 한 분야의 법칙들을 복잡한 실제 문제에 적용할 수 있는 능력은 가치창조에 있어 가장 일반적인 전문기술이다.

③ 시스템적 이해(systems understanding, 즉 know-why)는 어떤 분야의 토대가 되는 인과관계에 관한 깊은 지식이다. 이 지능은 전문가들이 단순한 업무 수행 차원을 넘어서서 보다 크고 복잡한 문제들을 해결하게 하고, 이를 통해 특별한 가치를 창출하도록 한다. 시스템적 이해를 지닌 전문가는 미묘한 상호관계와 예상치 못한 결과들을 예측할 수 있다. 결국, 시스템적 이해는 고도로 훈련된 직관이라 할 수 있다. 예컨대, 어떤 프로젝트에 대해 재정적 지원을 하고 정확히 언제 추진할 것인지를 본능적으로 알고 있는 경험 많은 연구부장의 통찰력이 여기에 해당된다.

④ 자발적 창의력(self-motivated creativity, 즉 care-why)은 의지, 동기 및 성공을 위한 적응력 등으로 구성된다. 동기부여가 잘된 창의적인 집단은 보다 거대한 물적 또는 재무적 자원을 가진 집단보다 종종 높은 성과를 보인다. 자발적 창의력이 없는 지적인 리더(leader)들은 자기만족에 그쳐 그들이 가진 지식우위를 잃어버릴 수 있다. 그들은 외부적 여건의 변화, 특히 자신들의 초기 기술들을 진부화시키는 혁신(예컨대 현재 제약업계에서 화학적 검사를 분자설계(molecular design)기법으로 대체하는 식의 변화)에 대해 적극적으로 적응하지 못할 수도 있다. 이런 이유 때문에 최고 수

준의 지능, 즉 자발적 창의성이 필수 불가결한 것이다. 구성원들의 자발적 창의력을 개발하는 조직들은 오늘날의 급속한 변화 속에서 번영할 수 있고, 동시에 다가올 새로운 진보의 물결 속에서 경쟁하기 위해 그들의 인지적 지식, 진보적 기술 및 시스템적 이해를 새롭게 할 수 있다.

지능은 분명히 전문가들의 두뇌에 존재한다. 앞선 세 가지 수준의 지능들이 조직체계, 데이터베이스, 또는 운영기술 등에도 존재할 수 있는 반면, 네번째의 지능은 조직문화에서 종종 찾아볼 수 있다.

지능의 가치는 인지적 지식에서부터 자발적 창의력에 이르기까지 그 지적 등급이 올라가면서 현저하게 증가한다. 그러나 아직도 대부분의 기업들은 사실상 진보적 기술보다는 기초적 기술을 개발하는 데 그들의 모든 교육훈련을 집중하고 있으며 시스템적·창의적 지능에 대해서는 거의 등한시하고 있다.

전형적인 전문가의 활동을 살펴보면, 그 대부분은 창의성보다는 완벽성을 강조한다. 고객들이 대체로 신뢰할 수 있으면서도 최첨단의 기술에 의해 제공되는 전문적인 지식을 원하기 때문이다. 가끔 창의력이 요구되는 경우도 있으나, 경리부·종합병원·소프트웨어회사 또는 금융기관 등의 업무는 대부분 비록 복잡하지만 비교적 유사한 문제들에 대해 고도로 발전된 기술을 반복해서 처리하는 것들이다. 사람들은 좀처럼 외과의사·회계사·비행기조종사·관리정비사 또는 핵발전소 운영자들에게 보다 많은 창의성을 바라지 않는다.

경영자들은 창의성을 필요로 하는 몇몇의 위급상황이나 여타 특수한 여건에 대처하기 위해 전문가들을 분명히 대비시켜야 하지만, 그들의 주된 관심사는 지속적으로 고품질의 지적 산출물을 제공할 수 있도록 하는 데 집중되어 왔다.

전문가들은 자신만의 특화된 지식을 소유하면서 아울러 엘리트로서 훈련받아 왔기 때문에 다른 분야에 대한 자신의 판단 또한 마치 자기 분야에서와 같이 신성불가침한 것으로 간주하려는 경향이 있다. 일반적으로 전문가들은 다른 사람에게 굴종하거나 자신만의 독특한 관점과 완전히 일치되지 않는 조직목표에 대해서는 지지하기를 꺼린다.

이러한 이유 때문에 대부분 전문가로 구성된 회사들은 직급체계보다는 파트너십 형태로 조직·운영되며, 아울러 단일화된 전략을 채택하기가 매우 어려운 것이다.

모든 전문가들은 동료들과 비교하면서 자신의 행동강령과 바람직한 성과기준을 결정하려는 경향이 있다. 흔히 그들은 다른 분야 사람들에 의해 평가받기를 거부한다. 예컨대 많은 의사들은 의술을 어떻게 시행해야 하는지에 관하여 HMO[1]나 보험회사들이 제시하는 안에 대해 거부반응을 보인다. 이러한 자세가 전문가들로

---

[1] 역주 : HMO(Health Maintenance Organization)란 가입자의 의사 및 병원 선택의 자유를 제한하여 보험료를 낮추며 예방 진료에 대해 많은 혜택을 주자는 의료보험의 개념

구성된 많은 조직들이 가지고 있는 근본적인 문제이다.

전문가들은 그들과 비슷한 배경과 가치관을 지닌 사람들과 어울리려는 경향이 있다. 이를 만약 의식적으로 깨뜨리지 않는다면, 이러한 특정분야에 근거한 누에고치 같은 집단은 내부지향적인 관료조직이 되기 쉽고, 변화에 저항하며 고객들로부터 멀어질 것이다. 예컨대 대규모 조직 안에서 고립되어 가는 많은 소프트웨어 또는 기초연구 조직들은 마케팅부서나 생산부서와 같은 다른 전문가 집단들과 심한 갈등을 일으키고 있다.

전문적 지능을 통한 가치창조의 베스트프랙티스

그동안 전문가들로 구성된 조직들을 관찰해본 결과, 뛰어난 코치의 지침과 흡사한 지능관리상의 몇 가지 베스트프랙티스(best practices)를 발견할 수 있었다.

최고를 선발하라

지능의 역할은 아주 커서, 소수의 일류급 전문가들은 조직을 창업하여 성공시킬 수 있고, 또 성공적이지 못한 조직을 번창하게 할 수도 있다. 바우어(Marvin Bower)는 맥킨지(McKinsey & Company)사를 설립했고, 노이스(Robert Noyce)와 무어(Gordon

E. Moore)는 인텔(Intel)사를 창업했고, 게이츠(William H. Gates)와 알렌(Paul Allen)은 마이크로소프트(Microsoft)사를 세웠다.

보이어(Herbert W. Boyer)와 스완슨(Robert A. Swanson)은 지넨텍(Genentech)사를 만들었으며, 아인슈타인(Albert Einstein)은 프린스톤 대학의 고등과학연구소(Institute for Advanced Study)를 입안하였다. 그러나 이러한 조직들조차 아주 뛰어난 인재를 발견하고 영입해야만 한다.

일류 경영 컨설팅회사들이 인재를 선발하는 데 막대한 노력과 시간을 쏟아 붓고, 상위권 경영대학원 중에서 우수 졸업생을 엄격하게 선발하는 것은 우연이 아니다. 마이크로소프트사는 주요 소프트웨어 개발자를 고용하기 위해 각 직책에 대해 엄격하게 추천된 수백 명의 사람들을 인터뷰하며, 그 엄격한 선발과정을 통해 인지적 지식뿐만 아니라 심한 압박감 속에서도 새로운 문제에 대해 사고할 수 있는 능력까지 시험한다.

포시즌스(Four Seasons)호텔은 단 한 사람을 채용하기 위해 50명의 후보자들을 인터뷰한다. 성공하기 위한 가장 큰 요인으로 재능과 헌신을 중요시하는 벤처캐피털 회사들은 마치 투자 프로젝트에 대한 계량분석을 하듯 최고의 인재를 찾고 선발하기 위해 많은 시간을 투자한다.

가장 능력있는 전문가들은 자신들의 분야에서 최고인 사람들과 함께 일하기를 원하기 때문에 일류 조직들은 자신들보다 뒤떨어진 경쟁업체보다 더 우수한 인재를 쉽게 끌어올 수 있다. 예컨대 최고의 소프트웨어 프로그래머들은 마이크로소프트사에서 일하기를 원한다. 그 이유는 향후 소프트웨어산업이 어디로 나아갈지를 마이크로소프트사가 결정할 것이라고 믿고 있고, 아울러 최첨단 기업에서 일하고 있다는 흥분과 보상 등을 같이 공유할 수 있기 때문이다.

그러나 일류 조직이 아니라고 해서 항상 불리한 것은 아니다. 필요한 자리에 맞는 적절한 인재의 중요성을 깊이 이해하는 경영자들은 그러한 인재를 채용함으로써 업계에서 선도적 위치를 쟁취할 수 있기 때문이다. 스테이트 스트리트 은행(State Street Bank)의 최고경영자인 카터(Marshall N. Carter)가 급속도로 성장하던 신탁업무에 뛰어들면서, 그는 새로운 조직의 설립을 위해 세계 일류급 자료처리 담당 관리자들을 채용했다. 현재 스테이트 스트리트 은행은 신탁계정에서 1조 7,000억 달러를 운용하고 있고, 거의 모든 상급관리자들이 전통적인 은행업무 경력보다는 자료처리 경력을 갖고 있다.

초기개발을 집중적으로 수행하라

전문가적 노하우는 복잡한 실제 문제들을 반복적으로 접할 때 가장 빠르게 개발된다. 따라서 대부분 전문가들의 학습곡선은 고객과의 관계에 크게 의존하고 있다. 그래서 최고의 회사들은 새로운 전문가들을 고객과 접촉하도록 체계적으로 배치해 그곳에서 경험이 풍부한 상사의 지도하에 일하도록 한다.

예컨대 마이크로소프트사는 새로운 소프트웨어 개발사원들을 3~7명 단위의 소규모 팀에 배정한다. 팀장의 지휘하에 개발사원들은 고객의 요구에 부응하는 복잡하고 새로운 소프트웨어 시스템 개발에 참여한다.

투자은행과 소프트웨어 개발 종사자들은 주당 80시간씩 밤을 지새며 일하면서 보다 진지한 개발목표를 추구하게 된다. 그러한 장시간의 작업을 통해 최고의 인재들은 어느 누구보다 빠르게 일을 배울 수 있다. OJT(on-the-job training), 개인지도(mentoring), 동료압력(peer pressure) 등은 전문가들이 자신의 지식을 최대한 발휘하도록 만든다. 만약 너무 심하게 몰아친다면 힘이 소진될 수도 있지만, 많은 실증연구에 의하면 법률이나 비행기 조종술 등 다양한 분야에서 집중과 반복이 진보적 기술을 개발하는 데 결정적인 영향을 미친다고 한다.

이러한 집중적인 경험을 겪은 사람들은 덜 집중적으로 관리된 조직의 사람들과 비교해 볼 때 약 6개월에서 1년 정도 빠르게 많은 능력과 가치를 지니게 된다. 만약 적절한 지도를 받게 된다면 그들은 또한 시스템적 상호작용에 대해 보다 심도 깊은 감각을 개발하게 되며(know-why), 회사와 회사의 목표에 대해서도 보다 많은 일체감을 가지게 된다(care-why).

성공적인 조직은 지속적으로 강화된 (고객 지향적인) 복잡성, 완벽하게 계획된 개인지도, 성과에 대한 충분한 보상, 그리고 전문 분야를 이해하고 체계화시키는 강한 인센티브 등을 통해 그러한 성장을 이루어 나가게 된다. 대체로 거대한 지적 조직들은 모두 이러한 가치를 강조하는 조직문화를 만들어 나간다. 그러나 대부분의 다른 조직들은 그렇지 못하다.

전문가적인 도전을 지속적으로 증가시켜라

전문가들이 도전을 진지하게 시도할 때 지능은 최대한 성장한다. 일류 조직에 있는 리더들은 지속적으로 도전을 요구하면서 비전을 제시하면서, 종업원들의 열의 없는 태도에 대해서 참지 못하는 경향이 있다. 그들은 흔히 거의 달성하기 불가능할 정도로 '목표를 높게(stretch goals)' 설정한다.

예컨대, 휴렛팩커드의 휴렛(William R. Hewlett)은 '성과를 50% 향상시켜라', 인텔의 무어(Gordon Moore)는 '매년 칩 단위 당 부품 수를 2배로 늘려라', 모토롤라의 갤빈(Robert W. Galvin)은 '6시그마의 품질을 달성하라' 등이 대표적인 경우들이다. 일부 전문가들은 이러한 요구에 대해 중도에서 포기하기도 하겠지만, 다른 전문가들은 그들 자신이 설정한 보다 높은 기준으로 바꿀 것이다.

일류 조직들은 전문가들이 교과서적 지식, 시뮬레이션 모형 및 통제된 실험실 등에 안주하지 않도록 지속적으로 밀어 부치면서 자극을 준다. 즉, 그 조직들은 전문가들이 실제 고객들의 매우 복잡한 지적 영역, 실제 운영 시스템, 매우 차별화된 외적 환경과 문화적 차이 등의 문제에 직접 대처할 수 있도록 끊임없이 종용한다. 그러나 이류 조직은 그렇게 하지 않는다.

평가하고 취사선택하라

전문가들은 자신의 동료들과 비교되어 평가받고 경쟁하며 자신이 가진 장점을 알고 싶어한다. 그러나 그들은 자신의 분야에서 최고인 사람들에 의해서 객관적으로 평가받기를 원한다. 따라서 치열한 내부경쟁과 빈번한 성과평가 및 피드백 등이 탁월한 조직에서는 흔히 이루어진다. 결과적으로 인재를 좀더 잘 선별할 수 있게 된다.

예컨대 앤더슨 컨설팅(Anderson Consulting)사에서는 신중하게 선발된 전문인력 가운데 단 10%만이 파트너 자리에 오르게 되는데, 이 과정에만 약 9~12년이 걸린다. 한편 마이크로소프트사는 엄격히 심사된 인재 중 성과가 저조한 하위급 5% 정도를 매년 축출한다.

뛰어난 조직은 능력주의제를 완벽하게 실행한다. 객관적인 평가와 취사선택의 중요성을 잊게 되면 뛰어난 조직 또한 실패하게 된다.

전문적 지능 활용의 극대화

전문가적 활동에는 다방면에 걸친 폭넓은 지식의 활용이 거의 불가능하다는 것이 오랫동안 지배적인 견해였다. 예컨대 비행기 조종사는 한 번에 단지 한 대의 비행기만을 조종할 수 있고, 요리사는 단지 몇 가지 요리만 할 수 있으며, 연구원은 오직 몇 개의 독특한 실험만을 진행할 수 있고, 의사는 한 번에 한 명의 환자를 진단할 수 있다. 이러한 상황에서는 만약 전문가를 최소 배수로 추가한다면, 이로써 얻는 이득과 추가비용이 비슷하게 발생한다.

과거에는 성장이 규모의 비경제(diseconomies of scale)를 자주 초래하였는데, 이는 전문가 집단보다 오히려 전문가들을 조정·관리 또는 지원하는 관료조직이 더욱 급속히 확장되었기 때문이다. 예컨대 대학교·종합병원·조사기업·회계법인 및 컨설팅 회사들이 이 범주에 해당되었다.

수년간 많은 조직들이 '레버리지(leverage)'를 창출하는 데에는 오직 두 가지 방법만이 있었다. 즉, 경쟁업체들보다 더 집중적인 훈련 또는 업무 스케줄을 통해 사원들을 밀어 부치거나 또는 각 전문가를 지원하는 '동료사원'들의 수를 증가시키는 것이다. 후자의 관행은 심지어 법률·회계 및 컨설팅 분야에서도 '레버리지'라는 용어의 의미로 받아들여졌다.

그러나 신기술과 신경영기법 등은 전문적 지능을 관리하는 전통적인 경제학의 흐름을 변화시키고 있다. 메릴린치(Merrill Lynch)사, 앤더슨 컨설팅(Anderson Worldwide)사, 노바케어(NovaCare)사 등 다양한 조직들은 전문적 지능을 보다 높은 수준으로 활용하기 위하여 새로운 소프트웨어 도구와 성과 보상 체제 및 조직 설계

등을 연계시키는 효과적인 방법을 발견해 왔다. 각 기업들은 그들 사업상의 독특한 요구에 따라 해결책을 개발해 왔지만, 여기에서 몇 가지 공통적인 원칙을 발견할 수 있다.

전문가들의 문제해결 능력을 증진시켜라.

메릴린치사나 스테이트 스트리트 은행과 같은 많은 금융기관의 핵심적인 지적 역량은 투자결정과 관련된 자료를 수집하고 분석하는 인적 전문가와 시스템적 소프트웨어에 달려 있다. 본사에서 일하는 몇몇 재무전문가들은 다른 전문가 및 우주물리과학의 모델개발자들과의 밀접한 상호교류를 통해, 또한 거래에 관한 방대한 양의 자료를 입수함으로써 자신이 소유한 고도의 분석기술의 효과를 높인다.

독점적으로 소유하는 소프트웨어 모델과 데이터베이스는 이러한 전문가들의 지능을 발휘하도록 하는데, 이를 통해 불가능했던 시장·주식·경제동향에 대한 분석이 가능하게 된다. 그런 다음 소프트웨어 시스템을 통해서 소매창구에 있는 각 브로커들은 분석 결과에서 나온 투자종목의 추천을 하달받고 이를 이용해서 개별고객의 요구에 맞도록 본사의 추천을 조정함으로써 더욱 많은 가치를 창출하게 된다.

조직이 다수의 접점(接點)에서 고객에 연결되는 센터의 역할을 하게 되면 지식의 가치가 그 접점의 숫자만큼 배수로 증식되는 효과를 유발한다. 만일 센터로서의 실험적 노력을 통해 시스템적 이해가 증가되고, 인센티브 제도가 자발적 창의성을 자극한다면 가치 창출은 더욱 크게 제고될 것이다.

메릴린치사의 소매중개업이 바로 앞서 언급한 형태와 같은 기본 골격을 갖추고 있다. 지역적으로 산재된 500여 개의 지점에서 활동하는 약 1만 8,000명의 메릴린치 브로커들은 고객들을 위한 맞춤 투자안을 마련해 준다.

보통 전형적인 소매 브로커는 수년간의 고급훈련을 거친 숙련된 재무전문가가 아니다. 그러나 메릴린치사의 브로커들은 전세계에 걸쳐 있는 수백만 명의 고객들에게 수천 개의 복잡한 금융상품들에 대한 상세한 최신 정보와 정교한 투자정보를 제공하고 있다. 정보 시스템을 통해 이러한 탁월한 레버리지가 가능해지는 것이다.

전자 시스템이 메릴린치의 총체적 경험곡선을 상향 이동시켜주는데, 이는 훈련이 부족한 사원으로 하여금 보다 숙련된 사원이 이룰 수 있는 성과수준까지 달성하도록 이끌어주기 때문이다. 메릴린치사의 컴퓨터 네트워크를 통하여 소매 브로커들은 최신 정보에 근거한 정확한 인지적 지식을 가질 수 있다. 또한 이 회사는 자사의 뛰어난 정보기술을 통하여 센터가 거래, 거래규칙, 수익률, 증권특성, 수급상황, 세금문제, 신주발행 등에 관한 정보를 포착하여 각 지점에 배급할 수 있다.

온라인으로 입수할 수 있는 회사 전용 소프트웨어가 즉석 훈련기구 역할을 수행한다. 이 소프트웨어는 모든 브로커들이 현행 규제사항을 확실히 준수하고 산술적·사무적 실수를 범하지 않으면서 고객들에게 최신의 시장정보를 제공할 수 있도록 해준다. 소프트웨어를 통해 회사의 지식기반을 축적하고 배급함으로써 메릴린치사는 그 핵심부에 있는 전문적 지능을 활용하는 것이다.

정보기술은 현대의 대규모 증권중개업을 효율적이면서도 유연하게 만들고 있다. 센터에서는 대기업들에게만 가능한 완벽한 정보력과 규모의 경제를 달성할 수 있다. 그러나 지역 브로커들은 자신의 소규모 사업단위와 계정을 마치 그 지역에서 서비스를 독자적으로 제공하는 것처럼 독립적으로 관리한다. 그들의 보상체계는 지역 사업가의 체계와 비슷하다.

본사는 주로 정보의 원천, 커뮤니케이션의 조정자, 또는 특수한 자문을 위한 조회창구 등의 기능을 수행한다. 지점의 현장 요원들은 지침 또는 특정한 방안을 요청하기보다는 오히려 그들의 성과를 향상시킬 수 있는 정보를 얻기 위해 본사와 연락한다. 동시에 본사는 지점에서 제공되는 서비스의 품질과 일관성을 유지하기 위해 지역운영을 전자적으로 감시할 수 있다. 대부분의 운영규칙들은 시스템에 프로그램화되어 있고 소프트웨어에 의해 자동적으로 변경된다.

전자 시스템은 인적인 명령통제 절차를 대체하고 있는 것이다. 이 시스템을 통하면 일상적인 잡무의 대부분을 없앨 수 있고, 종업원들을 보다 대인적이거나 숙련된 업무에 투입할 수 있다. 또한 업무가 보다 분권화되고 도전적이며 보상적이 되도록 유도할 수 있다.

전문가들의 정보공유에 대한 저항을 극복하라

물적 자산과는 달리 지적 자산은 사용 정도에 따라 그 가치가 증가되기 때문에 정보의 공유는 매우 중요하다. 적절히 조절되면, 지식과 지능은 공유함으로써 기하급수적으로 증가할 수 있다. 모든 학습곡선과 경험곡선은 이와 비슷한 성격을 가진다.

커뮤니케이션 이론은 기본적으로 네트워크가 성공적으로 상호 연결될 수 있는 교점(node)이 산술적으로 확대될 때 네트워크의 잠재적 효익이 기하급수적으로 증가한다고 주장한다. 어떻게 이러한 성장이 일어나는가를 파악하는 것은 그다지 어려운 일이 아니다.

만일 두 사람이 서로 지식을 교환하는 경우 그 두 사람 모두 정보를 얻고 선형적인 성장을 경험하게 된다. 그리고 그 두 사람이 다음에 다른 사람들 — 그 지식에 대해 질문하거나 보충하거나 잘잘못을 선별해주는 사람들 — 과 그들의 새로운 지식을 공유한다면 그 이익(benefits)은 기하급수적으로 증가하게 된다.

외부인들(특히 고객, 공급업자 및 전문설계회사나 소프트웨어사와 같은 전문조직들)에게 배우는 기업들은 매우 커다란 효익을 얻을 수 있다. 이러한 기하급수적인 성장을 잘 이용해서 얻게 되는 전략적 결과는 매우 중요하다. 일단 한 기업이 지식을 기반으로 한 경쟁우위를 획득하게 되면, 선두위치를 유지하기가 더욱 용이하며 경쟁자들은 이를 따라잡기가 점점 더 어려워진다.

전문가들의 가장 귀중한 자산인 지식을 공유하는 것에 대해 그들이 자연스럽게 갖게 되는 저항감을 극복하는 일이 통상 어려운 과제라 할 수 있다. 전문가들간의 경쟁으로 인하여 종종 지식이 공유되지 못하고, 그에 따라 그들의 지적인 공헌에 대해 신뢰하기도 어려워진다.

전문가들은 동등한 입장에서 문제해결을 위해 협력하도록 요청받았을 때 그들 특유의 완벽한 해결책을 구하기 때문에 보통 응답이 늦어진다. 전문가들에게는 지식이 그들 힘의 기반이므로 이를 공유시키기 위해서는 강한 유인책이 필요할 것이다.

설령 강한 유인책이 제공되더라도 각 전문직은 그 자신을 특별한 문화적 가치를 가진 엘리트로 간주하는 경향 때문에 '학제적 공유(cross-disciplinary sharing)'는 힘들 수 있다. 심지어 모든 당사자들이 동일한 목표를 추구한다고 가정하더라도 많은 전문가들은 그들 자신의 분야 이외의 것에 대해서는 무시하려는 경향을 가진다.

종종 제조업체에서 연구담당자들은 제품설계자들을 무시하고 제품설계자들은 기술자들을 무시한다. 의료기관의 경우 기초연구자들은 '의사들이 인과관계를 이해하지 못한다'는 이유로 의사들을 무시한다. 한편 의사들은 연구자들이 '실제 환자들간의 현실적 차이를 이해하지 못한다'는 이유로 연구자들을 무시하고, 또한 '학문분야를 모른다'는 이유로 간호사들을 무시한다. 이에 간호사들은 '의사와 연구자 모두가 진정한 열의가 결여되었다'는 이유로 그들 모두를 무시한다. 그리고 그 세 그룹 모두는 의료행정가들을 '비생산적인 관료'라고 무시한다.

조직간 공유를 촉진하기 위해 앤더슨 컨설팅사는 전세계 76개국 360개의 사무실에서 근무하고 있는 82,000명의 직원을 연결하는 전자 시스템을 개발했다. 'A네트(ANet)'로 알려진 T1과 구조연계망(frame-relay network)은 자료, 음성 및 화상의 상호 연결망을 통해 앤더슨 컨설팅사 전문가들의 85% 이상을 연결해 주고 있다.

앤더슨 컨설팅사는 A네트를 통해 고객에 대응하기 위한 조직내의 전문가들을 전세계 어디에서나 즉각적으로 조직화할 수 있다. 즉, 고객의 문제를 전자게시판에 게재한 후 화상 및 자료 접촉을 통해 체계화할 수 있다. 따라서 A네트는 잠재되어 있는 역량을 불러일으키고 고객들이 활용 가능한 에너지와 해결방안들을 폭넓게 확장시켜 준다. 그러한 방안들을 일단 중앙으로 모은 후 면밀하게 세분화된 주제별로 교차 조회가 가능하도록 분류하고, A네트나 모든 사무실에 배포된 CD-ROM을 통해 관련 파일들을 입수할 수 있도록 조치함으로써 문제해결의 역량은 더욱 증진되고 있다.

시행 초기에 앤더슨 컨설팅사는 직원들이 네트워크상에서의 교환을 촉진하도록 하고, 아울러 중요한 문제에 대해서는 개인적으로 만나서 논의할 수 있도록 하기 위해 하드웨어, 출장 및 전문적 교육 등에 상당히 많은 투자를 하였으나 그 결과는 기대 이하로 나타났다.

이 시스템이 제대로 작동되도록 하기 위해서는 무엇보다도 인센티브와 조직문화에 중대한 변화가 요구되었기 때문이었다. 그 후 가장 중요한 변화로 지적될 수 있었던 것은 모든 승진과 보상 심사에서 A네트에 대한 참여가 고려되기 시작했다는 점이다

A네트를 보다 널리 사용하도록 조직 분위기를 자극하기 위해 상위급 파트너들이 매일 아침 직원들에게 E-메일로 '10시까지 답변'을 요구하는 질문을 띄워 보냈다. 이러한 조직 분위기가 정착되기 전까지 A네트는 기술적으로 뛰어났음에도 불구하고 그다지 성공적이지 못했다.

지능을 중심으로 조직화하라

과거 대부분의 회사는 토지·공장·설비 등과 같은 물질적 자산에 대한 투자로부터 수익을 제고하는 데에 주안점을 두었다. 경영자들의 최우선적 과제가 그러한 물질적 자산을 최대한 활용하는 것이었을 때는 명령과 통제의 구조가 의미를 가지고 있었다.

예컨대 한 공장설비의 생산성은 자본설비, 표준화된 관행준수, 제품라인의 범주 및 생산능력 활용도 등에 대한 고위 경영자들의 의사결정에 의해 주로 결정된다. 그러나 반면에 지적 자산의 경우에는 개별적인 전문가들이 끊임없이 일어나는 새로운 문제들에 대해 고객 중심의 해결책을 제공하느냐에 따라 결정된다.

역피라미드 조직

　성공적인 기업들을 대상으로 한 많은 연구에서 기업들이 위계적인 조직구조를 포기하고 대신에 그 조직이 소유하고 있는 전문적 지능이 가치를 창조할 수 있는 독특한 방식과 특별한 형태로 조직을 구성하고 있다는 사실이 발견되었다. 그러한 조직재편은 본부의 역할이 지시라고 보던 전통적인 사고가 바뀌고 있음을 의미한다.

　미국에서 가장 큰 재활치료 시술업체이며 가장 급속히 성장하는 의료회사 중의 하나인 노바케어(NovaCare)사를 예로 들어보자. 노바케어사의 핵심적인 전문적 지능은 5,000명이 넘는 직업적인 화술 및 물리 치료사들이 갖고 있다. 그들은 전문가들로서 미국의 40개 주 2,090개의 지역에서 환자별로 각자의 전문지식을 제공하기 위해 독자적으로 업무를 수행하고 있다. 최상의 가치를 유지하기 위해 그들은 높은 수준의 교육을 받아야 할 뿐 아니라 지속적으로 그 분야의 새로운 베스트프랙티스(best practices)를 섭렵해야 한다.

　노바케어사는 치료사들의 업무를 중심으로 조직을 구성함으로써 상당한 수준의 레버리지 효과를 달성하고 있다. 치료사들이 업무시간을 환자 시술에 집중할 수 있도록 하기 위해 회사는 치료사들이 관리상 또는 사업상 책임으로부터 자유롭게 활동할 수 있도록 배려해주고 있다.

예컨대 치료기관과의 계약을 주선하고 관리하면서 치료일정이나 결과를 보고하는 일을 대행해주고, 치료사들의 회계업무나 신용관리를 도와주며 새로운 교육기회를 제공하고, 회사의 마케팅 능력을 통해 치료사들의 수입을 증대시켜 주는 등의 활동을 수행하고 있다.

노바케어사의 소프트웨어 시스템인 노바네트(NovaNet)는 치료사들이 반드시 지켜야 할 규칙과 고객 일정 및 치료비 청구와 관련해 치료사들이 필요로 하는 정보 등, 조직의 시스템적 지식의 많은 부분을 축적하고 향상시킨다. 또한 노바네트는 임원들을 위해서는 미래의 회사 운영과 가장 관련이 있는 환경동향이나 문제영역에 대한 정보를 제공한다. 노바네트는 모든 치료사들로부터 그들의 원가와 서비스, 치료 효과가 좋은 기법 및 다른 지역의 변화된 치료유형 등과 같은 정보를 수집한다. 이렇게 수집된 정보는 치료사들을 채용·교육·동기부여 및 갱신하는 데 있어서 매우 중요한 역할을 한다.

지식의 수집과 분석을 촉진하기 위해 노바케어사는 그들의 치료행위를 10분 간격으로 기록한다. 이렇게 수집된 상세한 정보로 데이터베이스를 구축해 다양한 이해관계자 그룹들(치료자·병원·클리닉·비용지불자·정부기관·임원·외부의 재정 및 감독기관 등)이 그 데이터베이스를 사용할 수 있도록 하고 있다. 노바케어는 치료사들의 업무 수행을 평가할 때 광범위한 동료 및 고객 평가를 활용하고(노바네트에 의해 포착된 시간단위에 근거해) 그들이 시술한 치료의 양과 질에 따라 보상한다.

노바케어사의 전문가들은 기능면에서 독립적으로 업무 수행이 가능하여 환자치료에 관련된 문제에 대해서는 상당한 자율성을 갖고 있다.

치료사들은 모든 중간 라인조직에 대해 지시를 내릴 수 있다. 즉 회사의 지역별 및 회계·마케팅·구매·물류 등의 직무별 전문인력들은 최우선적으로 치료사들을 지원하기 위해 존재한다. 심지어 최고경영자인 포스터(John H. Foster)조차도 치료사들을 가리켜 '나의 상사들(bosses)'이라고 말하고 있다. 노바케어사 조직구조상의 레버리지는 '배분적'이라는 점이다. 즉 지원조직이 전문가들에게 물류·분석 및 관리차원의 지원을 효율적으로 배분하지만 명령을 내리지는 않는다.

이와 같이 노바케어사는 전통적인 조직을 역으로 바꾸어 버렸다. 즉, 과거의 라인중심의 위계구조는 지원구조로 바뀌었고, 병원장이나 비행기의 주조종사가 하듯이 단지 극도의 긴급 상황에만 관여하였다. 이전 라인관리자의 기능도 변화되었는데, 명령을 내리던 과거의 자세에서 벗어나 조직 내의 장벽을 허물고 자원의 수급을 촉진시키고 연구를 수행하면서 마치 컨설턴트처럼 행동하고 있다.

그 관리자들은 새로운 기업문화를 정립해 나가도록 지원과 도움을 아끼지 않고 있다. 사실상 라인관리자가 스탭요원으로 발전되었다고 할 수 있다(그림 8-1 참조).

그림 8-1 역피라미드 조직 — 현장전문가가 상사로 전환

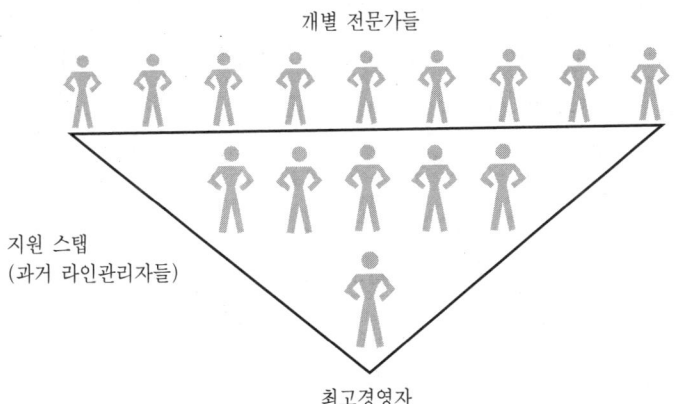

중앙부는 현장에 있는 전문가들을 활용하게 하는 지원 서비스를 제공한다. 개별 전문가가 고객의 요구를 충족시키기 위해 독자적으로 행동할 수 있고 자급자족하기에 충분한 전문성을 가질 경우 역피라미드 조직이 적합하다. 그러한 조직의 예로는 의료서비스 제공자, 기술적인 문제해결 회사, 대학 등이 있다.

개별적인 전문가들이 소속 조직의 지식 대부분을 가지고 있고, 문제해결을 위해 반드시 다른 사람들과 협의하지 않아도 되며, 고객과 접하는 지점에서 그들의 지식이 고객을 위해 맞추어질 때, 노바케어사와 같은 역피라미드 조직이 적합하다. 역피라미드 조직을 받쳐주는 소프트웨어는 규칙의 집행과 전문적 권한위임이라는 다소 상충되는 두 가지 목표를 지향해야 한다. 즉, 첫째 목표달성을 위해서는 전문가들은 종종 규격화된 편제에 저항하기 때

문에 소프트웨어가 노바케어사의 치료사들로 하여금 일관된 양식으로 정보를 제공하도록 만들고, 회사의 규칙과 외부적인 규제를 따르도록 해야 하며, 품질과 비용 및 조직의 전반적인 운영추이를 감독하는 데에 필요한 정보를 창출해야 한다.

두번째 목표 달성을 위해서 소프트웨어는 전문가들이 보다 나은 직무수행과 효율성을 제고할 수 있도록 그동안 조직내 축적된 모든 지식을 취합하여 전문가들에게 배분해야 한다. 그러한 지식으로는 고객, 전문적 데이터베이스, 분석적 모형, 성공적인 문제해결책 및 전문화된 지식원천에의 연결 등이 포함된다.

역피라미드 조직은 관리상의 미묘한 문제점을 제기한다. 외견상 공식적인 권위의 상실은 이전의 라인관리자들에게 깊은 상처를 가져다줄 수 있다. 그리고 공식적인 권력이 부여된 현장실무자들은 분명히 '전문가적인' 외양을 갖추면서 점점 더 전문가답게 행동하고, 일련의 조직상 규칙이나 사업규범에도 저항하려는 경향을 보일 수도 있다.

이러한 경향이 일어나는 상황에서 규율을 세우는 소프트웨어가 없다면, 현장실무자들은 조직 자체의 복잡한 내부 시스템에 대한 세부사항을 알 수 없게 된다. 그리고 회사의 기술적 시스템에 내재된 적절한 정보와 통제가 없는 상황에서 그들에게 권한을 부여하는 것은 위험할 수 있다.

이러한 문제의 전형적인 예는 피플 익스프레스(People Express)사에서 찾아볼 수 있다. 이 회사는 조직을 의도적으로 역전시킴으로써 높은 권한과 동기부여를 지닌 종업원들을 갖추었으나, 조직이 확장됨에 따라 구성원들을 순응시킬 수 있는 시스템이나 컴퓨터 하부구조가 결여되었다.

만일 역피라미드 조직이 실패하는 경우, 그 실패의 이유는 조직의 고위 경영자들이 철저하게 정비된 성과측정 및 보상 체계가 뒷받침되지 못했기 때문이다. 현장실무자들이 그들을 지원하는 인력의 임금·승진 및 조직상의 발전 등에 대해 결정할 수 있기 전까지는 역피라미드 시스템이 성공할 수 없다. 그러나 과거의 라인관리자들은 이러한 마지막 결정적인 조치를 받아들이려 하지 않는다.

60개 대형 서비스 조직에서 100여 개의 중요한 구조적 변화를 대상으로 한 필자의 연구에서 20% 미만의 조직만이 성과측정제도를 실질적으로 바꾸었고, 단지 5% 정도만이 보상체계를 바꾼 것으로 나타났다(*Information Technology in the Service Society*, National Academy Press, 1993). 그러한 중요한 변화 없이 역피라미드 조직만을 유지하는 경우에 복잡한 문제들이 발생하리라는 것은 쉽게 예측할 수 있다. 왜냐하면 사람들은 전통적인 척도에 따라 업무를 수행하기 때문이다.

노바케어사에서 사업상의 가치를 창출하는 전문적 치료사들은 대체로 독립이 가능한 개인들이다. 올바른 소프트웨어와 인센티브가 겸비된 역피라미드 조직을 통해 노바케어사는 치료사들이 원하는 운영상의 독립성을 보장해 주면서 그들의 생산성을 제고할 수 있었다.

지적 네트워크의 형성

　다른 사업분야에서 개별 현장실무자의 역량을 초월하는 문제를 해결함으로써 가치를 창조하려면 전문적 지능이 요구된다. 그러나 문제가 매우 복잡해지거나 명확히 개념 정의가 이루어지지 않는 경우 어느 누구도 그들의 최대 역할범위가 어디까지인지, 핵심적 이슈가 궁극적으로 어디에 위치하는지 또는 누가 새로운 문제를 풀 수 있는 잠재력을 가지고 있는지 정확하게 알 수 없다.

　그러한 문제들에 대처하고 지적 자산을 최대로 활용하기 위해서 많은 회사들이 소위 '거미집(Spider's web)'이라 불리는 자기 조직적인 네트워크 형태를 이용하고 있다.

　지주회사나 매트릭스 조직에 보다 가까운 전통적인 그물망 형태의 다른 조직과 혼동을 피하기 위해 거미집이라는 용어가 사용된다. 보통 거미집 조직은 특정한 문제를 해결하기 위해 사람들을 신속히 모으고 과업이 완료되자마자 곧 해산된다. 그러한 거미집을 통한 상호연결의 힘은 매우 강력해서 소수의(8~10명) 협력적인 개별 전문가들만으로도 수백 배의 지식역량을 발휘할 수 있다(그림 8-2 참조).

　메릴린치사의 인수・합병(M&A)팀을 예로 들어보자. 그 회사의 본부에서는 전문가들이 인수, 고수익성 금융 또는 주식시장 등과 같은 자신의 전문분야에 종사하는 동료들과 함께 일한다. 그러나 사업상 큰 기회가 생기면 프로젝트가 지적 구심점을 이루게

그림 8-2 거미집에서 특정 목적을 수행하기 위한 소수 전문가들의 팀

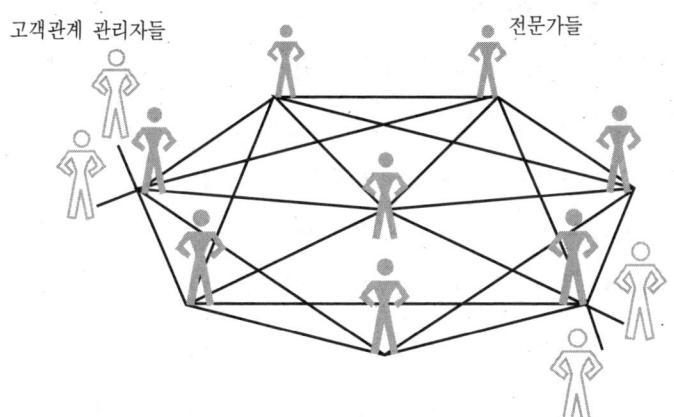

거미집은 특정한 프로젝트를 목표로 하여 형성되고, 프로젝트가 완결되었을 때 자동 해체된다. 복잡한 문제에 대해 잘 조정된 해결책을 제공해야 하는 많은 전문가가 흩어져 있을 때 거미집 조직이 적합하다. 거미집을 잘 활용하는 조직으로는 컨설팅사, 증권사, 연구컨소시엄 및 의료진단팀 등이 있다.

된다. 즉, 각각의 개별적인 거래를 성사시키기 위해 다양한 지역에서 온 전문가들로 한 팀을 구성하게 된다. "어느 누구도 모든 방면에 뛰어난 전문 은행원이 될 수는 없다. 현장에서 전문가들은 자기 자신의 일만 할 수 없고, 고객은 다수의 각기 다른 전문가들을 상대하고 싶어하지 않는다"고 한 임원이 말하듯이 그러한 프로젝트는 매우 복잡하다.

메릴린치사가 한 고객의 문제해결을 위해 분산되어 있는 풍부한 자사의 인재들을 단기간에 집중시킬 수 있다는 것이 바로 문

제의 핵심이다. 그 고객의 통합적인 니즈(needs)를 가장 잘 이해하는 고객관계 관리자들이 통상적으로 이와 같은 프로젝트팀을 조성하지만, 그렇다고 해서 그들이 팀원들에 대해 직접적이고 위계적인 통제력을 행사하지는 않는다.

최근 가상조직이나 네트워크형 조직들이 유행하고 있지만, 대부분의 회사가 자사가 소유한 전문적 지능을 활용하기 위해 언제, 어떻게 네트워크형 조직을 이용해야 하는지를 잘 알지 못한다. 메릴린치사의 경우에서 보듯이 네트워크형 조직은 여러 지역에서 단일 문제나 고객에 대해 집중하기 위해 다양한 분야의 고도의 전문성을 유연하게 결합시킬 수 있다. 그러나 그 기업에 적절한 승진 및 보상평가 체제가 갖추어져 있지 않다면 그러한 시스템은 제대로 작동하지 못할 것이다.

메릴린치사에서는 한 직원이 1년간 다양한 프로젝트를 위해 많은 다른 동료들과 함께 작업한 후, 그와 함께 작업한 사람들에 대한 기밀평가서를 제출한다. 직원들은 동료들과 기꺼이 지식을 공유하고 협력하려 한다. 그 이유는 개인의 보상이 이러한 모자이크식 동료관계와 긴밀히 연계되어 있고, 보상은 이와 같은 업계에서 가장 중요한 동기유발 요소이기 때문이다.

한 개인의 성과에 대해 진정한 다면적 평가를 내릴 수 있을 정도로 충분히 긴밀한 개인적인 팀 접촉이 이루어진다. 인수·합병 팀의 한 부회장은 다음과 같이 언급하고 있다. "창출된 수익상의 성과 이외에도 직원들의 평가기준이 되는 것은 다양한 프로젝트에 참가하면서 우선적인 업무를 해결하기 위해 다른 그룹과 얼마나 협력하며 고객의 니즈를 얼마나 잘 충족시켰는가 등이다. 메릴린치의 기업문화는 개개인이 팀의 일원으로서 그 역할을 다하지 못하고, 고객의 욕구를 충족시키지 못하는 사람들에게 제재를 가할 수 있다. 이러한 규칙하에서 거미집은 우리와 같은 관계중심의 세계에서 효과적이다. 그러나 거래중심의 세계에서는 그러한 거래에 관한 최고의 전문가들을 보유함으로써 보통 승리할 수 있는 것이다."

각 거미집도 그 목적, 유형 및 조직내 권력관계 등에 있어서 독특하기 때문에 그 모든 것들을 관리할 수 있는 단 하나의 '최선책'은 존재하지 않는다. 많은 프로젝트에 대해 단 하나의 권위 있는 부서가 존재할 수는 없는 것이다.

종종 목표나 문제 또는 해결책이 충분히 명확한 경우, 당사자들이 동의한다면 비공식적인 과정을 통해서 의사결정이 이루어질 수도 있다. 마치 지역적으로 널리 분산된 연구자들이 하나의 제안서를 제출하는 경우처럼 우수한 많은 부서들이 고도로 조정된 형태로 운영되어야 한다면 프로젝트 리더에게 일시적인 권한위양이 이루어질 수도 있다. 다른 경우에는 마치 보험이나 투자금융 컨소시엄이 마감시한에 이르렀을 때와 같이 의사결정을 내리거나 최종결단을 할 수 있도록 하기 위해 회사가 한 사람을 리더로 지정할 수도 있다.

그룹들간에 어떻게 의사소통하고 어떤 사항이 자발적으로 전달되는가는 각각의 우수부서가 보유하는 첨단 지식만큼이나 중요하다. 하지만 거의 모든 목적을 위하여 관심, 공통의 가치 및 상호 만족할 수 있는 해결책 등을 공유하도록 권장하는 것이 이러한 구조에서는 지식을 활용하기 위하여 필수적이다.

연구결과에 의하면 이러한 목적을 달성하기 위해 네트워크 관리자들은 구성원들에게 아래의 몇 가지 사항을 실행하도록 만들어야 한다.

- 지속적인 접촉, 공동학습 및 비공식적 정보를 공유하기 위해 다양한 팀에 중복 소속
- 계층 관계가 명확히 구분되지 않도록 하기 위한 의도적인 노력
- 프로젝트 목표의 지속적인 갱신 및 강화
- 각 개인에게 이익을 분배하는 데 필요 이상의 정교한 규칙에 의존하지 않도록 함
- 외부환경에 관한 정보(예컨대 세법 변경, 고객욕구 또는 과학적 연구결과 등)를 수집하기 위한 지속적인 수용장치 개발
- 성과평가 때 고객과 동료들의 평가 포함
- 프로젝트에 참가한 구성원들에 대해 개인 차원의 보상과 함께 팀 차원의 보상 제공

이렇듯 주도면밀하게 구성된 관리상의 상호교류를 통해 가장 흔히 나타나는 실패나 좌절 요인을 제거할 수 있다.

대부분의 거미집 조직에서 활용할 수 있는 또 하나의 핵심요소

는 기술이다. 전자기술을 통해 매우 다양하게 지역적으로 분산되어 있는, 지적으로 특화된 재능을 그 어느 때보다 손쉽게 단일 프로젝트를 위해 결집시킬 수 있다. 대중통신망을 통하여 어디서든지 상호연결이 가능하기 때문에 효과적인 네트워크 시스템의 승패는 소프트웨어에 달려 있다.

즉, 그 소프트웨어는 일반적으로 통신을 위한 공용어와 데이터베이스를 제공해 주고, 외부환경에 대해 결정적인 사실 자료를 축적하고, 사용자들이 보통 전자메뉴나 넷스케이프와 같은 웹브라우저(web browser) 또는 전자게시판 등과 같은 지식의 원천을 통해 정보를 찾을 수 있도록 도와주며, 아울러 상호교류적인 공유와 문제해결이 가능하도록 해주어야 한다. 각 접촉점(node)은 물론 그 나름의 특화된 분석적인 소프트웨어를 가질 것이다. 그러나 공유하는 문화와 공유에 대한 인센티브와 더불어, 네트워킹, 그룹웨어(groupware) 및 상호교류적인 소프트웨어는 이러한 시스템에서 성공을 위한 필수 요소들이다.

뛰어난 채용, 교육훈련 및 동기부여 조치 등을 통해서도 전문적 지능이 잘 활용될 수 있다. 그러나 점점 더 사람들의 지능을 관리하는 것만으로는 불충분하다. 목적에 맞도록 고안된 소프트웨어 시스템에 의해 지원되는 보다 급진적인 조직구조를 만드는 것이 조직의 역량을 최대한으로 축적·집중·활용하기 위해 필수적이라 할 수 있다.

그러한 시스템들을 통하여 고도로 분산된 서비스 및 제공 부서들을 결합할 수 있으며, 또한 시스템은 전문가로 구성된 조직에서 핵심적인 지식기반과 지적 기술 및 축적된 경험을 활용하게 하는 접착제의 역할을 한다. 또한 전문가들은 그 시스템을 통하여 다른 어느 곳에서도 찾아볼 수 없는 데이터베이스, 분석적 모형 및 의사소통력을 제공받고 그럼으로써 조직과 밀접한 관계를 유지하게 된다. 이러한 도구들은 독자적으로 하는 것보다 조직 내에서 더 많은 성취를 가능하게 함으로써 전문가들이 자신의 한계를 뛰어 넘는 성과를 달성할 수 있도록 역량을 확장시켜주고 있다.

어떠한 조직형태도 모든 문제를 해결할 수 있는 만병통치약이 될 수는 없다. 사실 한 회사 내에 서로 다른 형태의 조직들이 성공리에 공존하는 경우도 많다. 적절히 잘 사용된다면 그 다른 조직형태들도 각각 회사가 다른 목적을 위해 지적 능력을 유인·유지하고 활동하며, 배치하는 데 도움을 줄 수 있다. 결과적으로 각 조직형태는 조직의 특정한 목적에 부합되도록 설계된 소프트웨어와 성과측정 및 보상 체계에 의해 지원을 받는 신중히 개발된 일련의 문화적 규범을 필요로 한다.

Harvard Business Review, March-April 1996.

글쓴이들

• 피터 드러커(Peter F. Drucker)는 작가, 교수, 그리고 컨설턴트이며, 그의 29권의 저서는 세계 20여 개국의 언어로 번역 출판되었다. 피터 드러커 비영리조직재단(Peter F. Drucker Foundation for Nonprofit Management)의 설립자이며 정부, 공공서비스기업, 대기업들에 대한 자문 서비스를 제공하였다. HBR에 게재한 그의 논문들은 *Peter Drucker on the Profession of Management*(HBS Press, 1998)에 단행본으로 출판되었다.

• 노나카 이쿠지로(Nonaka Ikugiro)는 일본고등과학기술원과 지식과학대학원의 창립 대학원장이며 동경 히토츠바시대학 혁신연구소의 소장으로 재직 중이다. 국제경영과학학술지인 *Organization Science*의 수석 편집위원으로 활동하고 있다. 노나카 교수는 수많은 학술 논문 외에 *The Knowledge-Creating Company*라는 책을 저술하였다. 동 저서는 미국 출판인협회에서 최우수 도서로 선정되었다. 버클리 캘리포니아대학에서 지식 분야의 우수 교수로 선발되었다.

• 데이비드 가빈(David A. Garvin)은 하버드대학교 경영대학 교수로 재직하고 있다. 그의 연구 관심 분야는 일반 관리와 전략적 변화이다. 그의 최근 저술 활동에는 The Processes of Organization and Manage-ment(*Sloan Management Review*, 1998), Leveraging Processes for Strategic Advantage(*Harvard Business Review*, 1995)가 있으며, *Working Smarter* (1997)와 *Putting the Learning Organization to Work* (1996)라는 비디오테이프 시리즈(HBS

Video)도 펴낸 바 있다.

- 아트 클라이너(Art Kleiner)는 The Age of Heretics의 저자이다. 동 저서는 제2차 세계대전 이후 기업 혁신 운동의 역사를 조망한 것이다. 그는 뉴욕대학의 쌍방향 전기통신 프로그램에서 강의를 하고 있다. Reflection Learning Associates사의 사장이며, The Fifth Discipline Fieldbook의 저자 겸 공동 편집인으로서 교육사의 개발에 힘써 왔다.

- 크리스 아지리스(Chris Argyris)는 하버드대학교 교수로 재직하고 있다. 고위 공무원 개발 및 생산성에 관한 문제에 대하여 영국, 프랑스, 독일, 이탈리아, 스웨덴 정부에 자문 역할을 수행하였다. 그는 Knowledge for Action: A Guide to Overlooking Barriers to Organizational Change and on Organizational Learning을 포함하여 300편의 논문과 30권의 저서를 발간했다. 1994년에는 경영학 발전에 대한 공로를 인정받아 경영학회상을 수상하기도 하였다.

- 도로시 레너드(Dorothy Leonard)는 하버드대학교 경영대학의 교수로 재직중이며, 1983년부터 MBA과정과 최고경영자 대학원에서 강의하고 있다. 신기술 상업화, 신상품 개발, 지식의 지리적 문화적 이전 분야에서 연구 및 자문 활동을 하고 있다. 레너드 교수는 현장 연구를 통하여 얻은 경험을 바탕으로 수십 편의 학술논문을 Organization Science와 같은 학술 잡지에 게재하였다. 레너드 교수의 저서 Wellspring of Knowledge (HBS Press, 1995)는 기술 혁신을 지속하고 전략적 기술 자산을 극대화하는 경영 기법에 대하여 상세하게 묘사하고 있다.

- 수잔 스트라우스(Susaan Straus)는 조직 변화와 효과적인 팀제에 관한 컨설턴트이다. 그녀는 급변하는 경영환경하에서 경영 혁신을 수행하기 위한 경영자의 자질에 대하여 포춘 500대 기업의 경영자를 대상으로 연구를 수행하고 있다. 또한 조직내 갈등에 대한 자문도 수행하고 있다. 그녀가 사장으로 재직하고 있는 퍼포먼스 리소시스(Performance Resources)사는 변신과 개혁을 시도하는 조직에 실적 향상을 위한 자문을 수행하는 것을 목적으로 사업을 하고 있다.

- 조지 로스(George Roth)는 MIT 슬로언 경영대학에서 연구와 강의를 하면서 포드와 MIT의 협력사업의 최고책임자로 일하고 있다. 동 사업은 공학, 연구, 환경 정책에서의 학습, 변화, 그리고 지식창출에 관한 수백만 달러 규모의 제휴이다. 그의 최근 연구 관심사는 학습의 조직내 확산 기법에 관한 것이다. 곧 출판 예정인 *The Fifth Discipline Fieldbook* 제2권에서 그는 지식의 개발, 유지 및 이전에 관한 기업의 사례에 대하여 저술하고 있다. 대학으로 옮기기 전에 그는 디지털 이퀴프먼트(Digital Equipment)사에서 10년 동안 근무한 경험을 가지고 있다.

- 존 실리 브라운(John Seely Brown)은 제록스사의 수석연구원이며 팔로 알토 연구센터(Palo Alto Research Center)의 소장을 맡고 있다. 제록스에서 그는 연구 영역을 조직학습, 복잡계 대응 체제, 기업 의식의 활성화 등으로 확대하였다. 그의 개인적인 연구 관심 분야는 전자 문화, 동시 계산, 사용자 중심 설계, 조직 및 개인 학습 등이다. 그는 60여 편의 논문을 과학잡지에 게재하였고 *Harvard Business Review*의 맥킨지 연구상을 수상하였다. 브라운박사는 *Seeing Differently: Insights on Innovation* (HBS Press, 1997)의 편저자이기도 하다.

• 제임스 브라이언 퀸(James Brian Quinn)은 다트머스대학의 명예교수로 재직중이다. 전략적 계획, 기술 변화 경영, 사업적 혁신, 서비스 부문의 기술 혁신 등의 분야에서 그의 연구는 상당한 권위를 가지고 있다. 퀸 교수는 동 분야에서 기업과 국가 차원의 연구 업적을 상당수 발표하였다. 그의 저서 Intelligent Enterprise는 미국 출판인 협회의 올해의 도서상을 수상하였고, 경영학회의 선진 경영 지식상을 수상하였다.

• 필립 앤더슨(Philip Anderson)은 미국 다트머스대학, 경영대학의 부교수로 재직중이다. 그는 인터넷을 매체로 하는 첫번째 학회지인 Organization Science Electronic Letters를 포함하여 총 4개의 학회지 편집위원으로 활동하고 있다. Managing Strategic Innovation and Change: A Collection of Readings and Inside the Kaisha: Demystifying Japanese Business Behavior(HBS Press, 1997)의 공동 저자이기도 하다.

• 시드니 핑클스타인(Sydney Finkelstein)은 다트머스대학, 경영대학의 부교수이며, 경영 정책과 M&A의 관리라는 과목을 가르치고 있다. 그는 관세청 고위직원을 위한 교육 프로그램과 멕시코의 덕스 경영 리더십 대학원에서도 교육을 맡고 있다. M&A와 조직내 지식 흐름 관리의 전문가인 그는 현재 Strategic Management Journal, Administrative Science Quarterly, 그리고 Organization Science의 편집위원으로, Journal of Management의 자문위원으로 활동하고 있다. 저서로는 Strategic Leadership: Top Executives and Their Effects on Organizations가 있다.

찾아보기

GE 30, 36
EuroPARC 226
MIT 조직학습센터 190

ㄱ

갈등 150, 167, 171~172
갈등의 일반화 171
개념적인 우산 64, 65
개념적 틀 63
개인적 몰입 44, 52, 67
객체 지향 프로그래밍 221, 236
거미집 272, 273, 276
게오르그 지멘스 35
경력상의 기회 29~30
경영구조 32
경험곡선 102~104
공감대 형성 234
공동 혁신 229
관리 151, 158, 167, 169, 176
관리자의 역할과 책임 41, 46, 59
구호 40, 43~44, 53~54, 56, 67

ㄴ

나선형 지식창조의 과정 46, 52
내부 경쟁 60
내부 경쟁원리 60
노바네트 267
노바케어 247, 258, 266

ㄷ

다기능 팀　87~88
다양성　167, 183
단일고리 학습　116~118
도이체방크　35

ㄹ

리더십　81, 118, 148, 154, 156
레버리지　258, 260, 266, 268

ㅁ

마이어즈-브리그스 유형지표　156, 177
매스 커스터마이제이션　221~222
명령과 통제　265
무경계　108

ㅂ

반주기 곡선　103~105, 107
발산적 토론　170
방어적 사고　126, 128~129, 131, 137, 145
베스트프랙티스　189
벤처캐피털　253
벤치마킹　94~95, 97, 109
병원 조직구조　23
볼드리지 상　101, 107
부분적인 혁신　210, 215~216, 222, 224, 226
비유적인 언어　53

ㅅ

사고과정　118, 137
사용자 맞춤 프로그램　226
사회화　49

생산적 사고 139
서구 기업과 일본 기업 접근방식 42, 43
설문조사 83, 106
성과평가 118, 120, 131
시스템적 이해 246, 249~250, 259
시장조사 232
실패 186~189, 203
실험 83~90
쌍방향 커뮤니케이션 219

ㅇ

암묵지 44, 48~53, 5858~59, 69
엡실론 프로젝트 198~200, 202~203
여유 있는 조직 59
역피라미드 조직 266, 269~271
우뇌적 153, 159, 181
유기체로서의 기업 45
유추 43, 45, 57~59
은유 40, 45, 53, 55~59, 63, 65
이중고리 학습 116~118
익스프레스 프로젝트 232~233
인성분석의 한계점 174
인지적 선호도 153, 159, 171
인지적 지식 246, 249~250, 253, 260
인지적 차이 152, 166
일반화 171

ㅈ

자발적 창의력 249~250
장애물 215~216
전뇌적 팀 156
전략적 직무 순환 61
전문적 지능 246~248, 252, 257~258, 261, 266, 272, 274, 277

전시용 프로젝트　84, 86~87, 89
정보기반 조직　18~19, 21 ~27, 29~30, 32~34, 36~37
정보기술　19, 23
정보에 대한 책임　27~28
제5 경영　75
제너럴 푸드　86
제록스　73~74, 82
조직학습　76, 104, 108, 110~111, 114, 118, 188~191, 223, 225~226
좌뇌적　153, 159, 181
지속적인 개선 프로그램　74
지속형 프로그램　84~85, 89
지식　40~46, 48~52, 56, 61~63
지식의 가치　42, 65
지식의 단계　111
지식 전파　97~101
지식창조　40~42, 44~46, 49, 56, 62~63, 67
지식창조 기업　40~42, 45~46, 51~52, 59, 62~63, 66, 68~69
직무 수행 방식　210, 214, 218, 224, 227
진보적 기술　246, 249~250, 255
집중적 토론　170
집중화된 공장　88~89

ㅊ
창조적 과정의 관리　167
창조적 마찰　148~152, 169
체계적인 문제해결　80, 83

ㅌ
탐색적 연구　213, 229
태스크포스팀　57, 69

ㅍ
파멸의 악순환　126, 130~131

팔로알토 연구소(PARC) 164
편안한 복제인간 증후군 150
품질향상 운동 80
프로젝트 121~125, 127~128, 130, 142, 144
프로젝트 사후 평가 92
피터 셍게 75

ㅎ

학습 딜레마 114, 116, 118~119, 125
학습감사 106~107
학습곡선 102~103, 254, 262
학습용 역사서 186~187, 190~200, 205~207
학습의 성과측정 102
학습조직 정의 78
학습조직 구축 단계 107~109
학습조직의 구축 기반 80
학습포럼 108
학습환경 108
학습회피 119
허만 두뇌우성측정도구 156, 174, 181
혁신 40, 42, 44~45, 48, 51~52, 66
형식지 48~53, 58~60, 69
혼다 40, 43, 53~55, 58
훈련 프로그램 81, 86, 99~100

현대경제연구원 경영전략본부
김주현　경영전략본부장
오성중　수석연구위원
한상완　수석연구위원
임동춘　연구위원
이장균　연구위원
권오영　연구위원
전성용　연구위원
정기붕　주임연구원
황원일　주임연구원

HBR 페이퍼백 시리즈 1
지식경영

지은이 / 피터 드러커 외
옮긴이 / 현대경제연구원

1판 1쇄 발행 / 1999. 4. 10
1판 12쇄 발행 / 2007. 2. 22

펴낸이 / 김영곤
펴낸곳 / (주)북이십일 21세기북스
책임편집 / 한예림

등록번호 / 제10-1965호
등록일자 / 2000. 5. 6

주소 / 경기도 파주시 교하읍 문발리 파주출판문화정보산업단지 518-3(413-756)
전화 / 031)955-2100(영업), 031)955-2404(기획, 편집)
팩스 / 031)955-2151

값 12,000원
ISBN 978-89-509-0382-4 13320
ISBN 978-89-509-0373-2 13320(세트)

※ 잘못 만들어진 책은 구입하신 서점에서 교환해 드립니다